卸売流通動態論

――中間流通における仕入と販売の取引連動性――

西 村 順 二 著

千 倉 書 房

はしがき

「流通は経済の暗黒大陸である。」これは、1962年のフォーチュン誌4月号におけるPeter F. Druckerの言葉である。その解釈には幅があるにしても、当時の経済社会における流通部門への知識量の少なさ、そしてマネジメント面からの関心の低さ・考察の少なさが指摘されたことは明らかである。その後、この複雑で捉えどころのない考察対象に対して数多くの研究努力が投下され、徐々にその構造や機能、そして動態が明らかになってきた。とはいえ、その多くは小売流通に向けられることが多く、卸売流通に対する研究が積極的に行われたとは言い難いものであった。そして、この間に問屋斜陽論が声高に叫ばれるなど、いくどとなく卸売排除、問屋無用論、流通の中抜き現象などが指摘されてきた。

しかしながら、これら卸売流通・卸売流通業者への消極的関心や否定的見解に対して、依然として卸売流通は存在している。経済社会の発展過程の中で、生産部門と消費部門を繋ぐための様々な市場における取引関係、そして組織間関係が模索・構築されてきたのであり、その中で卸売流通は確固たる一定の役割を果たしてきたということができよう。言い方を変えるならば、卸売流通は時代に取り残されないように、また市場からの退場を求められないように、生産部門と小売部門・消費部門への適応化を図ってきたということである。

卸売流通は垂直的分化を伴いながら発展してきたということから、小売流通に比べて相対的に多様性と複雑性が高くなるといえる。そして、そのことにより一元的に捉えることに困難性を伴うこととなった。もとより、そのことがすべての理由ではないが、全般的に卸売流通に対する研究上の関心は低く、卸売流通は今なお残された「暗黒大陸」であるともいえよう。

本書は、この卸売流通に対する理論的なアプローチを強く意識して、企図されたものである。社会科学が研究対象とする社会現象は、社会変化に伴って時の移ろいとともに変化していく。しかしながら、そこには厳として存在する原

理・原則があるはずである。一般的には消極的見解が主流を成し，「いつの日か，卸は消えていく」とも揶揄されている卸売流通が，厳然として経済社会に存在しているのは何故であろうか。卸売流通の機能は残るとしても，それを遂行する制度体としての卸売業者の存在必要性は小さくなってきているという論調の中でも，制度体としての卸売業者は様々な戦略を展開し，いくつかのチャネルにおいて主要な地位を占めている。それは何故であろうか。そして，それはどのようにしてであろうか。そこには，これらを説明できる原理・原則が存在するのではないだろうか。これら素朴な疑問から本書の問題意識は出発している。

これまでの卸売流通に関する諸研究をレビューする中で，上記の問題意識への解答を探しても十分に納得のいくものに出会えることがなかった。本書が，その完全なる解答を提示できたとは言い難いが，以下の諸点においては新たな部分解答への途を提示できたものと考える。

第1に，卸売流通に対する固有の説明枠組みを提示できたということである。従来の諸研究においては，卸売流通を捕捉し考察するにおいて，商業あるいは流通の説明であったり，それらの存在理由からの敷衍であるものが多かった。確かに，卸売流通は流通の一部であり，そこには共有する論理はあり得る。しかし，他方で小売流通と異なる部分があり，卸売流通固有の説明枠組みがあってしかるべきである。

第2に，卸売流通の変化・動態に関する説明視点を導入できたことである。従来の諸研究では，商業統計表のデータなどに基づく規模構造分析や卸売業者の空間配置構造の分析などが行われてきた。これら諸構造の変化は確認されても，それが何故起こってきたのかということへの説明には不十分さが残るものであった。また，変化という点では流通機能の分担に着目する研究も見られるが，あくまでもチャネルにおける組織間関係の議論にとどまることが多い。本書では，卸売流通に関わる仕入れ取引と販売取引の連動から卸売流通の動態が考察されている。卸売業者・卸売流通の内的要因から生じる変化と外的影響からもたらされる変化の両者を考察の軸に組み込むことにより，変化メカニズム

への考察が行われたと考えられる。そして，これにより卸売業態変化の説明への途を開くこともできたといえよう。

　第3に，取引というマーケティング研究・流通研究の重要概念導入により，ミクロの分析からマクロの分析への接合可能性を提示できたことである。個別企業組織の取引行動から，これらの結果としての取引連鎖からなる流通経路，そしてそれらが織り成されて形成される流通機構において，卸売流通の果たす役割は変わることなく仕入れと販売のマッチングである。考察対象の集計水準の如何にかかわらず，仕入れ局面と販売局面における取引連動性概念の説明適用性により，ミクロ視点とマクロ視点の接合への可能性を提示できたのではないだろうか。

　先人の諸研究に敬意を表した上で，これらの諸特徴を持つ本書が少しでも卸売研究の発展に貢献できたのであれば幸いである。しかし，卸売流通に関わる諸問題を何処まで解決できたのかは読者の判断に委ねるのみである。そして，本書における多くの過ちや分析の未熟さは，すべて筆者である私の非力によるものである。今後一層の精進を期したい。

　本書を上梓するにあたり，多くの方々にお世話になった。ここでお礼を述べさせていただきたい。まず，何を置いてもお二人の先生に深い感謝を申し上げねばならない。おひとりは，私が神戸大学経営学部に入学した当時経営学部長をお務めになっておられた荒川祐吉先生（神戸大学名誉教授）である。その学者然とされた姿勢への素朴な憧れから，自身の能力も省みず，また学問・研究とは何たるか，そして学者・研究者とは何たるかを理解もしないまま漠然と大学院進学を希望した私に，学部生としてまた大学院生として研究者のイロハを教えていただいた。荒川先生に出会うことがなかったなら，現在の私はあり得ないと言っても過言ではないだろう。

　もうおひと方は，田村正紀先生（同志社大学）である。田村先生が神戸大学にご在籍されていた当時，学部生・大学院生としてご指導を頂いていたが，博士後期課程進学後からはまさしく指導教官としてご教示いただくことができた。

思い起こすに，田村先生の問題意識の高さ，そして洞察の深さを肌で感じ，ただただ感激するばかりの大学院生であった。大学院修了後も，折りに触れ田村先生からはご指導をいただき，本書をまとめるにあたっても草稿段階から目を通していただき，いくどとなくアドバイスを受けた。そのすべてにお答えできていない浅学非才を申し訳なく思うばかりである。学界を代表するお二人の先生に直接師事できたことは，研究者としてこの上ない幸運であった。

さらに，本書の完成には，もうおひと方大変お世話になった先生がおられる。2008年4月より1年間の神戸大学大学院経営学研究科への国内留学に際し，高嶋克義先生（神戸大学）の下で研究する機会を頂いた。研究を進める上で何度も立ち止まることがあったが，高嶋先生の暖かいご指導と叱咤激励により，遅々として進まなかった研究も，少しずつとはいえ前進することができた。草稿段階から何度も目を通していただき，適切なアドバイスを頂いた田村先生と高嶋先生のお二人がおられなければ，今もって本書の完成はなかったと言える。

お礼を申し上げるべき方々は多い。石井淳蔵先生（流通科学大学）からは，学会などでお会いする度に「西村オリジナルの研究成果をださなければいけない。もうできたのか。」と，いつも叱咤激励を頂いている。小島健司先生（神戸大学経済経営研究所）には，比較取引制度分析研究会を通して，本書を貫く大きな視点を得る機会を与えていただいた。John A. Dawson 先生（エディンバラ大学）には，1年間の留学中に本書において考察されている英国卸売企業への調査を全面的に協力いただき，また英国卸売企業についての様々な示唆を頂いた。心より御礼を申し上げたい。

ITS 研究会では，向山雅夫先生（流通科学大学），佐藤善信先生（関西学院大学），小林 哲先生（大阪市立大学），崔相鐵先生（流通科学大学），黄磷先生（神戸大学），南 知惠子先生（神戸大学），近藤公彦先生（小樽商科大学），藤村和宏先生（香川大学），清水信年先生（流通科学大学），川上智子先生（関西大学），小宮一高先生（香川大学），そして故 尾崎久仁博先生（元同志社大学）から，本書の鍵概念である「取引の連動性」について貴重なコメントを頂き，また常に研究上の刺激をいただいている。坂川裕司先生（北海道大学）にはコメントを

頂くだけではなく，草稿に目を通していただき，一言一句のチェックもいただいた。これらの先生方との自由闊達な議論がどれほど本書の執筆活動に勇気を与えていただいたことか。これらの先生方に深く感謝の意を表わしたい。

　さらには，学会・研究会などを通して，いつも有益な示唆を頂いた鈴木安昭先生（青山学院大学名誉教授），山中均之先生（甲南大学名誉教授），石原武政先生（関西学院大学），小西一彦先生（追手門学院大学），中田善啓先生（甲南大学），加藤　司先生（大阪市立大学），藤本寿良先生（大阪経済大学），石垣智徳先生（大阪府立大学）にも改めて御礼を申し上げるものである。そして，神戸大学大学院博士後期過程に在籍の山本奈央さん，吉田満梨さん，森村文一さんからも有益なコメントをいただいた。感謝する次第である。

　また，本書の公刊において，出版事情の厳しい中快くお引き受けいただいた千倉書房の千倉成示社長に御礼を申し上げたい。そして，大変に遅れた原稿提出に辛抱強くお付き合い頂き，折に触れ激励いただいた同社編集部長関口　聡氏にも厚く御礼を申し上げる次第である。

　なお，最後に私事で恐縮ではあるが，長男でありながら家業を継ぐことなく研究者の道へ進むことを許してくれ，絶え間なく私を見守り続けてくれた亡き父と母，そして研究に時間を取られ家庭人としての責務を怠りがちであったにもかかわらず，常に私を支えてくれた最愛なる家族である妻日登美と二人の息子順一郎・順太郎に本書を捧げることをお許しいただきたい。

　　　2009年2月8日　　　　　　　懐かしの六甲台にて

　　　　　　　　　　　　　　　　　　　　西　村　順　二

目　次

はしがき

序章　研究課題と構成 …………………………………… 1
1　本書における研究課題 ………………………………… 1
1-1　問題の所在 ………………………………………… 1
1-2　問題への接近 ……………………………………… 4
2　本書の構成 ………………………………………………… 5

第1章　卸売業に関する諸研究の変遷 ……………… 9
1　卸売業研究の過少性と固有性 ………………………… 9
2　卸売業に関する諸研究の展開 …………………………11
2-1　機能・機関（制度体）・商品の視点………………11
2-2　懸隔の存在と架橋機能 ……………………………15
2-3　中間商人排除問題：流通の成果と構造 …………17
2-4　卸売業者の戦略論 …………………………………22
2-5　流通チャネルにおける卸売業・卸売業者 ………24
2-6　歴史的な視点から見た卸売業 ……………………26
3　卸売業研究における諸議論の特徴と限界 ……………28

第2章　卸売取引における取引連動性概念の構成に関する考察 ……………………………39
1　問題の所在 …………………………………………………39
2　卸売取引の範囲 ……………………………………………40
3　卸売取引の特異性 …………………………………………42
4　取引のバランスから見た連動性 …………………………44

2　目　次

  4-1　品揃え連動から見た取引連動性の量的側面 …………44
  4-2　品揃え連動から見た取引連動性の質的側面 …………49
  4-3　機能連動とエリア連動 …………………………………50
 5　取引連動の多次元性と連動課題 ………………………………53
 6　取引適応から見た取引連動性：資源不分割と競争対応………56
 7　結びにかえて ……………………………………………………61

第3章　「取引の連動性」の補完的考察
　　　　――卸売取引の関係変化を捉えるための概念装置――

………………………………………………………………………………69

 1　問題の所在 ………………………………………………………69
 2　卸売取引の次元 …………………………………………………70
 3　中間商人介在の諸原理と卸売取引変化 ………………………75
 4　英国卸売業者の取引関係の事例：英国における
  食料品取り扱い卸売企業への質問票調査 ………………………78
  4-1　調査概要 ………………………………………………79
  4-2　調査結果 ………………………………………………79
  4-3　卸売取引の変化：取引連動の可能性 ………………89
 5　結びにかえて ……………………………………………………93

第4章　わが国流通機構の卸売段階における
　　　　仕入取引と販売取引の変化 ……………………………………99

 1　問題の所在 ………………………………………………………99
 2　卸売業構造の現状 ……………………………………………102
 3　卸売業における取引の変化 …………………………………105
 4　仕入取引と販売取引の連動 …………………………………110
 5　結びにかえて …………………………………………………114

第5章　卸売業者の取引選別と流通チャネル変化……117
- 1　問題の所在 ………………………………………………………117
- 2　卸売業者の取引変化 …………………………………………118
  - 2-1　考察対象卸売業者の属性………………………………118
  - 2-2　卸売取引の実態…………………………………………119
  - 2-3　規模別・業種別・業態別の特徴………………………122
- 3　卸売業者の取引先選別 ………………………………………125
  - 3-1　大規模・小規模の区別から見た仕入取引と販売取引…125
  - 3-2　消費財卸売業者における仕入取引と販売取引………127
- 4　結びにかえて …………………………………………………131

【第5章補論　製造卸による小売業展開に見る取引連動性】……134
- 1　製造卸売業者の取引連動 ……………………………………134
- 2　ワールドのSPAへの途 ………………………………………136
  - 2-1　SPA前史…………………………………………………138
  - 2-2　SPA準備期・萌芽期……………………………………139
  - 2-3　SPA本格化期……………………………………………141
- 3　ワールドを取り巻く競争構造 ………………………………143
- 4　ワールドによるSPAの展開特徴と課題 ……………………146

第6章　卸売業における「業態」概念と小売業態変化
　………………………………………………………………………151
- 1　問題の所在 ……………………………………………………151
- 2　小売業における業態と卸売業における業態 ………………152
  - 2-1　小売経営技術の移転……………………………………153
  - 2-2　小売ミックスの構成……………………………………155
- 3　小売段階と生産段階に挟まれた卸売段階上の業態 ………157
- 4　時系列で見た卸売企業の変動 ………………………………160

5　結びにかえて ……………………………………………………168

第7章　卸売業態視点に基づく日本型流通機構における
　　　　取引連鎖の特徴 ………………………………………………173
　　1　問題の所在 ………………………………………………………173
　　2　研究の焦点 ………………………………………………………177
　　　2-1　卸売業における取引のリンケージ………………………177
　　　2-2　卸売業の業態変化…………………………………………180
　　3　卸売業態変化への影響要因 ……………………………………181
　　　3-1　卸売業態の視点……………………………………………181
　　　3-2　卸売業と小売業における業態の区別……………………182
　　4　卸売業における仕入取引と販売取引に関する調査と
　　　　その結果 ………………………………………………………184
　　　4-1　卸売業者の取引関係認識…………………………………185
　　　4-2　直取引卸の取引関係認識…………………………………188
　　　4-3　元卸の取引関係認識………………………………………190
　　　4-4　最終卸の取引関係認識……………………………………193
　　5　卸売業態に基づく取引認識 ……………………………………196
　　6　結びにかえて ……………………………………………………198

第8章　中小卸売企業において業態の展開をもたらす
　　　　取引の連動性
　　　　　　──チップワンストップの事例に基づき──
　　　　 …………………………………………………………………203
　　1　問題の所在 ………………………………………………………203
　　2　取引の連動性概念の整理 ………………………………………205
　　3　チップワンストップの事例研究 ………………………………207
　　　3-1　チップワンストップの企業概要…………………………207

		3-2 チップワンストップの事業 …………………………………210
		3-3 半導体産業の現状と特徴 ……………………………………211
		3-4 半導体業界における垂直的統合から水平的分業への変化………213
	4	チップワンストップのビジネス展開の特徴と
		取引の連動性 …………………………………………………216
	5	結びにかえて …………………………………………………220

第9章 取引関係構築の歴史的展開
   ――明治屋の創業期に見る卸売取引関係構築の歴史的
   初期条件――
………………………………………………………………223

1 問題の所在 …………………………………………………223
2 明治屋の事業展開の歴史 …………………………………224
 2-1 明治屋の創業期 …………………………………225
 2-2 事業の展開方向：船舶納入業，輸入業ならびに卸・小売業……226
 2-3 創業期の多角化戦略 ……………………………226
 2-4 取扱商品の拡大と会社組織確立の時代 ………………227
3 取引関係構築過程の考察 …………………………………229
 3-1 キリンビールの一手販売権獲得の途 …………………231
 3-2 取引の展開 ………………………………………232
4 取引関係構築の歴史的初期条件 …………………………234
5 結びにかえて ………………………………………………237

第10章 流通チャネル上の戦略展開と取引関係の動態
   ――キリンビールと明治屋の戦略の相互作用――
………………………………………………………………241

1 問題の所在 …………………………………………………241
2 明治屋のキリンビール代理店としての展開過程 …………242

 3 明治屋の取引関係構築における歴史的特性 …………………244
 4 キリンビールの一手販売契約解除の論理 ………………245
 5 結びにかえて：流通チャネルにおける相互作用局面 ………250

結章 卸売取引連動性の総括と展望 ……………………257
 1 本書の基本的視点 ……………………………………257
 2 本書の総括 ……………………………………………259
 3 若干の試論 ……………………………………………263
 4 展望と課題 ……………………………………………265

参考文献 ……………………………………………………………269
人名索引 ……………………………………………………………281
事項索引 ……………………………………………………………283

序章　研究課題と構成

1　本書における研究課題

1-1　問題の所在

　卸売業は小売業に比べて複雑かつ多様であるといわれる。卸売業・卸売業者そのものを直接捉える諸研究も見られるが，流通経路という文脈の中で小売業や製造業からの卸売流通へのアプローチに関する研究が相対的により蓄積されてきているのは，やはり卸売業・卸売流通の複雑性・多様性の故であろう。それ自体の記述においては直接的には取り扱えるが，その行動変化・構造変化の説明となると，外部環境との関係で卸売業・卸売業者を捉えざるを得なかったのである。さらには，流通経路上において，最終消費者に向けての販売を旨とする小売業・小売業者とは異なり，再販売業者への販売取引を行うということを前提に卸売業・卸売業者は現実的には多様な様態や様式を有するということでもある。すなわち，卸売業を捉える際に，一次問屋，二次問屋，三次問屋，産地問屋，仲継問屋，消費地問屋，元卸，仲買人，ブローカー，卸・小売等，その形態・様式は様々である。また，機能面でも物流卸売業者や情報武装型卸売業者など多様な形態・様式を有している。さらには，業界・業種ごとに卸売業者が異なった形態・様式を有することもある。流通経路上の垂直的な段階分化，水平的な機能分担化・機能特化，地域間での役割分化，そして取り扱い製品による産業間の分化，さらには品揃えの一括性により大規模小売商に対応する業態卸のような産業横断的な集約化など，その広がりは多様である。したがって，卸売業・卸売業者を一元的に捉えることがなかなか難しいというのが，現状である。本書は，まさにこの卸売業，卸売流通そして卸売業者そのものを

考察する。多様な様態を有する卸売業ではあるが，そこには当然すべての様態に共通する特徴があってしかるべきである。また，それぞれに異なる特徴もあってしかるべきである。本書では，それらを整理し，特に共通する部分について考察を加えたい。それは，端的にいえば取引関係であり，卸売業者にとっての仕入取引と販売取引の両面性である。

なお，本書において考察される卸売業・卸売流通に関わる問題設定は，次のようないくつかの特徴的課題によるところが大きい。すなわち，卸売業を含む商業・流通を取り巻く諸環境は，流通経路・流通機構という枠組みで考えると，一般的な諸環境と同時に製造業段階と消費者段階からの影響を受ける二重の環境構造下に置かれている[1]。また，商業は，その外側にある環境諸要因のあり方と絶えず交流しながら展開していくが故に，商業のあり方は歴史的に規定されることになる[2]。したがって，卸売業を含む流通そのものが，外部環境との連関によりダイナミックな性格を有するものであるということがいえる。そして，ここで想定されている流通なるものは，流通チャネルさらにはより高次元の流通機構の中に置かれていることから，個別企業行動というよりは，内在的に大きなマクロ視点を含んだものであることも想像に容易い。

以上より，次のような素朴な疑問が浮かんでくる。すなわち，第1に，商業・流通を取り巻く環境が大きく変わってきた現代にあって，個々の企業・業態の行動・戦略も多元化してきている。それらを個別的に取り扱うことも重要ではあるが，個別環境と個別事象の集計化を図ることも必要ではないだろうか。そして第2に，情報化・IT化，物流の効率化，グローバル・ソーシングの容易化等により，いわゆる流通諸業（生産と消費の懸隔：所有，空間，時間，情報，価値懸隔）の構成が変質しつつあるのではないか，ということである。改めて，現代の環境条件から商業・流通を見直してみることも有効であると考えられる。

このような疑問からスタートし，本書の目的は，従来あまり考察が行われてこなかった，卸売業者・卸売業態の変化とそのダイナミズムに焦点をあてるものとしたい。そして，ここでは卸売業をより限定的に捉えたい。本書においては，基本的にはいわゆる中間流通だけを分析の対象とする。製造業者の流通機

能遂行行動や消費者の流通機能分担は直接的な分析対象とはしないということである。また，卸売商，卸売業者，問屋，卸売企業等のそれぞれの概念に共通するのは，仕入取引と販売取引の両面を有していることである。どのような呼称で呼ばれようが，典型的には製造業者と小売業者の間に介在し，両者を連結させる中間流通機関であることに変わりはない。宮下（1996）においては，卸売業者または問屋は，流通機構の中間に位置し，特定地域なり広域地域において卸売活動（生産者・輸入商から大量の商品を仕入れて，小売商へ再販売すること）を専業とする独立の企業であると考えられている。そして，さらにこれら問屋のルーツである問丸の果たした中心的役割はまさに集荷と分散であるが故に，卸売業の原点的機能は集荷分散の機能であるとされている[3]。また，森下（1960）においても「仲継ぎ卸売商業資本は，産業資本ないし社会の総資本の欲求である商業大規模化を極限にまで体現した資本である。」とされている[4]。すなわち，ここでは卸売商業であるが，その本質は収集と分散であるとされているのだ。本書における分析対象となる卸売業者は，まさにこの生産段階と小売業段階・消費段階の中間に位置するという流通経路上のポジションから特徴付けられ，そして規定されるものなのである。

　なお，本書の特徴は以下のように提示できる。第1に，卸売内部の経営システムの中で，どのように卸売取引が調整されていくのか，そしてその結果どのように卸売の収集・分散機能が統合されていくのかを考察する。そのため，例えば食料品産業における大問屋のようないわゆる「直取引卸」や「元卸」が考察対象となる。つまり卸売業態の1つである「系列卸」や「統合卸」と呼ばれる卸売業者は，ここでは直接的な考察対象とはならない。第2に，卸売業内部の特性分析により全体を捉えて問題提起され，その中で卸売業を分析するという，外形的な捉え方を行っていく。そして，第3に，中間流通を考察対象とするため，「仕入取引と販売取引の連動性」概念を導入する。その連動様式の中で，卸売業者はダイナミックに動いていると考える。なお，本書は中間流通としての「卸売」を分析の対象としている。林（1977）[5]で言及されている卸売商業，卸売流通，問屋等よりは，より限定的な意味での卸売業・卸売業者であ

る。原則的には，仕入取引と販売取引の両者に従事する中間流通・中間商人であると言える。

1-2　問題への接近

本書において取られる基本的な方法論のスタンスは，定量的研究と定性的研究の両者である。その点では，中程度の理論化水準にあたるものである[6]。したがって，両者の研究アプローチとしての長所と短所を併せ持つこととなる。このことから，以下のような3つの方法論的特徴を有することとなる。

第1に，理論的構成概念の導出から，品揃え適合と取引先変化という操作変数を導出する。しかしながら，これら操作変数によってすべての現実の取引関係を捕捉できるわけではない。取引要素次元として示される多様な操作変数化可能次元の中で，品揃え適合度と取引先変化という限定的な操作変数を代表として利用するものである。

第2に，方法論的頑健性の強度には，まだまだ問題は残るが，ある程度の頑健性を確保できているということである。英国企業や日本企業など制度的な条件は異なるが，卸売業務につく，しかも統合されていない卸売業者へのアンケート調査データには本書の研究課題から意味があると考えられる。また，事例研究で取り上げられた卸売業者も，典型的な直取引卸・元卸である。そして，一部は産業財卸売業者であるとはいえ，最終消費者をイメージした戦略展開を行っている卸売業者である。したがって，研究課題とデータのフィッティングについては，それが定量的研究であれ，定性的研究であれ，最低水準の頑健性を持ったものと考えることができるであろう。

そして第3に，定性的研究アプローチと定量的研究アプローチの両者が相互補完的に，構成概念の理論化に向けて貢献をしているということである。分析を進めるにあたって，取引の連動性概念には，上でも述べたように操作変数化困難な側面を有している。この概念の理論的検証を行おうとすると，定量的研究と定性的研究の両者の側面からのアプローチは不可欠である。そして，それは本書全体を通した，仮説の総合的な検証であるともいえよう。

2　本書の構成

　本書における研究課題は，まず，従来の研究・分析ではあまり行われてこなかった，卸売業や卸売業態とそのダイナミズムを扱うことである。そして，直接的には中間流通だけを分析対象とするということであり，製造業者による流通機能，特に卸売流通機能の担当や消費者による流通機能担当は分析対象としないということである。次に，卸売内部の経営の中で，どのように卸売業者が変化していくのかということに着目する。したがって，買い手としての役割と売り手としての役割が，考察されねばならない。そして，そこにおける，収集と分散の統制・調整のメカニズムもまた考察される。この仕入取引と販売取引の連動関係分析が重視されるのである。そして第3に，卸売業部内の特性分析によって全体を捉え，問題提起がされ，その中で卸売業・卸売業者が分析される。つまり，外形的に卸売業・卸売業者を捉えてみようとする試みである。

　以上のような諸課題から本書は構成されている。以下では，各章の内容およびそれらのつながりについて概観しておきたい。第1章では，本書における分析視角を得るために，既存の卸売業・卸売業者に関連する先行研究を考察している。そして，それらの限界として，卸売業固有の説明の脆弱さと静態的・記述的説明にとどまっていることが指摘されている。第2章では，仕入取引と販売取引の連動性概念について検討している。そして，仕入適応型連動性と顧客適応型連動性が提示されている。第3章では，さらなる取引連動性概念の精緻化に向けての予備的な考察が行われている。取引要素次元の整理が行われ，さらには英国卸売企業のアンケート調査結果に基づき，仕入取引と販売取引の取引連動性の存在が確認されている。これら2つの章の考察から，取引連動性モデルがもたらす効果として，3つが提示される。第1に，マクロ視点での卸売業次元とミクロ視点での卸売企業次元の両視点への適用可能性と統合の可能性を論じることができる。そのことから，ミクロレベルの企業行動から見て，マクロレベルの流通経路形成・維持・安定化への説明へとつながる可能性が期待

できる。第2に，業態変化への説明枠組みの提示が可能となる。そして第3に，取引の連動性にはタイム・ラグ問題が存在し，仕入先行連動と販売先行連動が存在することが確認できる。第4章ではマクロ構造から見た卸売業の仕入取引と販売取引の連動が二次データに基づいて確認される。ここでは仕入適応型取引連動性が考察される。第5章では，流通チャネル上での小売業態に基づく卸売業者の取引選別が考察される。流通機構次元までの集計水準ではないが，流通チャネルという，ミクロの企業行動水準より高次の集計水準での考察が行われる。

さらに，第6章では，卸売業態の特性として仕入局面と販売局面のマッチングを志向する業態と供給・需要刺激志向の業態が区別され，これらに基づく小売業態との取引関係の変動が二次データを活用して分析される。第7章では，この第6章を受けてさらに日本の卸売業者に対する業態変化と取引連動性の存在が考察される。なお，第8章では，ミクロの企業行動レベルではあるが，産業財卸売業者による顧客適応型取引連動性の実現が，事例研究を用いて考察される。そして取引連動性概念の産業財領域への拡張の可能性が確認されることになる。また，第9章および第10章では，歴史的視点から取引連動性の動態についての考察が行われている。ここでは，個別企業の事例研究に基づいて分析が進められる。そして，結章では，全体のまとめと課題が提示され，そして1つの試論が展開される。これらの各章を，以下の図序-1にあるようなつながりをもって構成することにより本書は成り立っている。

このような内容からなる本書は，以下に示されているすでに公表された論文などに基づいて構成されている。なお，書き下ろし論文である序章と第1章を除いた他の章については，大幅に加筆・修正あるいは部分的に統合化されている。

序　章　「研究課題と構成」（未発表草稿，2008年）
第1章　「卸売に関する諸研究の変遷」（未発表草稿，2007年）
第2章　「卸売取引の連動性概念構成に関する一考察」『甲南大学ビジネスイノベーション研究所報—2007年度』2008年。

図序-1 各章の関係

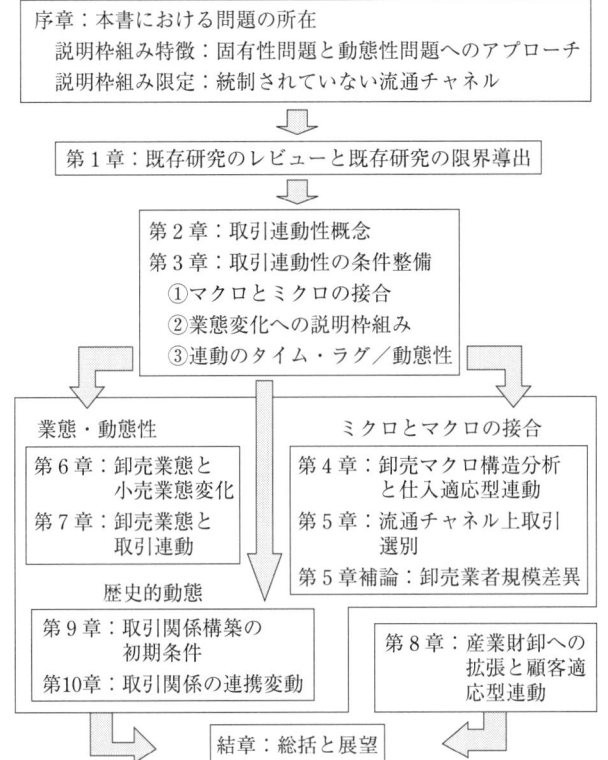

第3章 「卸売取引の関係変化を考えるための概念装置―「取引の連動性」概念への予備的試論―」『流通科学』26, 2000年。

第4章 「我が国流通機構の卸売段階における仕入れ取引と販売取引の変化」『中小企業季報』2001　No. 2, 2001年。

第5章 「卸売業者の取引選別と流通チャネル変化」『流通情報』402, 2002年。

第5章補論 「製造卸による小売業展開における競争構造の変化：SPAの源流」石原武政・石井淳蔵編『体系　変革期にある流通　第1巻　小売業イノベーションと業態開発』中央経済社, 2009年。

第6章 「卸売業における「業態」概念と業態変化」『季刊 マーケティング・ジャーナル』89, 2003年。

第7章 "The Linkage of Trades in Terms of Wholesale Business Formats in Japanese Distribution System", *Journal of Global Marketing*, Vol. 18 No. 1/2, 2004.

第8章 「業態の展開をもたらす卸売取引の連動性―㈱チップワンストップの事例に基づき―」『中小企業季報』2005, No. 1, 2005年。

第9章 「取引関係構築の歴史的展開過程―明治屋の創業期にみる取引関係構築の歴史的初期条件―」『流通科学』13, 1996年。

第10章 「ダイナミック・チャネル・インタラクション―キリンビールと明治屋の戦略―」『季刊 マーケティグ・ジャーナル』65, 1997年。

結　章 「卸売取引の連動性からみた取引関係の変化経路」田中正郎・中田善啓・西村順二編著『マーケティング理論の深化』千倉書房, 2004年。

（1）小売業においては，その取り巻く環境は，一般的環境：間接的環境とタスク環境：直接的環境に区分されている。ここでは，小売業者が直接的に働きかけることのできるタスク環境と同じ文脈である。詳しくは，以下を参照されたい。
　　　原田英生・向山雅夫・渡辺達朗（2002）『ベーシック　流通と商業』有斐閣, pp. 143-144。
（2）以下を参照されたい。
　　　鈴木安昭・田村正紀（1980）『商業論』有斐閣, p. 11。
（3）以下を参照されたい。
　　　宮下正房（1996）『現代の流通戦略』中央経済社, pp. 81-83。
（4）以下を参照されたい。
　　　森下二次也（1960）『現代商業経済論』有斐閣, p. 144。
（5）以下を参照されたい。
　　　林　周二（1977）「卸商業政策のあり方をめぐって　産構審流通部会第十二回報告―「卸売活動の現状と展望」にちなんで―」『季刊 消費と流通』Vol. 1 No. 1, pp. 57-64。
（6）理論化水準の高さは使用する変数の性質に依存するものである。本書では理論化水準の高い定量的変数と，理論化水準の低い定性的変数の両者を設定して，定量的研究と定性的研究の両者を行なっている。詳しくは，以下を参照されたい。
　　　田村正紀（2006）『リサーチ・デザイン―経営知識創造の基本技術』白桃書房, pp. 32-35。

第1章　卸売業に関する諸研究の変遷

1　卸売業研究の過少性と固有性

　一般的には，いわゆる卸売業に関するこれまでの諸研究の蓄積は，相対的に少ないといわざるを得ない。Beckman & Engle (1951) も指摘するように，それは多くの研究者が共有するところでもある（三上 1961，糸園 1988，小西 1975，Revzan 1961等)[1]。その大きな理由の1つは，分析対象となる卸売業そのものの複雑性，多様性，そして不透明性に起因するものであるといえる。すなわち，卸売業の有するこれらの構造特性が，業種特定的視点，機能特定的視点，業態特定的視点，そして多段階的視点を卸売業研究にもたらし，その結果卸売業の研究を個別的な研究に傾斜させることになったと考えられよう。そして，そのような卸売業自体の複雑性と多様性が故に分析上の困難性が高く，それが総じてこれまでの研究上のアクセスを遅らせる，あるいはややもすれば回避させる原因になったともいえるのである[2]。

　とはいえ，これまで，「卸売」，「卸売業」，「卸売商業」，そして「卸売流通」という事象を考察する研究が全く存在しなかったわけではない。日本的流通機構の特徴を解明する中で，卸売流通の構造的特性に着目する研究等が行われてきたことも事実である[3]。また，商業一般論の文脈において卸売・卸売業・卸売商業に言及する諸研究，経営史研究における豪商研究，いわゆる総合商社論と呼ばれる研究群，そして経済史や産業発達史における問丸や同業者組合である株仲間等に注目する諸研究等も見られる[4]。これら既存の諸研究はそのアプローチと考察対象という点から見ると，大きくは2つに分けることができよう。すなわち，これまでの卸売業に関する諸研究は，一方で包括的・全体的な研究群と，他方で時間特定的，業種特定的，そして業態特定的な，ややもすると個

別事象的な研究群という両極の視点からの分析であったといってよいであろう。

本書における卸売,卸売業,卸売商業,そして卸売流通に関する研究への取り組みにおいて設定された問題の契機は,卸売・卸売業研究における既存理論の相対的な少なさ,そして上記のような研究視点の極端さによるそれらの現実説明力の限定性である。例えば,一般的には取引総数単純化の原理や不確実性プールの原理[5]などで示されている商業存立根拠の説明枠組みは,あえて卸売商業の存立根拠として位置付けられるものなのだろうか。そして,それらははたして卸売業に固有の説明であるのだろうか。また,卸売業の多段階性に関する分析や卸売構造に関する特徴を抽出する分析が多数見られるが,はたしてそれらは卸売業の一時点における状態を説明しただけではないのだろうか。卸売構造の多段階性を示すことはできても,それにより今後の変化を説明できることになるのであろうか。これらは,著者が常に疑問に思ってきた素朴な問題である。

荒川(1978)において指摘されているように,従来の卸売業に関する研究は,それらの記述が中心であり[6],卸売業のダイナミズムや理論的枠組みについてはあまり言及されてこなかった。すなわち,役割・遂行機能の分類と記述,事業形態・業態の記述,取引総数最小化の原理,不確実性プールの原理,そして情報縮約・整合の原理に基づく存在理由の説明,流通マクロ構造(卸売・小売販売額比率等)から見た卸売業の構造特性の抽出,卸売市場の特性の記述,いくつかの卸売事業形態の戦略・ビジネスモデルの記述等が主に行われ,卸売業における動態性が積極的に議論されることはなかったといえるだろう。もちろん,品揃え形成,垂直的段階分化,中間商人排除,延期と投機,流通系列化という文脈の中で議論されることはあったが,それらはまた卸売業固有の説明枠組みというよりは,商業一般としてのものであったり,チャネル・流通経路という垂直的構造の中に位置付けられるものとしての卸売業への言及であったのである。

以上から,個別機能遂行体としての卸売業者を記述するだけではなく,小売業とは異なる卸売業であるが故の固有性に着目し,卸売業の行動・構造変化を

説明することの必要性を強く認識し，序章において示された問題意識に従い，卸売，卸売業，卸売商業，そして卸売流通を考察の対象としてきた先行諸研究を概観することが，本章に与えられた課題であるといえる。その場合に，あくまでも卸売取引に関わる卸売業固有の理論的枠組みという観点からのレビューであることを予めことわっておきたい。以下では，まずこれまでの卸売業に関する諸研究を概観し，そして本書における基本的な分析視点を提示することを目指すものである[7]。

2　卸売業に関する諸研究の展開

2-1　機能・機関（制度体）・商品の視点

マーケティング事象を説明するための古典的かつ伝統的な接近方法は，機能研究，機関研究，そして商品別研究と呼ばれ，1910年－1920年にかけてその萌芽が見られた[8]。機能研究は，マーケティング・プロセスに関わる諸活動・諸機能を直接的な分析対象とする。生産段階から消費段階に至るまでの財・サービスの移転過程そのものと，それに伴う諸活動の総体をもってマーケティングと考え，その過程において遂行される諸機能を，個々の動作・活動ではなく，機能範疇として定式化したものである。代表的には，財の所有権移転に関わる交換機能，財の物理的移転に関わる物的供給機能，そしてこれらの機能を助成する補助的機能に大別され，それぞれにさらに下位分類として，販売機能（需要創造機能・分散機能）と購買機能（蒐集機能），輸送機能と保管機能，そして金融機能，危険負担機能と標準化機能が提示されている[9]。機能研究においては，財やサービスが生産段階から最終消費段階まで移動する過程において遂行される諸活動をマーケティング機能として分類・整理することによって，マーケティングの生産性や効率性を考察し得るし，また機能遂行する諸機関の有用性も分析できるということができるだろう。

そして，これらの諸機能を遂行する諸機関に着目したのが，機関研究である。

すなわち，それは多様なマーケティング機能を編集し，そのことによって結果的には機能を遂行することになる行為主体に着目するものである。ここでは，マーケティングを，それぞれのあるいはすべてのマーケティング機能の継続的な遂行でもって捉える。そして，マーケティング機能に関わる諸機関が互いに相手を探して，接触・交渉し，妥結すれば機関間の連結ができるとして，そこから流通機構の形成原理を導出しようとしたのである[10]。なお，マーケティング機能を遂行する諸機関は，具体的には卸売商，小売商，倉庫会社，保険会社，運送会社等からなるとされている。

　さらに，商品別研究はマーケティングの客体である商品に着目し，買手の購買・消費行動を基準として商品の分類分けを行い，それぞれのマーケティング上の特性・異質性を示したものである。典型的な商品分類に基づくと[11]，まず，商品は最終消費者に向けて小売販売される消費財（consumer goods）と産業用使用目的により販売される産業財（industrial goods）に分類される。消費財は，購買行動に基づいてさらに細分化される。比較購買することなく近隣の商店で習慣的に購買される最寄品（convenience goods），価格や品質を十分に比較して回って購買される買回り品（shopping goods），そして購買頻度は高くないが，他の商品に比べて異なる魅力を有し，特定の店舗においてのみ購入される専門品（specialty goods）である。また，産業財もその用途により主要設備品，付属備品，運転品，原材料，半成品等に分けられる。商品別研究は，これら商品ごとにそのマーケティング活動には差異があり，同一のマーケティング活動ではなく，個別の対応の必要性に着目したものである。マーケティング活動主体やその活動・機能ではなく，それらの組合せが取り扱い製品・商品の属性によって異なることを指摘したものである。

　これら3つの接近法は，それぞれの視点からマーケティング現象を考察するという点では分析的ではあったが，あくまでも記述の段階にとどまっていたといえよう。マーケティング諸機能の記述と分類，それら諸機能を遂行する主体となる諸機関の分類と記述，そして商品ごとに異なるこれら諸機能と諸機関の状態を記述・説明したものである。また，分析対象はあくまでもマーケティン

グ事象であり，明示的に卸売業を分析しようとしたものではなかった。しかしながら，本書の研究視点から見て以下の2点において，これらの接近方法を卸売業の分析・研究への端緒的位置付けとすることが可能である。

すなわち第1に，単なるマーケティング事象分析にとどまらずに，マーケティングというプロセスへの視点が内包されているということである。それは，生産段階と消費段階をつなぐプロセスでもある。卸売・卸売業研究という観点から見れば，卸売業者が行う活動はこれらにおいて言及されているマーケティング機能と大きくは異ならないものである。マーケティング機能として挙げられていた諸機能は，生産段階と消費段階をマッチングさせるという点では，卸売業の機能と同一視され得るものであるということである。そして，ここでのマーケティング諸機能を遂行する主体は，卸売業者に代表される中間流通と同一視される部分が大きいともいえるだろう。さらには，消費財や産業財など，異なるそれぞれの流通経路において遂行される諸機能とそれら機能の遂行主体のあり得るべき姿は，卸売業者の機能とそのあり方でもある。

第2に，それぞれに個別記述的な研究接近方法ではあるが，それらの統合というドライブが内在されていたということを挙げることができる。基本的には独立の接近方法であっても，マーケティング事象の解明という点からは，(a)マーケティング活動およびそれの持つ目的関連的意味の観点から，(b)このような活動を一定の人的・物的・資金的編成によって担当する担当者を中心として，(c)商品類型別に，研究は行われなければならないのであり[12]，これらには個別の記述ではなく，ある種の体系的記述意図が内在されている。マーケティング諸機能を遂行する機関は，その遂行機能が変化することによって機関自体の特性をも変えるという性格を有しているし，また取り扱い製品・商品の特性によって機能そのものや機関そのものの変化関係は異なるし，そして機能の変化が機関の変化をもたらす関係も異なってくるのである。これらを卸売業という考察対象に限定して見てみると，Revzan (1961) の研究へと繋がっていくと考えることができる。Revzanによれば，「卸売業の領域は，いくつかのまたあらゆる視点に基づくマーケティングの最も重要な部分である。どのように位

置付けようと，卸売業はマーケティングの一部であり，業態と取引種類，両者の専門化の程度に基づく構造配列の問題を強く示している。」[13] とされ，マーケティング研究における機能と機関の配列である構造の観点からの卸売業研究を重視していることが分かる。また，Revzan は卸売業を捉えるいくつかの概念として卸売業の活動水準，そして機能とプロセスを挙げ，集中化，平等化・同等化，分散化，品揃え形成（仕分け・蒐集・配分・取り揃え）に着目している[14]。これらは，最終的には生産段階と消費段階のマッチングこそが卸売業の行うべき役割であるということを示している。以上，3つの接近法においては，卸売商・卸売業者は，生産段階と消費段階の中間に位置するマーケティング機能遂行機関の1つの代表者として明示的にそして暗示的に扱われてきた。これら諸研究は，卸売業者はどのようなことを行い，どのようなタイプの組織が存在するのかを記述的に明らかにしたという点で評価できよう。

これらマーケティング事象への接近法の中で，特にマーケティング機能，ここでは中間商人・卸売業者の機能といってもいいだろう諸機能に着目した研究から，いくつかの展開が見られる。また，機能遂行主体である機関の配列・編成様式から構造の形成を考えることができるという点では，初期の機関研究は卸売業者排除問題という流通チャネル構造の問題へと展開していったともいえよう。以下では，それぞれについてその展開を追いたい。

なお，その前に1つだけ確認しておこう。卸売業に関する記述分析という意味では，それを統合的・体系的に行った点で Beckman （1949, 1951）と Hill （1963）の研究を初期のものとして挙げることができる[15]。Beckman は，卸売業者とその活動・機能の区別を明確に整理し，体系的に卸売業を考察し，記述している。また，Hill は，卸売業者を中間商人と位置付け，そのマネジメント力の向上への方策を提案している。その果たすべき役割，そしてマネジメント面からの管理方法などに言及し，卸売業に関する統合的な記述分析を行っている。基本的には，Beckman の研究も Hill の研究も単なる卸売事象の記述ではなく，それをある種の包括的な体系にまとめようと努力したものであるといえるだろう。

2-2 懸隔の存在と架橋機能

卸売業者と流通機能の対応関係に直接的に言及しているのはStern & El-Ansary (1992) である[16]。所有権移転，物的保管，取引交渉，販売促進，危険負担，代金決済，金融，注文処理等の流通機能を提示し，完全機能卸売業者，限定機能卸売業者，そしてボランタリーチェーン本部という3つのタイプの卸売業態間で，それぞれにどのような機能を遂行するべきかを明示的に整理している。

しかしながら，Stern & El-Ansary (1992) の研究は少数派であり，一般的には卸売業が果たすべき卸売流通機能に限定して議論されることは少ない。多くの場合の機能研究では，その考察対象が流通機能またはマーケティング機能として論じられてきたのである。鈴木・田村 (1980)[17]に従えば，卸売業に限定されず商業・流通一般として，その存在理由を様々な流通機能遂行に求めることができる。すなわち，高度に経済発展した現代社会においては，分業化はその発展の証しであり，分業化が進展すればするほど生産段階と消費段階の懸隔は大きくなっていく。この懸隔は5つのタイプからなり，所有懸隔，時間懸隔，空間懸隔，情報懸隔，そして価値懸隔である。これらの懸隔が大きくなればなるほど，それだけこれらの懸隔を架橋する必要が生じてくる。これらの懸隔を架橋するためには，5つの想定された流通機能，すなわち所有権機能，危険負担機能，情報伝達機能，在庫機能，そして輸送機能が遂行されねばならない。そして，これらの流通機能を遂行する限りにおいて，それらの実行者である卸売業者や小売業者からなる商業者・流通業者が存在し得るのである。

また，この機能への着目は，その効率性を担保として暗黙の結果に含んでいる。すなわち，卸売業者の専門性から，卸売業者の機能遂行における最適効率性が指摘され，それが故に卸売業者または流通業者の機能遂行が認められるのである。Regan (1949) は，卸売業者がその機能遂行において最高のものであるとし，製造業者によるマーケティング・流通機能の遂行と大規模な小売業チェーン組織による機能遂行に対して否定的見解を示している[18]。そして，製

造業者と小売業者による機能担当上のそれぞれ前方統合と後方統合は，最終的には浪費に帰着するとしている。製造業者による卸売流通機能の遂行という点では，その流通機能遂行に伴う費用が卸売業者による遂行時よりも大きく上昇することが指摘されている。そして，卸売業者が明確なマーケティング方針（ここでは，消費者市場へ適応した供給と需要のマッチングという意味でのマーケティング方針である）を持つが故に，卸売業者の優位性が存在するのである。それは，卸売業者はすでに多数の小売業者と接触しており，それが故に製造業者の製品に関する適切な情報を収集するのに合理的に正当性のある位置にあるということである。また，小売業者による卸売流通機能の遂行という点では，過度な製品・商品仕入，そしてそれに伴う過度な在庫・保管・輸送・リスク負担となり，卸売業者による場合よりもコストが増大することが指摘されている。さらには，アドバイス提供や有効な情報伝達という点で卸売業者によってもたらされていた価値あるサービスを失うことになるのである。また Tiz（1949）も，卸売業者の機能遂行の必要性に言及し，これら機能を小売業者や製造業者が遂行することへの対応として，卸売業者がより費用節約的に機能遂行するべくその競争上の地位を改善しつつあることを指摘している[19]。

　これら流通機能，マーケティング機能，そして卸売流通機能を論じる諸研究に共通しているのは，以下の2点である。第1に，結局は機能遂行の効率性問題に帰着するということである。流通に関する諸機能を遂行する主体としての卸売業者に着目し，その機能を遂行するが故に卸売業者は流通チャネル上に存在するとされているが，そこには単なる機能遂行ではなく，遂行の仕方・モードが暗黙に含まれている。すなわち，卸売業者は，他の流通チャネル参加者よりも，より効率的にマーケティング機能遂行というタスクを行うことによって，流通チャネル内での中心的立場を確保・維持してきたのである[20]。卸売業者の存在根拠には，より効率的に機能遂行するということが前提として含まれていることになる。

　第2に，流通機能の代置を議論しているということである。流通機能，マーケティング機能，そして卸売流通機能を遂行する経済主体・機関は，それら諸

機能を遂行するが故に存在し，そして流通チャネルに介在するのであるが，その機能自体が必要とされ，誰が遂行するかは二次的な問題となっている。上記の効率的な機能遂行を卸売業者がなし得ない場合には，その機能担当者は他のチャネル・メンバーに代置せざるを得ない。すなわち，「製造業者は，中間商人を排除できても，卸売業の経済的機能を排除することはできないと確信したが故に，卸売業者を活用するのである」[21]。卸売業者は排除されることがあったとしても，卸売業者が遂行している機能は排除されないということであり，そしてそれは流通チャネル上の卸売業者以外の他メンバーによって代替的に遂行されるということでもある[22]。

　以上，流通機能であれ，マーケティング機能であれ，また卸売流通機能であれ，機能として論じられているものは，卸売業固有の説明枠組みではなく，生産段階と消費段階を繋ぐ流通や商業一般の説明枠組みとして論じられているといわざるを得ない。生産段階と消費段階の懸隔が量的に拡大すると，既存の諸機能を変えることなく，大規模な取り扱いへと，すなわち規模の経済を働かせる方向に作用することになる。また，生産段階と消費段階の懸隔が質的に拡大すると，機能の複合化そして業態化や業態展開が行われることになり，範囲の経済を働かせる方向に作用することになる。さらには，生産段階と消費段階の懸隔における不確実性が拡大すると，流通チャネルの垂直的関係の中での機能の分担関係が変わり，そのことにより速度の経済が働くことになる[23]。これらから，卸売業におけるある種のダイナミズムを説明することができるが，それは結局のところ卸売業に固有のものではなく，流通・商業全般における機能分担関係のものであるといわざるを得ない。機能，特に卸売業の機能に関する諸研究はその後も見られるが，卸売業固有のダイナミズムにまで言及するというよりは，機能提示とそれを取り巻く流通環境の変化の記述にとどまっているものが多いといえるだろう。

2-3　中間商人排除問題：流通の成果と構造

　次に，機能を遂行するという行動・活動レベルだけではなく，他の機能遂行

主体に比べてより効率的に遂行できるのは誰かという点から、卸売業者また機能遂行主体に焦点をあてた諸研究を見てみよう。

卸売業者が流通チャネル上に介在する理由として、すでに述べてきたように機能遂行の効率性が挙げられる。上述の考え方に従えば、卸売業者が機能遂行を効率的に行うことができないのであれば、卸売業者は流通チャネル上でのそのポジションを失い、他者に取って代わられるべきであるということであった。直接的な研究の連続的延長線上にあるものではないが、大きな研究の潮流から見て、この視点は2つの研究群への展開へと繋がると整理しても良いだろう。それは、第1に日本型流通における卸売業者の排除、問屋無用論の問題であり、第2に卸売業者の存在根拠の問題である。

研究潮流上の第1の問題提起は、大きくはいわゆる日本的商慣行に基づく取引の特殊性から、日本的流通機構の複雑性・不透明性に対する海外からの批判によって、より大きく議論されるようになった問題であるといえる。日本的流通機構は卸売流通部門を中心に形成され、その卸売流通部門の垂直的な機能分担関係が、取引関係上のそして流通構造上の特性、つまり卸売流通段階の多段階化を生み出したとされたのである[24]。そして、この卸売流通の多段階性が日本的流通機構の構造特性の1つとして挙げられ、批判的に論じられてきたのである。流通段階が多段階化することにより、そこに介入する機関が増え、それだけ取引コストが発生する回数が増え、情報伝達上も歪曲される可能性が高まり、流通構造が非効率的、複雑、不透明になるとされたのである。卸売の多段階性は、これまで商業センサスデータに基づく、小売販売額に対する卸売販売額の割合であるところの卸売・小売販売額比率（以下では、W/R比率とする）によって示される流通迂回性の分析をもって論じられてきた。国際的に比較してみて、日本のW/R比率が高いことをもって、卸売流通の多段階性が存在し、それにより日本の流通は迂回度が高く、非効率的であると指摘されてきたのである。この海外からの批判に対して、W/R比率が本当に卸売流通の多段階性を示しているのか、なぜ日本のW/R比率が高いのか、そしてW/R比率の高さと現実の卸売流通短縮化への動きの整合性などが議論された[25]。それら諸

研究は商業センサスデータを利用し、また業種ごとの分析を行い、そして社会文化面にまで立ち入り、その解明を行っている。それらによれば、日本のW/R比率と諸外国のそれとを比較することから、概ね日本の卸売流通段階の多段階性が確認されているが、その上でその事実が日本の卸売構造の多段階性や冗長性を適切に表しているのかということに対して大勢は認めつつも、条件付で否定的な見解が提示されている。それは大きくは次の2つに基づいている。第1に、日本の卸売販売額におけるその捉え方の拡張性である。W/R比率が高まるのは、卸売販売額には小売市場を経由せず、産業用使用者に向かう取引が含まれていること、さらには卸売販売額に輸出部分が含まれていること、卸売業者間の取引が含まれていること、同一企業内本支店間取引を含んでいること、そして卸売販売額には卸売業者による小売、つまり最終消費者への販売額を含んでいることによるためである。多様な卸売販売額構成要素の存在により、必ずしも正確に小売販売額に対する卸売販売額を表しているといえるのかという問題を含んでいるとされたのである[26]。第2に、卸売取引に対する捉え方の拡張性である。すなわち、通常のW/R比率で論じられる卸売販売額には、仲間取引と呼ばれる同位迂回と継起的流通段階における機能的段階分化に基づく垂直的迂回の両者が含まれている。この区別を明確に行い、卸売部門内の取引、特に同一卸売機能段階にある卸売業者間取引である同位迂回の存在を考慮した上で、日本のW/R比率を抽出せねばならない。その上で比較の議論がなされるべきであるとされたのである[27]。

このように、W/R比率に関わる諸議論は小売業との対比で卸売業を捉えようとしているのではあるが、それは小売業段階への適応とそのための卸売流通の段階分化に繋がっていくというものでもあった。しかしながら、そこにはそもそも商業センサスデータの利用において、また国際比較する上においていくつかの問題点が含まれていたということは既述の通りである。つまり、W/R比率は商業に関わるものであって、卸売流通すべてを表しているのかということに対する疑問であり、「商業センサスは、流通システム全体に関わる商品フローのうち、商業部門に関わる部分のみを示すにすぎないから、商業統計表の

みを資料にして産出されたW/R比率の二国間比較が示しうる含意はかなり限定的であるといわざるを得ない」[28]のである。

ところで，商業センサス上の集計基準にいくつかの問題が含まれるW/R比率について，その数字の高低の是非ではなく，小売業への適応上卸売段階が多段階化するという卸売業の変化について考察することが本章における課題であるが，W/R比率に関する多くの研究が，卸売業者と小売業者の販売額比率から卸売段階の取引量の多さをその多段階性に帰着させている。しかしながらその卸売段階の販売量によって示されている卸売取引の多重層化が何故起こってきたのかの説明までには至っていない。構造として多段階性がとられているということを記述するレベルにとどまっているのである。

これに対する1つの答えとして，風呂（1972）[29]を挙げることができる。そこでは，流通機構全体の費用最適化を可能ならしめる機能代置のメカニズムを阻害する諸要因が存在することが指摘されている。つまり，最適規模以下での均衡を可能にする競争不完全化要因が存在するのである。それは，個々の要素単位において内的に生じてくるものではなく，市場構造要因なるものであり，流通活動と流通機関というそれぞれの要素単位の結合型とその結果として生み出される流通機関相互の取引行動から解明されるべきものであるとされている。したがって，流通迂回度，垂直的統合度，流通系列化度などはこの要素単位の結合型を規定し，流通機関の取引行動を制約し，時には変化させる結果としての流通の構造グリッドであるといえるのである。このように考えると，結局のところW/R比率そして流通迂回の議論は流通構造グリッドの議論であり，構造・成果基準として論じられてきたともいえる。そして，それは流通機関間の取引行動を規定し，時には卸売排除や問屋無用論などの構造上のいわゆる中抜き現象を示すものとなったのである。

さて，構造上は卸売多段階化が進行している中で，直接販売や流通系列化などに表されるように，現実的には流通段階短縮化の動きが見られる。それは，多様な卸売取引の構成を規定することになる。そして，またそれは逆に卸売業者間の取引の必要度に依存することになるのである。つまり，本来の卸売多段

階性を議論するのであれば，卸売業者相互の取引に着目し，検討する必要が生じてくる。これに対するある種の対応にあたるものが，研究潮流上の第2の問題提起である。すなわち，卸売業者の存立根拠問題であり，その代表が，Hall（1948）の研究である[30]。Hallは，卸売業者の存立根拠として，卸売業者が取引関係を形成していく上で，第1に取引総数最小化の原理，そして第2に不確実性プールの原理を提示した。これらは，経済的合理性の観点から，卸売業者の存立根拠を説いたものである。取引総数最小化の原理は，ある一定期間のある一定量の財に関する，生産段階から消費段階に至る過程における取引の総数が，卸売業者が介在することにより，それが介在しない場合よりも削減されるというものである。そしてそれにより，取引にかかる費用が，社会的に節約できるというのである。また，不確実性プールの原理は，非連続的な需要の発生に対して，それに対応するための常時在庫量を介在する卸売業者に集中的に準備することによって，全体としての貯蔵量が減少され，社会的な費用節約に至るというものである。

　この2つの卸売業者存立根拠に対する原理は明快ではあるが，他方でいくつかの問題を含んでいる。第1に，最終的にはこれら原理は費用節約の問題に収斂されるということである。となれば，それは何も卸売業者に限定されたものではなく，小売業者でも費用節約効果は発揮できる。さらには，補助的機能を遂行する流通業者においても，同様である。つまり，費用節約の観点からの存在理由を主張する限りにおいて，これらの原理はこれまでの議論と同様に卸売業者に固有の存立根拠ではなく，流通・商業一般の存立根拠であるということになる。第2に，ここで登場する卸売業者は，小規模・分散型の小売業者との取引を前提としている。そして製造業者・生産者に関しても，すべての生産段階の経済主体と取引することが前提とされている。また，生産者・製造業者はそれぞれに異なる製品を生産し，そしてそれぞれの小売業者は，すべての製造業者・生産者が生産する製品をすべて取り揃えるという前提条件の下で，最大限に節約効果を発揮するものである。つまりこれらの諸前提が崩れれば，この諸原理の効果も小さくなることになり，モデルとして考えた時，ある種の制約

条件下での原理とならざるを得ない。現実的には実現しにくい阻害要因が，その前提条件の中に多数含まれることになり，その制約下での展開が必要とされることになる。第3に，介在する卸売業者の数とその多段階分化について，費用節約効果の上で，最適な介在数や段階数で均衡することへの保証は見られない。この多段階化や介在数に関しての決定メカニズムへの言及がなく，そのダイナミズムの説明としては脆弱であるといわざるを得ない。そして第4に，卸売業者が，製造業者・生産者や小売業者とは別の組織体として取引に関わることが求められても，それが独立の組織体であらねばならないという制約は受けない。例えば，製造業者に従属的な組織体であっても，取引上の自由裁量を考えることは可能であるだろう[31]。取引の独立性と取引主体の独立性を区別した上で，卸売業者の存在意義に言及しないと機能論の限界と同様の課題を包含することとなってしまうだろう。

2-4 卸売業者の戦略論

　流通機構や流通経路において，卸売業者の置かれている位置が生産段階と小売段階に挟まれ，常に両者の侵食や影響を受けやすいものであるということは，衆目の一致するところである。しかしながら，その中にあって受動的ではなく，能動的にその影響に適応しようとする卸売業者が存在することも，また事実である。それは相対的にプリミティブな業界であると呼ばれてきた卸売業界において，近代的なそして戦略的なマネジメント力の導入を意味している。以下では，卸売業者の戦略的行動の視点から，いくつかの卸売業研究を確認したい。

　卸売業者の経営戦略を見る場合，三浦（2003）に従えば以下の3つのボーダレス化が卸売業にその競争戦略上の変化を求めてきたといえる。第1に，小売流通業における業態化とチェーン化の進展に対する業態化志向による行動変化，つまり業態ボーダレスである。第2に，代理店や特約店制の見直しなどによるメーカーの流通チャネル戦略の修正，つまり垂直ボーダレスである。そして第3に，グローバル化による日本型商慣行の変革，つまり国境ボーダレスである[32]。第1の業態ボーダレスは，小売業段階の大規模化・集中化が進展する

ことにより，これまで生産分野別に構築されてきた業種別流通チャネルから，小売業態への対応・適応を重視した業態別流通チャネルへの転換が起こってきている中で，卸売業もまた新たな流通チャネル構成員としての役割の転換を求められているということである。そして，例えばその1つの方向性として，そのことが卸売業における品揃え形成活動のさらなる強化を求めたのである。すなわち，大規模小売業者や組織型小売業者の大きな成長により，単純に深く広い品揃えを用意するだけではなく，特定の小売業態におけるワンストップ・ショッピング機能に対応した特定小売業態への包括的品揃えを用意しなければならなくなったのである[33]。第2の垂直ボーダレスは，垂直的な流通経路上において，従来の代理店制など関係特定的な取引形態から，戦略的提携に代表される取引当事者間での価値創出につながる新たなる取引関係へのシフトを表している。そこでは，パワー関係の存在によるインセンティブとパニッシュメントを包含するような従来の系列化とは異なり，それぞれにパワーを有する大規模小売業者，大規模卸売業者，そして大規模製造業者の間の関係構築が中心となってくる。そして，それが製販統合，製配販統合，戦略的提携，そしてパートナーシップという形で具現化されてきているのであり，以下の項で考察されるチャネル関係へと整理されていく。そして第3の国境ボーダレスは，文字通り国という取引エリアを越えて，グローバルな取引関係が構築されてきていることである。しかしながら，グローバル・ホールセラーなる卸売業態をピックアップして，積極的に考察するような研究は十分ではなく，これまでのグローバル小売業者の海外進出などに伴う卸売機能のあり方に関する言及レベルの研究が主であった。

　これら，卸売業者の戦略的な行動を取り扱ってきた諸研究では，基本的には機能と経営成果変数の因果関係に基づき，そのあり得べき姿・戦略的行動が導出されたものが中心であった。そして，特に情報システム化や物流システム化の導入・進展（金 2004）により，卸売業者の広域化とフルライン化・一括品揃え化（渡辺 1997）が進行し，他者への競争力として，特にリテールサポートの積極的な展開（杉本・中西 2002）という個別企業行動レベルでの戦略的行動

がより洗練化されたことが確認できる(34)。

しかしながら,これら卸売業者の戦略的行動の諸研究は,そこでは卸売業固有の問題設定は可能ではあるが,個別事象の考察になるが故に個別企業特定的,または産業分野特定的なアウトプットとなりがちである。また,内的な変化要因というよりは,環境要因すなわち技術革新や製造業段階・小売業段階の変化,そして競争条件の変化による影響が大きく,外生的な要因との関係での説明は可能であるが,内生的な要因との関係での取引変化や戦略変化については,十分な説明に至ってはいない。

2-5 流通チャネルにおける卸売業・卸売業者

流通経路・流通チャネル上における卸売業者に直接的に着目するのではなく,あくまでも卸売業者は流通経路構成員の一員であり,その中でどのような組織間関係が構築されるべきかを議論してきた諸研究の蓄積がある。それらは,端的には流通系列化,製販同盟,戦略的提携,製配販同盟,パートナーシップ等の言葉の下に表される事象である。そこでは製造業者がマーケティング変数の1つである流通チャネルをいかにして統制するのかという視点と,最適な流通経路構造の構築そして最適な需給マッチングを指向した組織間関係の構築という2つの視点が存在する。それぞれについて十分な研究蓄積が見られるが,ここでは卸売業の分析という本書の目的から,代表的な一部の研究だけに言及しておきたい。

まず,パワー・コンフリクト論が挙げられる(35)。組織間に存在する資本力や情報力等に関する格差を組織のパワー源泉として,その非対称性を活用して,チャネルリーダーたる製造業者が流通チャネル上の構成員を統制しようとするのである。このパワー源泉には,代表的には報酬パワー資源,制裁パワー資源,正当性パワー資源,一体化パワー資源,そして専門性パワー資源等が挙げられている。また,チャネル・メンバーの個人目標とチャネル組織目標の利害相反からコンフリクトが発生するが,情報の組織間共有により,このコンフリクトは解消されるとされている。

また，取引費用アプローチは，流通チャネルにおける取引コストを最小化するように取引の内部化つまり組織取引を行うか，取引の外部化つまり市場取引を行うかによって企業間関係が規定されることを示した(36)。この取引コストは，取引相手に関する情報を収集し，取引相手を探す探索費用，取引を成立させるための交渉費用，さらには取引の履行を確認する監視費用などからなるとされる。

　さらに，この市場取引と組織取引の中間に位置するのが，パートナーシップや製販統合・製配販統合に表される戦略的提携である(37)。ここではチャネル・メンバー間で対等性と双務性が求められる。取引コストがある水準を超えて，取引にネガティブな影響を及ぼし，そして取引コストの削減が困難な場合，さらには戦略的に競争優位を獲得したい場合に，この取引様式がとられるのである。

　これら諸研究の蓄積は大きいが，それらを概観すると，あくまでも流通チャネル編成の中のパーツとして卸売業者を位置付けているということが明らかである。さらには，卸売業者を販売業者とみなして供給業者と販売業者のダイアド関係の中で議論されている。ということは，分析対象である取引当事者は必ずしも卸売業者である必要性はなく，小売業者であってもこれらの考え方は援用される。つまり，最初から卸売業の固有性を分析の中から捨象してしまっているのである。

　そして，延期と投機の観点から，卸売業者を捉えることもできる(38)。いわゆる延期と投機の原理とは，流通機能代置に着目し，不確実性への対応から危険負担をできるだけ低い水準で行うことを指向したものである。流通経路上の中間に位置する卸売業者は，主としてこの不確実性を吸収することを求められてきたのであるが，極めて不確実性が高くなってきた消費者への適応を考えた時，単に卸売業者のみでの対応ではなく，流通チャネル全体での適応を考えないと難しくなってきている。そういう点で延期と投機の原理は，機能と機関の両者から見て，均衡へ導く原理であるだろう。そして，その結果チャネル・システムを不安定構造から安定構造へ導くものであるといえよう。したがって，

卸売業者の安定性というよりも，流通チャネル全体・流通機構全体の均衡へ導くものとして，考察されてきたのである。そこでは，卸売業者を明示的に意識することはなく，また卸売業者固有の問題を考えることもなく，あくまでも流通チャネル全体の適合ということを目指してきたものであるといえよう。

2-6 歴史的な視点から見た卸売業

最後に，歴史的な視点から卸売業者を考察した諸研究を見ておきたい。これらは，卸売業者というよりは卸売商業者という対象に対しての考察であり，基本的には産業資本と商業資本の自立化問題の中で，卸売商業を考察しようとするものである[39]。すなわち，基本的な前提として，まず日本の流通機構の構造的特質が以下のように指摘されている[40]。第1に，卸売商業・小売商業において小規模零細な店舗が多数を占めているということである。第2に，複雑に紆余曲折した流通経路を有しているということである。特に卸売商業においてそれが顕著である。これらは，伝統的な流通経路，すなわち卸売商業者（問屋・仲買）主導の流通機構に起因するものである。しかも，その問屋・仲買を基軸とする卸売商業者主導型の流通システムは，その構造的特質を徳川時代，明治維新，そして明治以降も維持し続け，それらは第2次世界大戦の敗戦に至るまで，形を変えることはあっても，維持されてきたのである。

そして，これらの構造的特質が継続・維持され続けた理由として，以下の4点が挙げられている。すなわち，第1に，わが国において消費市場が順調に発展しなかったということである。わが国における明治以来の産業化は，消費市場の順調な成長を犠牲にして行われ，少ない消費支出，低い所得水準，貯蔵方法等の不備などによる消費者の少量・多頻度購買が現実的であった。そして，これらの消費者に対応するために膨大な数の小規模零細店舗の存立が促されたのである。第2に，小規模零細な生産者が依然として重要なウエイトを占めていたことである。徳川時代から約250の藩に分割され，各藩の財政赤字への対応策として，藩自らが領内の特産物などの製造業務に乗りだしていたが，それら生産者は小規模であった。そして，それら生産物はその藩域を越えた全国流

通のルートに載せられることになるが,その際に生産者は小規模であるが故に販売経路の管理までは困難であり,生産地と消費地の中間に位置する卸売商の存在は不可欠であったのである。第3に,わが国の商業組織が余剰労働力の大きな部分を吸収するプールの役割を果たしていたことである。一般的に,商業,特に小売商業への就業者の参入は比較的容易であることから,未熟練労働者の相当部分は,長らくこの分野で吸収されてきた。そのため小規模零細な小売店舗の増加が進行したのである。そして,それ故にこれらの多くは生業状態を脱することがなかなかできなかったのである。第4に,物的流通・情報流通の基礎条件が極めて貧困であったということである。運輸,荷役,保管,包装などの物的流流に関するインフラストラクチャー,そして情報流通に関するインフラストラクチャーの整備がなかなか進まず,それらが中小零細規模で,複雑に紆余曲折した流通機構を存立・維持させてきたのである。

　さて,これらの構造的特質とそれを維持させた理由を見てくると,結局のところ歴史的に見て経済的諸要因の中でも特に生産段階と消費段階の小規模多数性により,卸売段階・中間商人段階の存在を認め,そしてその多段階化を促すようにそれら生産段階の状況と消費段階の状況が機能してきたのが,わが国の流通経済であったといえよう[41]。では,上記の諸条件が変化すると,卸売業の構造も変わるのであろうか。生産・消費両段階に挟まれた卸売段階がその影響を受けないわけにはいかない。当然ながら,何らかの構造的変化の影響を受けることになる。しかし,それは卸売段階を否定するほどのものであるのだろうか。大きな存在として,流通機構の中にその位置を築いてきた卸売業者が簡単に消滅するわけではない。消費財寡占メーカーに対してだけの存在ではなく,大規模小売商に向けても,卸売業は依然として存在しているといえよう[42]。それは,言葉を変えれば以下のような適応化を図りながら,卸売業者は依然として残存してきたということである。すなわち,大規模スーパーチェーンの窓口組織化,大規模スーパーチェーンとの共同商品開発,卸売業者自らが共同化を図り,大規模化を目指す,リテール・サポートの実施,そして小売業者を垂直的に統合するなどである。収集と分散という基本的な卸売業者の機能,特に

量的なマッチングという観点から見ると，生産段階と小売業段階の変化により，卸売業者の必要性も当然変わるべきものであるが，収集と分散によりその取引において質的にも量的にもより複雑となってきた需要と供給の効果的なマッチング・有効なマッチングを実現するという意味では，環境条件が変化しても，卸売業者は主体的に自己適応化を図り，残存している。しかしながら，これまでの歴史的な卸売業者の考察では，商業構造の変化という視点は見られたとしても，卸売業構造の変化という集計水準にその焦点をあてた上でのその適応のダイナミズムについては，明確な答えを用意していたとはいいがたいであろう。

3　卸売業研究における諸議論の特徴と限界

　これまでのいくつかの卸売業に関する諸研究を概観してみて，次のような諸課題を残しているということができる。まず，ほとんどの研究に外部構造の関与が含まれているということである。製造業・生産段階の条件や小売業段階の条件など外生的な諸条件によって，卸売業の構造や行動が規定されているということであるが，それら外生的な諸条件が変化した場合，あるいは消滅した場合に，現状が大きく変わらないならば，それをどのように説明するのであろうか。そこには，卸売段階内部の構造・行動の説明が必要になってくるだろう。しかし，積極的かつ直接的に内部構造に言及する研究はあまり見られなかった。

　また，多くの研究が，卸売業に固有の説明という点で希薄であるといえるだろう。生産と消費を繋ぐ流通や商業を前提としたものであったり，製造業者・生産者に対する販売業者を前提としたものであったりと，卸売業者としての固有性から出発した議論はあまり見られなかった。卸売業者が，小売業者や製造業者とは異なるものとして認識されている限りにおいては，卸売業の論理というものがあるはずであり，その点を浮き彫りにすることは必要であり，そしてその意義は大きいと思われる。

　そして，機能代置に代表される効率性の問題からのアプローチが多く見られた。そこでは，流通チャネル構成員の誰にとっての取引費用かという点では多

様性があるが，しかしながら最終的には取引費用の削減・節約という効率性の問題に帰着することに変わりはないのである。また，この費用節約・効率性の観点から現実の卸売業者の行動を考察した時，時間軸が問題となってくる。どのくらいの時間の幅を想定した効率性なのか，取引費用節約なのか，そこには明確な答えは用意されていなかったのである。

以上，既存諸研究を概観した時，卸売研究への新しい視点の導入を考えるべきであると考えられる。その1つの試みが，本書を通して提示される取引の連動性から卸売業のダイナミズムを考えようというものである。取引の連動性とは，卸売業者は本来的に仕入取引と販売取引を連動させて，バランスを取ることが求められるという，極めてシンプルな考え方である。この取引の連動性を発揮しながら，卸売業者の戦略的な行動は変化していき，その結果として流通チャネル構造も変化していくのである。それは，卸売業者が仕入取引と販売取引に挟まれた中間商人であることに基づいている。したがって，ここでは卸売商業部門の外部構造[43]としての製造卸，系列卸，統合卸などの取引行動と区別する必要があることは明白である。

この考え方の特徴は以下の通りである。つまり，卸売業・卸売業者固有の説明枠組みの期待への回答となるものである。卸売業者あるいは卸売業を仕入取引と販売取引のバランス・連動化という文脈で捉えるということである。したがって，流通チャネルは取引連鎖から構成されるという特殊性を，この取引の連動性は最初から包含していることになる。また，先行研究の多い小売業態論・小売業態研究との差異において，仕入取引と販売取引のバランスの取り方から卸売業態を捉えることが可能であり，また取引への着目ということから個別事象への説明と集計水準が相対的に高い事象を説明することに対して適応可能であるといえる。そして，仕入取引と販売取引のバランスに着目するということから，それはその両取引に常に直面する卸売業の動態性への説明となり得るということである。

なお，この考え方にはいくつかの課題が含まれている。仕入取引と販売取引の連動性においては，その両者のバランスとマッチングが中心概念となってく

る。その際に,取引相手・取引当事者,取引内容つまり取引される財・サービスの量・質・取り揃え,取引時間,取引空間,取引契約,そして機能分担関係等のどの要素におけるバランス・マッチングを想定するのかに関しての特定化作業が必要であろう。また,仕入れ先行型や販売先行型による連動のタイム・ラグへの対応が必要である。それは,卸売段階分化へのアプローチでもあり,またスモール・ステップのアプローチの検討も必要であろう。さらに,Revzan (1961) の漏斗概念においても提示されているように,仕入取引と販売取引のバランス (linkage) とそれへの制約条件 (brockage) についてもさらに詳細に検討する必要があるだろう。これら諸問題を多数含んでいることに留意しながら,本書においては取引の連動性に基づく考察を進めていきたい。

(1) 卸売業に関する研究蓄積は,小売業に関する研究の多さに比べて,相対的に少数である。それは多くの研究者が指摘してきたことである。以下を参照されたい。

　　荒川祐吉 (1978)『マーケティング・サイエンスの系譜』千倉書房。
　　糸園辰雄 (1988)「わが国における卸売研究ノート」『西南学院大学 商学論集』第35巻第1号, pp. 147-175。
　　金 雲鎬 (2008)「日本の卸売商業研究の現状に関する考察」『現代ビジネス研究』第1号, pp. 85-97。
　　小西一彦 (1975)「現代卸売商業の構造分析序説」『商大論集』第27巻第3・4号, pp. 206-224。
　　杉本宏幸 (2007)「卸売研究の戦略的視点」『季刊 マーケティングジャーナル』第104号, pp. 90-98。
　　鈴木保良 (1951)『卸売』国元書房。
　　高宮城朝則編 (1997)『卸売企業の経営と戦略』同文舘。
　　三上富三郎 (1961)『卸売業経営』同文舘。
　　Revzan, D. A. (1961), *Wholesaling in marketing organization*, John Wiley and Sons, Inc..

(2) さらには,中間商人への批判が主に卸売業者に向けられ,その結果として,卸売業への研究投下が阻害されたともいえる。そこでは,卸売業に対する消極的かつ否定的な見方として,卸売業者の排除や卸売諸機能遂行の分担は当然のことであり,卸売業者は将来的には減退あるいは消滅していくものであるとされてきた。したがって,卸売業に関する研究領域は科学的研究を行う分野ではなくなるとされたのである。詳しくは以下を参照されたい。

　　Bartels, R. (1976), *The Histrory of Marketing Thought*, 2nd ed.,Grid Publishing,

Inc. pp. 113-115.（バーテルズ著・山中豊国訳『マーケティング理論の発展』1979年，ミネルヴァ書房。）
（3）この点は後に言及されるが，ここでは日本の流通機構の中で卸売業者の果たす役割が大きかったというにとどめておこう。卸売業・卸売流通そのものへの研究上の関心というよりも，日本の流通機構の解明という命題の中で，卸売部門が分析されたのである。
（4）経営史，経済史，そして産業発達史等において，商業の歴史を研究していく上で，卸売業を考察対象とした研究が見られる。それらの多くは，日本における近世の商業の卸売商業と小売商業への分化と，地方生産地から都市消費地への生産物の収集過程における卸売商業の機能分化，そして前期的商業資本の近代化を扱い，時間的に限定された文脈でのものである。以下は代表的な諸研究の一部である。
　　石井寛治（2003）『日本流通史』有斐閣。
　　藤田貞一郎・宮本又郎・長谷川　章（1978）『日本商業史』有斐閣。
　　宮本又次（1938）『株仲間の研究』有斐閣。
　　宮本又次（1954）『日本商業史概論』世界思想社。
　　岡崎哲二（1999）『江戸の市場経済』講談社。
　　なお，地域や業種に特定的であるという点で，アメリカの卸売商それも食料品を扱う卸売商人に焦点をあて，戦前から戦後にわたるその展開と特徴を考察したものが後藤（1991）の研究である。そこでは，アメリカの広大な国土における都市化の進展と地方市場の成立の中で食品卸売商人大規模化への動きとボランタリーチェーンに代表される組織化の経緯が考察されている。また，同様にアメリカにおける商人，そして戦前に限定された研究も見られる。以下を参照されたい。
　　後藤一郎（1991）『アメリカ卸売商業の展開』千倉書房。
　　Porter, G. and H.C. Liversry (1971), *Merchants and Manufacturers-Studies in the Changing Structure of Nineteenth-Century Marketing-*, The Johns Hopkins University Press.（G. ポーター／H. リヴセイ著，山中豊国・中野　安・光澤滋朗訳『経営革新と流通支配—生成期マーケティングの研究—』ミネルヴァ書房，1983年）
（5）M. Hall（1948）は，卸売業者の存在理由としてこれらの原理に言及している。また，鈴木・田村（1980）において，さらに情報縮約・整合の原理と規模の経済も含めて，流通費用の削減という観点から商業一般の存立理由として提示されている。
　　鈴木安昭・田村正紀（1980）『商業論』有斐閣，pp. 69-74。
　　Hall, M. (1948), *Distributive Trading-an Economic Analysis*, Hutchinson's University Library.（片岡一郎訳『商業の経済理論—商業の経済学的分析—』東洋経済新報社，1957年）
（6）なお，従来理論的研究への試みが全くなかったわけではない。例えば，黄（2002）においては，組織内部の資源に限定されず，企業間の資源移転・活用を積極的に行える卸売企業にネットワーク編成の役割を認める理論的考察も試みられている。以下を参照されたい。
　　荒川祐吉（1978）『マーケティング・サイエンスの系譜』千倉書房，pp. 178-180。

黄　磷（2002）「ネットワーク編成の卸売企業―ビジネス・システムの商業フォーマット―」『国民経済雑誌』第186巻第2号，pp. 43-57。
（7）日本における流通研究の方法的志向の特徴として，以下の8つが挙げられる。
　1．計量主義への著しい傾斜
　2．仮説検証への全面的依存
　3．統合的枠組み構築よりも，それと無関係にピースミール的研究を試みる傾向
　4．行動諸科学の概念や調査研究手法の素朴な借用導入
　5．メタ・コンセプト，世界観など，科学的探究の前提に関する追究の欠如ないし不徹底
　6．技術論への著しい傾斜
　7．主題設定における現実社会経済ニーズからの遊離，選定の論理的必然性の欠如
　8．流通研究における蓄積成果継承の欠如，「研究文化」継承の拒否
　これらすべてに対応することは困難であるが，本書においては少なくとも，上記の中の統合的枠組み導出への試みと蓄積研究との連続性を持った問題設定への試みを行うものであり，何故ある現象が生起するのかを究明しようとするささやかな挑戦である。日本における流通研究の方法論的特徴やその課題などに関して，詳しくは以下を参照されたい。
　　荒川祐吉（1986）「流通研究の新視点」『季刊 消費と流通』Vol. 10　No. 4，pp. 12-20。
（8）以下を参照されたい。
　　荒川祐吉（1978）『マーケティング・サイエンスの系譜』千倉書房，pp. 57-61。
　　西村順二（1985）「マーケティング論形成期におけるマーケティング機能論の一考察」『六甲台論集』第32巻第2号，pp. 230-241。
　　西村順二（1988）「卸売流通構造研究序説」『六甲台論集』第34巻第2号，pp. 82-95。
　　Bartels, R. (1976), *The Histrory of Marketing Thought*, 2nd ed., Grid Publishing, Inc., pp. 141-144　（山中豊国訳『マーケティング理論の発展』1979年，ミネルヴァ書房）
（9）詳しくは，以下を参照されたい。
　　Clark, F.E. (1922), *Principles of Marketing*, The Macmillan Company, pp. 10-28.
（10）以下を参照されたい。
　　Bartels, R. (1976), *The Histrory of Marketing Thought*, 2nd ed., Grid Publishing, Inc., pp, 145-148.　（山中豊国訳『マーケティング理論の発展』1979年，ミネルバ書房）
　　Breyer, R.F. (1934), *The Marketing Institution*, McGraw-Hill book Co., Inc..
（11）以下を参照されたい。
　　Copeland, M.T. (1927), *Priciples of Merchandising*, A.W. Shaw Company.
（12）以下を参照されたい。
　　荒川祐吉（1978）『マーケティング・サイエンスの系譜』千倉書房，pp. 59-61。
（13）詳細は，以下を参照されたい。
　　Revzan, D.A. (1961), *Wholesaling in marketing organization*, John Wiley and

Sons, Inc., pp. 1-2.
(14) Revzan は，Fred E. Clark や Wroe Alderson 等の概念にも着目して，まさに流通やマーケティングに固有の諸概念をもって，卸売業における概念説明を試みている。以下を参照されたい。

Revzan, D.A. (1961), *Wholesaling in marketing organization*, John Wiley and Sons, Inc., pp. 4-10.
(15) 以下を参照されたい。

Beckman, T.N. and N.H. Engle (1951), *Wholesaling : Principles and Practice*, Ronald Press.

Beckman, T.N. (1949), "A Critical Appraisal of Current Wholesalinhg", *Journal of Marketing*, Vol. 14 No. 2, pp. 307-316.

Hill, R.M. (1963), *Wholesaling and Management : text and cases*, Richard D. Irwin, inc.

なお，1949年には，*Journal of Marketing*（Vol. 14 No. 2）において卸売業に関する特集号が編集されている。そこに収められている諸研究はいずれも卸売業と卸売業者の区別，その果たすべき役割，そしてマクロデータに基づく構造上の特徴などの記述的な分析レベルにとどまっているといえるだろう。
(16) 以下を参照されたい。

Stern, L.W. and A.I. El-Ansary (1982), *Marketing, Channels*, 2nd ed. Prentice-Hall Inc., pp. 108-117.

矢作敏行（1996）『現代流通 理論とケースで学ぶ』有斐閣，pp. 217-220。

なお，生産段階と消費段階の様々な異質的差異を調整し，需給整合というマッチングを図るために多様な機能が遂行される必要がある。その多くの部分を担当するのが，卸売業者である。そして，上記の研究史の初期に見られた3つの接近方法で言及されているマーケティング機能をここでの流通機能に置き換えることは，その目指すべき目標が同じであり，互いに重複する部分が極めて多いが故に，可能であろう。本書の以下の各章における記述において，マーケティング機能，流通機能，そして商業機能には，生産段階と消費段階のマッチングという目的から見て本質的には差異がないものとして論じていきたい。
(17) 以下を参照されたい。

鈴木安昭・田村正紀（1980）『商業論』有斐閣，pp. 43-49。
(18) 以下を参照されたい。

Regan,W.J. (1949), "The Wholesaler: An Economic Necessity", *Journal of Marketing*, Vol. 14 No. 2, pp. 285-292.
(19) 同じように卸売業者の遂行する機能に焦点をあて，卸売業者の必要性を説いた研究も多数見られた。代表的には以下を参照されたい。

Tiz, B. (1949), "Recent Changes Made by the Wholesalers of Consumer Goods," *Journal of Marketing*, Vol 14 No. 2, pp. 275-284.

(20) 以下を参照されたい。
　　Rosenbloom, B. (1989), "The Wholesalers' Roll in Performing Marketing Functions : Wholesaler versus Manufactuerer Perceptions" in L. Pellegrini & S.K. Reddy eds. (1989), *Retail and Marketing Channels : Economic and Marketing Perceptions on Producer-Distributor Relationships*, Routledge, pp. 117-135.

(21) 以下を参照されたい。
　　Lopata, R.S. (1969), "Faster Pace in Wholesaling", *Harvard Business Review*, Vol. 47 No. 4, pp. 130-143.

(22) ここで言及されてきた「機能」を，中間商人の諸機能として捉え，中間商人は排除されることはあってもその諸機能は排除され得ない。さらには，固有の問屋機能は存在せず，流通機関間で流動的である流通機能のみを定式化し，それが環境要因の変化や革新者の登場により特定の流通機関において具現化しているとされている。
　　Ivey, P.W. (1921), *Principles of Marketing*, Ronald Press Co., p. 5.
　　矢作敏行（1996）『現代流通 理論とケースで学ぶ』有斐閣，pp. 146-148。

(23) 不確実性が高く，需給変動が大きい環境下における卸売業の機能上の対応，またそれに伴う流通チャネル上での構造変化については，以下を参照されたい。
　　Chandler, Jr.,A.D. (1977). *The Visible Hand : The Managerial Revolution in American Business*, Harvard Unversity Press, pp. 234-239.
　　原田英生（1985）「卸売業におけるデータベース」『季刊 消費と流通』Vol. 9 No. 4, pp. 33-39。
　　廣田　正（2002）「21世紀の食品卸売業の課題：菱食のめざすもの」『生活起点』2002, 7　No. 50, pp. 4-15。
　　三村優美子（2002）「小売業を支援する卸売業─小売業と卸売業の機能連携の可能性─」『商工金融』2002年11月号（第52巻第11号），pp. 15-22。

(24) 日本的流通機構の特殊性については，田村（1986）等の一連の諸研究において詳細に検討されている。日本的流通機構の大きな特徴に卸売流通部門の多段階性が挙げられている。しかし，それは流通経路の長さの問題であり，流通に関わる諸政策の結果日本の流通機構において競争制限的な様相が現れ，独占化が進行するというよりは，流通部門の多段階性により競争促進的状況が温存され，その結果としての現在の日本的流通機構のあり様が示されている。さらに，日本的流通機構の複雑性の1つは日本型取引の特殊性であるとされ，日本型取引の特殊性は，取引様式（組織取引）における特殊性と，取引条件の特殊性から成り，それらを区別した上で両者の相互作用的関係に着目すべきことが指摘されている。
　　田村正紀（1986）『日本型流通システム』千倉書房。
　　田村正紀（1986）「日本型取引の参入障壁効果」『季刊 消費と流通』 Vol. 10 No. 2, pp. 93-104。
　　田村正紀（1991）「流通のパワーシフト─独禁法規制強化・大店法改正のインパクト」日経流通新聞編『これからどうなる商慣行』日本経済新聞社, pp. 191-223。

田島義博・宮下正房編（1985）『流通の国際比較』有斐閣。
　E．バッツアー・鈴木　武編（1985）『流通構造と流通政策―日本と西ドイツの比較』東洋経済新報社。
　正田　彬（1984）『卸売業をめぐる競争と法』リブロポート。
　及川亘弘・渋谷智之（2002）「卸売業の新時代」『生活起点』2002, July, pp. 16-25。
　丸山雅祥・酒井亨平・外川洋子・坂本信雄・山下道子・荒川正治・井場浩之（1991）「日本の流通システム：理論と実証」『経済分析』第123号，pp1-115。

(25) W/R比率は卸売段階の多段階性を示すと同時に，市場中心性を示すものものでもある。W/R比率は販売額ベースで示されているため，流通における地域商圏の影響を大きく受け，したがって流通構造の空間因子を説明するものとされているのである。詳しくは以下を参照されたい。
　米谷雅之（1975）「卸売・小売販売額比率の分析」『山口経済学雑誌』第25巻　第3・4号，pp. 120－141.
　米谷雅之（1982）「地域卸売構造の特質と変化」『山口経済学雑誌』第31巻第5・6号，pp.189-209。
　Revzan, D.A. (1965), *The Marketing Significance of Geographical in Wholesale/Retail Sales Ratios,* Institute of Business and Economic Research, University of California Berkley.

(26) 丸山（1992）において，W/R比率の多段階性に関する留意点が指摘されている。それは，第1に卸売販売額に国内流通に向かわない部分が含まれていること，第2にW/R比率は卸売業と小売業の規模格差の表われであること，そして第3に卸売段階の水平的な組織化と垂直的な組織化の問題であることである。また，その際に出荷先から見たW/R比率とマージンから見たW/R比率の2つの捉え方から，W/W比率への言及も行われている。詳しくは，以下の諸研究を参照されたい。
　丸山雅祥（1992）『日本市場の競争行動―市場と取引―』創文社，pp. 47-74。
　今村辰生（1979）「戦後わが国卸売流通における変化（1）」『修道商学』第19巻　第2号，pp. 1-22。
　田村正紀（1976）『現代の流通システムと消費者行動』日本経済新聞社，pp. 195-196。
　成生達彦（1994）『流通の経済理論』名古屋大学出版会，pp. 245-256。

(27) 日本における卸売業者間の取引の多さについては，その特殊性を考慮する必要性に言及する研究が見られる。以下を参照されたい。
　今村辰生（1981）「わが国卸売流通における流通迂回率について」『修道商学』第21巻第3号，pp. 149-173。
　江尻　弘（1980）「わが国の流通経路は本当に長いか（上）」『季刊 消費と流通』第4巻第3号，pp. 60-70。
　風呂　勉（1972）「流通迂回分析の課題」『商大論集』第24巻第4号，pp. 23-43。

(28) 流通迂回性は，ある種の流通チャネルの構造の問題であるといえる。詳しくは，以下を参照されたい。

風呂 勉 (1972)「流通迂回分析の課題」『商大論集』第24巻第4号, pp. 23-25。
(29) 以下を参照されたい。
風呂 勉 (1972)「流通迂回分析の課題」『商大論集』第24巻第4号, pp. 27-28。
(30) 以下を参照されたい。
Hall, M. (1948), *Distributive Trading An Economic Analysis*, Hutchinson's University Library.（片岡一郎訳『商業の経済理論―商業の経済学的分析―』東洋経済新報社, 1957年）
上原征彦 (1982)「卸売商店数の変化に関する一試論―小売商店数の変化との関係において―」『季刊 消費と流通』Vol. 6 No. 1, pp. 98-105。
なお, 商業部門一般が費用節約をできる理由として, 鈴木・田村 (1980) において, さらに情報縮約・整合の原理と規模の経済が指摘されている。情報縮約・整合の原理は, 財取引に関する生産部門と消費部門の情報を縮約し, それを整合させることによって流通費用を節約することである。また, 規模の経済は, 商業者に取引が集束することにより, 商流, 物流, 情報流に参加するために必要とされる流通機能遂行上の経済性の発生を意味している。詳しくは, 以下を参照されたい。
鈴木安昭・田村正紀 (1980)『商業論』有斐閣, pp. 69-74。
(31) 以下を参照されたい。
荒川祐吉 (1960)『現代配給理論』千倉書房, pp. 217-232。
風呂 勉 (1978)「卸商存立根拠論」『季刊 消費と流通』Vol. 2 No. 1, pp. 86-91。
上原征彦 (1982)「卸売商店数の変化に関する一試論―小売商店数の変化との関係において―」『季刊 消費と流通』Vol. 6 No. 1, pp. 99−101。
(32) 以下を参照されたい。
三浦 功 (2003)「中間流通機能と卸流通の再編成」木綿良行・三村由美子編著 (2003)『日本的流通の再生』中央経済社, pp. 121-126。
(33) 以下を参照されたい。
矢作敏行 (1996)『現代流通 理論とケースで学ぶ』有斐閣, pp. 226-231。
(34) 以下を参照されたい。
小川 進 (2003)『稼ぐ仕組み』日本経済新聞社。
杉本宏幸・中西正雄 (2002)「卸売企業によるリテール・サポートとその意義」『流通研究』第5巻第2号, pp. 17-34。
高宮城朝則編著 (1997)『卸売企業の経営と戦略』同文舘。
玉城芳治編著 (1988)『卸売業マーケティング』中央経済社。
下村博史 (2005)『中間流通の協創戦略』白桃書房。
渡辺達朗 (1997)『流通チャネル関係の動態分析』千倉書房。
なお, 以下の大阪商工会議所の調査に基づく田村 (1975) の分析や, 大規模卸売企業に関する金 (2004) の分析において, 卸売業者の戦略的な行動から流通構造の変化への説明への試みが見られる。
大阪商工会議所調査部 (1975)『繊維卸売商の経営効率化の方向―繊維卸売商の機能

分析調査結果報告書―』大阪商工会議所。

金 雲 鎬（2004）「大規模卸売企業の戦略的行動に基づく流通短縮化の考察」『流通研究』第7巻第2号, pp. 75-89。
(35) 詳しくは以下を参照されたい。

石井淳蔵（1983）『流通におけるパワーと対立』千倉書房。

榊原健郎（1991）「卸売チャネル政策の展望〜チャネルパワー構造からの考察〜」『季刊 マーケティングジャーナル』41号（Vol. 11 No. 1), pp. 36-49。

Stern, L.W. and A.I. El-Ansary (1982), *Marketing Channels*, 2nd ed. Prentice-Hall Inc..
(36) 以下を参照されたい。

Coase, R.H. (1988), *The Firm, the Market, and the Law*, The University of Chicago Press.

Stern, L.W. and T. Reve (1980), "Distribution Channels as Political Economics: A Framework for Comparative Analysis", *Journal of Marketing*, Vol. 44 Summer, pp. 52-64.
(37) 詳しくは以下を参照されたい。

尾崎久仁博（1998）『流通パートナーシップ論』中央経済社。

Buzzell, R.D. and G.Ortmeyer (1995), "Channel Partnerships Sreamline Distribution", *Sloan Management Review*, Vol. 36 No. 3 (Spring), pp. 85-86.

Va'zquez, R., V. Iglesias, and L.I.A'lvarez-Gonza'lez (2005), "Distribution Channel Relationships: The Conditions and Strategic Outcomes of Cooperation between Manufacturer and Distributor", *International Journal of Retail, Distribution and Consumer Research*, Vol. 15 No. 2, pp. 125-150.
(38) 以下を参照されたい。

Bucklin, L. P. (1966), *A Theory of Distribution Channel Structure*, IBER.（田村正紀訳『流通経路構造論』千倉書房, 1977年）

高嶋克義（1989）「流通チャネルにおける延期と投機」『商経学叢』第36巻第2号, pp. 55-68。

矢作敏行・小川孔輔・吉田健二（1993）『生・販統合マーケティング・システム』白桃書房。

矢作敏行（1996）『現代流通 理論とケースで学ぶ』有斐閣, pp. 150-152。
(39) 商業資本自立化に関する研究は多数見られる。卸売業に関しては, 例えば以下を参照されたい。

久保村隆祐・荒川祐吉（1974）『商業学』有斐閣。

森下二次也（1960）『現代商業経済論』有斐閣。

佐藤 肇（1974）『日本の流通機構』有斐閣。

小西一彦（1974）「卸売業の構造変化について―統計の分析を中心に―」『神戸商科大学創立50周年記念論集』, pp. 295-310。

上瀬昭司（1994）「わが国卸売企業の現代的問題―加工食品・日用品雑貨の場合―」『商大論集』第45巻　第6号，pp. 35-57。
(40) 詳しくは，以下を参照されたい。
　　佐藤　肇（1974）『日本の流通機構』有斐閣，pp. 51-86。
(41) 以下を参照されたい。
　　Yoshino, M.Y. (1976), *The Japanese Marketing System : Adaptations and innovations*, The MIT Press, pp. 1-9, pp. 183-197.
(42) 以下を参照されたい。
　　佐藤　肇（1974）『日本の流通機構』有斐閣，pp. 264-272。
(43) 以下を参照されたい。
　　鈴木安昭・田村正紀（1980）『商業論』有斐閣，pp. 204-211。

第2章　卸売取引における
　　　　取引連動性概念の構成に関する考察

1　問題の所在

　現代社会は激しい環境変化の中にある。この多様にかつドラスティックに変化する経済環境・社会環境下にあって，既存の流通機構・流通経路においては淘汰され消滅していくものもあれば，自ら適応化を図り維持・存続していくもの，さらには新たな流通のあり様を提示して発展していくものなど，ポジティブにもネガティブにも様々な展開が見られる。これら流通機構・流通経路の環境適応のあり方の解明を求めて，本章では1つの視点として取引・取引関係に着目したい。いうまでもなく，流通機構・流通経路は1つ1つの取引の継起的連鎖から形成されている。そして，それらが集積・組み合わされて，結果的に生産部門と消費部門の間に流通段階を形成することになる。したがって，流通研究において考慮すべき原基形態として取引に焦点をあわせることは，流通の構造解明の1つとして有効であるということができる[1]。

　この取引は，売り手と買い手，そして一般的には供給業者（supplier）と販売業者（dealer）の間に構築される関係である。そして，それをより具体的な次元へと落とし込むならば，製造業者と卸売業者，製造業者と小売業者，製造業者と消費者，卸売業者と小売業者，卸売業者と消費者，小売業者と消費者の間に構築され得るものにまで，ある種のタイプとして分類化することができる。後述するように，本章では卸売業者の取引に着目するが，基本的には仕入取引と販売取引の2種類の取引を同一主体が行うという点に，その特徴付けを見出している。その観点から見るならば，たとえ卸売取引に焦点を絞ったとしても，取引の連動性そのものは流通業に関わる組織体全般への拡張性を持ったものとも考えられる。卸売段階において典型的に仕入取引と販売取引が顕在化するが，

基本的な取引関係の連動性という意味では，その卸売段階のものを原初形態として他の当事者間の取引関係へ展開できる理論的拡張性を持ったものであると考えたい。

本章では，この取引，特に仕入取引と販売取引のそれぞれの側面，そして両者を併せ持つという両面性を強く意識した上で，その連動性について考察を進め，流通経路さらには流通機構の形成メカニズムに言及することができる理論概念を整理することを目指すものである。

2　卸売取引の範囲

さて，上記のように本章では卸売段階における取引が考察対象となる。考察を進めていく上で，この卸売段階への限定の前に，まず流通業および商業という区分を改めて確認しておきたい。流通業も商業も，経済社会の中で生産段階と消費段階を繋ぐ役割を果しているという点では同一視され得るものである。しかしながら，これらを区別するとなると，その基準は生産段階と消費段階の懸隔の架橋に関わる経済主体に収斂されることになる。すなわち，当該経済主体が製品や財・サービスに対する所有権を有するかどうかが，両者の決定的な違いを生み出しているということである。商業においては，生産段階から消費段階へ移転する財・サービスに対する所有権は，その移転業務を行う経済主体つまり商業者が有することとなる。しかし，流通業においては財・サービスの所有権は，必ずしも当該経済主体へ帰属するものではない。それよりは，生産段階と消費段階を結び付ける役割機能を果たすことにその介在の意義があるということになる。例えば，アメリカにおけるラックジョバーやフードブローカー[2]と呼ばれる一連の卸売業態は，いわゆる商流には直接的には関わらないが，取引相手開拓業務を行い，情報と契約の面において需要と供給のマッチング業務を遂行している。品揃えのマッチングという取扱商品視点だけではなく，遂行機能視点も含んだ取引連動が現実的には存在するのである。すなわち，所有権の有無が直接的に求められているのではなく，あくまでも商流・物流・情

報流という流通フローを流すことへのコミットメントが流通業にとっての必要条件となっているのである。そういう点では，流通業は限定的である商業を包含する全体を現わす。逆にいうならば，商業を流通段階における1つの限定的な形態として捉えることが可能であろう。

次に，流通業であれ商業であれ，これらに含まれる生産段階と消費段階を繋ぐ業務はどのように捉えればよいのであろうか。通常は製造業者や卸売業者から財・サービスを仕入れて，卸売業者や小売業者という再販売業者へ販売する卸売業務と，卸売業者から仕入れて，最終消費者へ販売する小売業務を区別できる。もちろん，このような整理は消費財を暗黙に想定してのことであり，現実的には産業財を取り扱う場合もあり得る。しかし，売り手と買い手という取引上の役割から見るならば，その取引当事者の差異は，産業財と消費財を区別する必要を絶対的に求めるものではない。また，卸売流通段階の細分化や，逆に流通の中抜き現象も現実的には顕在化し，多様な流通経路が存在することは確かである[3]。しかしながら，ここでは議論を単純化して進めるため，消費財を扱う一般的な流通経路構造（製造業者―卸売業者―小売業者―消費者）における流通業・商業を考えることにしたい。そういう限定の中で，仕入取引と販売取引の属性を一致させるということから，さらに考察対象を卸売業務に限定するものとする。表2-1の網掛け部分にあるように，流通業，商業と非商業，そして小売業務と卸売業務の区別の中での流通業局面での卸売業務，すなわち卸売流通に関わる部分での取引連動性が議論の対象となるのであり，再販売を前提とした川上流通業者・川上製造業者との仕入取引と，販売を目的として仕入れを行う川下流通業者との販売取引を連動させるということである。

表 2-1　連動性の領域

	流　通　業	
	商業局面（商品中心）	非商業局面（機能中心）
卸売業務		
小売業務	――	――

以上のような条件整備を行った上で，次に卸売流通段階における卸売取引の連動性の考察を進めていきたい。

3　卸売取引の特異性

卸売流通において行われる取引に見られる特徴は，取引の連鎖それも製造業者・加工業者そして再販売業者との仕入取引と，他の卸売業者や小売業者との販売取引の連鎖であるといえる。それは，卸売流通局面において，生産者との仕入取引と小売業者との販売取引が卸売業者を中核として実現され，結果として流通経路上の取引連鎖が表出し，流通経路としての安定性が生まれてくる1つのタイプであると考えられるからである。ここで注意すべきことは，その特徴として小売業者が行う販売取引の相手である最終消費者と，卸売業者が行う販売取引の相手である小売業者は，売手・買手関係においては同じ売り手ではあるが，異なるルールで仕入・購買行動を行っているということである。同様に，生産者が行う仕入取引の相手である部品卸売業者・部品製造業者と，卸売業者が行う仕入取引の相手である製造業者は，やはり売り手・買い手関係においては売り手ではあるが，それぞれに異なるルールで販売行動を取っているということでもある。では，結局のところその違いをどこに求めればよいのだろうか。それは製品の再販売取引が行われているかどうかという点であるといえよう。本章において考察される卸売取引は，あくまでも取引当事者同士が再販売を目的とした取引関係であり，そのために仕入取引と販売取引の両者を通して流通段階で消費者にとって適切な品揃えが形成されていくのである。これは，いわゆる営利経路内での取引関係が考察対象であるということであり，これを図で示すと以下の図2-1のように表すことができる。

販売取引面（図中の「→」）での役割という点では，部品・材料製造業者や部品・材料卸売業者は，製造業段階において完成品へと製造・加工されるための様々な種類の多数の部品・材料などを取り扱い，製造業段階へ送り込む。製造業段階は卸売段階へ完成品を送り込み，卸売段階は製品の品揃え形成後，意味

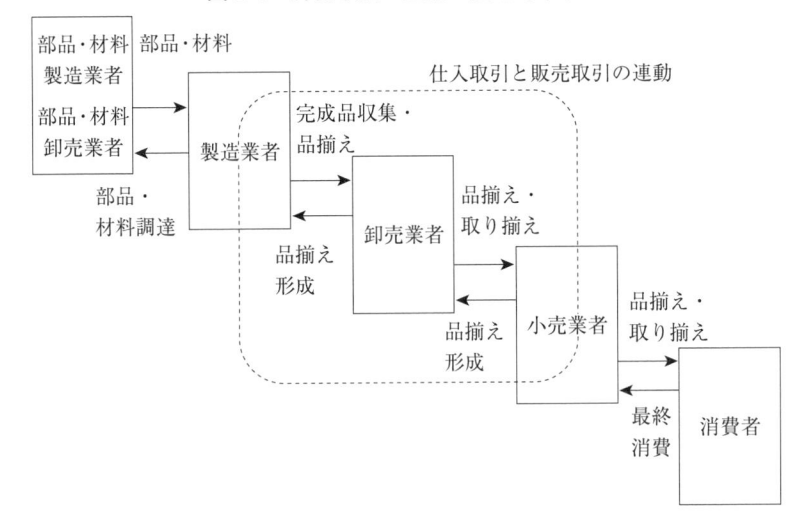

図 2-1 卸売取引の連鎖と連動対象取引

```
部品・材料    部品・材料
製造業者
           →  製造業者  → 完成品収集・ → 卸売業者 → 品揃え・  → 小売業者 → 品揃え・ → 消費者
部品・材料  ←            品揃え    ←         取り揃え  ←         取り揃え ←
卸売業者                                                              最終
     部品・                 品揃え           品揃え                    消費
     材料調達               形成             形成

                    仕入取引と販売取引の連動
```

のある取り揃えとして小売段階へ送り出すことになる。小売段階はその取り揃えをより消費者ニーズに適合する形で編集し，最終消費者へ販売することになる。多様なニーズを有するエンドユーザー向けへの適応という点では，その適応程度において低度なものから高度なものへと変化していくのである。

一方，仕入取引局面（図中の「←」）での役割という点で見てみると，消費者は最終の消費を求めて小売業者から自身のニーズに適合した製品・サービスやその取り揃えを購入する。小売業者は消費者ニーズへの適応度という点から見て，相対的には最終消費者のそれよりは低いが，卸売業者のそれよりは高くなる品揃え形成を求めて，卸売業者からその構成要素となる製品・サービスを仕入れる。そして，卸売業者は小売業者ほどには消費者ニーズに適合するように編集された取り揃えではないが，より多くのそしてより広範な品揃え形成を求めて，製造業者から製品・サービスを仕入れる。さらに，製造業者は完成品製造のための部品・原材料を調達することを目指して，仕入調達を行うのである。

これらから分かるように，図2-1の破線で囲まれた卸売段階を介した取引のみが，仕入取引面においても販売取引面においても，品揃え形成という目的

から取引が企図されている。ここに，卸売取引の特異性があるといえるのである。

4 取引のバランスから見た連動性

それでは，取引の連動性それも卸売取引の連動性とは何を表すことになるのだろうか。それは，「卸売業者を介して，仕入取引に合わせて販売取引が変化し，販売取引に合わせて仕入取引が変化する。」ということである。仕入取引と販売取引のそれぞれの取引が独立して行われるのではなく，何らかの連動関係の下で行われていると考えるものである[4]。1つの実態でいうならば，仕入れられた製品群は販売が完結されないと組織内に在庫として滞留することになる。それはそのまま放置されると費用上の圧迫要因となるし，また製品陳腐化のリスク負担の増大につながる。他方で，販売された製品群の補充のための仕入が行われないと，欠品やさらには恒常的な製品不足という事態に陥り，多くの販売機会を喪失することとなる。これらを解消するために，1つの企業組織内でこの仕入と販売に関わる調整が行われるのである。

4-1 品揃え連動から見た取引連動性の量的側面

上記の調整は，仕入取引と販売取引をそれぞれ自動車の両輪のように合わせて走行するということであり，その内容を表す1つの指標として，「仕入取引と販売取引をバランスさせる」という視点が挙げられる。そしてそうであるならば，さらにこの仕入取引と販売取引をバランスさせる・する中身は何かということを明示することが必要となってくる。本章では，それを3つの連動要因として捉える。すなわち，第1に品揃え連動，第2に機能連動，そして第3にエリア連動である。

まず，品揃え連動から見てみよう。通常，仕入局面において形成される品揃えに対して売り手が有する「期待」と販売局面において形成される品揃えに対して買い手が有する「期待」がマッチングするように，品揃えのバランスがと

られる。しかし，原則的には完全にマッチングさせる・することはできないので，仕入取引と販売取引の間に齟齬が生じ，両取引の調整に時間的ズレが生じることとなる。もちろん現実的には，取引が完結しているということは，仕入と販売が形式的にはマッチングしているということである。それは，組織内における仕入取引と販売取引が最終的にはマッチングしてないと，組織そのものの存続ができなくなるため，かなりの時間の幅を持たせて調整を行っているということであり，また場合によっては取引以外の要因で対応を図っているということである。しかしながら，仕入取引の結果としての実際の仕入局面での品揃えと，販売取引の結果としての実際の販売局面での品揃えがマッチングしていたとしても，仕入先の有する品揃えに対する期待や販売先の有する品揃えに対する期待にまで拡げると，完全なマッチングは困難性を有することとなる。そして，これらが齟齬をきたしたままでは継続的な取引関係は維持されなくなる。したがって，ここでは仕入先と販売先のそれぞれの期待に基づく品揃えのマッチングを目指して，現状のサプライヤーの供給に従い適用（売り手適用）するための仕入取引と，アソートメント（取り揃え）の需要に従い適用（買い手適用）するための販売取引のマッチングが，W. Alderson（1957）の品揃え形成プロセスに示されている4つのプロセス[5]を経て実現されていくと考えるのである。

　ここで，取引連動の調整時間の問題を確認しておくことが必要である。品揃え在庫の過不足に対応する取引連動は相対的には短期的な連動となるが，小売業者や製造業者の品揃え期待に基づく取引連動は相対的に見て，むしろ長期的な連動となってくる。同じ取引連動性といっても，これらは大きな異質性をもったものといえる。前者は製品次元での仕入製品と販売製品のマッチングを目指すものである。後者は仕入先の期待に対応して販売先が弾力的に変化し，また販売先の期待に対応して仕入先が弾力的に変化するということである。本章では，後者のいわば長期的，全体包括的，効果的，そして戦略的な連動性を主に想定して，取引連動性を考察していく。したがって，前者のいわば短期的，局面的，効率的，そして戦術的な連動性は，その結果として現れる1つの現象

形態として考えられることになる。

　これらをもう少し見てみよう。通常の流通経路においては，多様な生産者から多数・多様な製品が取り揃えられ，それが1つの製品群として出発することになる。そして，それが川下に向かうに従って，各流通段階の目的に合致するような意味のある製品集合へと編集されていく。他方で，最終消費者の視点から見て小売局面での品揃えに適用するように，川上に向かって品揃え形成作業が逆流していく形で形成されていくようになる。ところが，現実的には生産局面では，最終小売局面でのある種の品揃え物に適合したもののみが生産されているわけではない。生産者・製造業者の事情によって生産活動が行われているため，必ずしも小売局面での適切な品揃え形成のための財のみが生み出されているのではない。むしろ，生産者の期待に基づく仕入品揃えが卸売業者において形成されることになる。それは，生産側には「生産の論理・事情」が存在するからである。

　また，最終的には小売局面での品揃え物に集約されるが，そのために小売業者の在庫の制約，各販売地点・時点での消費者ニーズへの適合，そして店舗規模や立地の制約などに基づく小売側には「小売の論理・事情」が存在する。そして，それに従って，小売業段階からの期待に基づく販売品揃えが卸売業者において想定・準備される。これらを経て，卸売段階で品揃え物の編集作業が行われ，その結果生産段階と小売段階の間での品揃えのバランスが生まれるのである。卸売段階を経て，仕分け，集積，配分，そして取り揃えという過程を進行しながら仕入先期待と販売先期待のマッチングに基づく品揃えが形成されていくのである。これが同期的に形成されていく・編集されていく場合が，仕入取引と販売取引の連動性が高いということになる。この品揃えの同期化という状態を，卸売業者は仕入取引と販売取引のシーソーをバランスさせることによって進めていくのである（以下の図2-2を参照されたい）。

　なお，チャネル様式の多様性に応じて，この生産者側・売り手側が期待する品揃えは，また多様に捉えることができる。そして，結局のところは製造業者にとって，自社製品の販売先までをも含んだ期待となる。それは，序章でも限

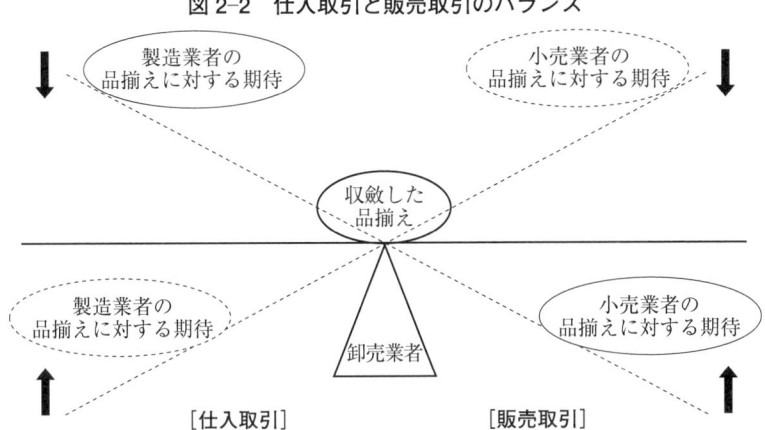

図2-2 仕入取引と販売取引のバランス

```
    製造業者の                小売業者の
   品揃えに対する期待        品揃えに対する期待
  ↓                                          ↓
            収斂した
            品揃え
  ─────────────△─────────────
    製造業者の      卸売業者    小売業者の
   品揃えに対する期待       品揃えに対する期待
  ↑                                          ↑
      [仕入取引]              [販売取引]
```

定したように本書における主たる考察対象となる伝統的な流通経路においては，自社製品の多様かつ多数の品揃え形成の実現と，それらの大量販売力を有する多数の小売業者での取り扱いを期待される品揃えである。また，製造業者のマーケティング戦略に対してある種合致する品揃え形成でもある。さらに，後述の取引連動性のタイプ分けにおいて想定することができる管理された流通経路においては，競合する他の製造業者の製品を排除したある種の排他的な品揃えが期待されることになる。また，製造業者の多様化した製品をすべてフルラインで取り扱う品揃え形成への期待も考えられる。したがって，ここにはいわゆるマーケティングと商業の対立なる状態の中で，品揃えのマッチング自体が成立するのかという問題が浮かび上がってくることになる[6]。しかしながら，本書における取引の連動性には，その要素として売り手と買い手の期待に基づく品揃えだけではなく，両者の期待に基づく取引品目，遂行機能，そして取引エリアも含まれ，これらのミックスにおける仕入取引と販売取引のマッチングを想定している。したがって，第1にこれらの要素が補完しあって取引連動性を高める形態が想定できること，そして第2にこの売り手と買い手の期待に基づく品揃えは取引当事者に相対的なものであり，たとえある程度の管理された流通経路にあっても，その取引関係における収斂すべき品揃えは厳然として存在

する。このことから，必ずしも社会的な品揃えに至らないとしても，個々の取引関係においては品揃えに基づく取引の連動性を高めることにより，取引当事者同士にとっての品揃え上のある種の均衡に達することができると考えることができるであろう。

さて，このバランスは，構造的には取引先の変化で捉えることができる。すなわち，取引先数の変化である。この取引先の選択行動によって卸売業者は取引連動性を高めることになる。その結果，仕入取引先が期待する品揃えと販売取引先が期待する品揃えが，卸売業者において選択と調整を行うことにより品揃えのマッチングに向けて収斂していくのである。この構造的な取引連動性とは，いわば量的に捉えるものであり，端的には仕入取引先数の変化と販売取引先数の変化によって考察されることになる。

取引先数に関して，多数の取引先を有することができれば，それだけ多様に品揃えマッチングの程度を上げることができる。それは仕入取引先数が増大すると，取り揃える品揃えに含まれる製品の多様性が増し，また販売取引先数が増大するということは，すなわちそれだけ編集した多様な品揃えの販路である販売先の多様性が増すということである。仕入取引と販売取引の二面から見ると，以下のように考えることができるだろう。通常は，すべての製品あるいは大多数の製品を一製造業者が供給できるわけではない。複数の製造業者から供給を受けることになる。したがって，仕入取引先数が増大することにより卸売業者における仕入れ品目数も増大し，仕入品の品揃えは増大することになる。同様に，現実的には一小売業者がすべての製品あるいは大多数の製品を購入す

図 2-3　取引先数変化の場合

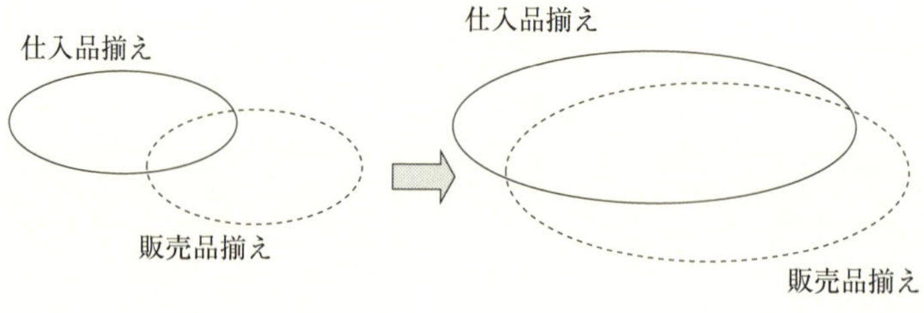

るわけではないので，販売取引先数が増大することにより，卸売業者における販売品目数も増大し，販売上の品揃えは増大することになる。図2-3に示されているように，取引先数の拡大により，仕入品と販売品の多様性が増し，結果として品揃えのマッチングの程度が上がるということである。

4-2　品揃え連動から見た取引連動性の質的側面

　しかしながら，上述の品揃えのマッチングでは，たとえ取引先数が拡張したとしても必ずしも品揃えにおけるマッチングの程度が上がる・大きくなることは保証されない。つまり仕入取引先数と販売取引先数が増大し，それにより仕入面と販売面の取り扱い品目数が増大しても，その増大が同じような程度であるなら，仕入品目数と販売品目数の比率関係は変わらない。品揃え上のマッチングの程度に反映されることはないといえるだろう。

　また，近年の小売流通段階での大規模小売業者や組織型小売業者の発展は極めて大きいものがあり，もはや取引先数の増大効果以上に，特定小売業者に集中する大きな購買力やその総合的な品揃え力により，卸売段階の販売品目数は増大する方向にあるといえる。他方で，製造業段階においては本来的には製造業者は一企業一製品生産が基本であるため，製品の品揃えを想定すると複数あるいは多数の製造業者の存在は当然である。しかしながら，それでもコモディティ化された製品からブランド化された製品への傾倒が近年進み，必ずしも多数の製造業者の存在よりは，差別化された製品を生産する製造業者との取引の方が相対的に重要となってきている状況も現れてきている。図2-4を参照されたい[7]。

　こうして見てくると，取引の連動性そして品揃えのマッチングという点では，構造的な取引連動性だけではなく，取引連動性の質的な側面も区別する必要が生じてくる。質的な取引連動性は，結局のところ取引品目の問題である。仕入品目と販売品目から見た品揃え期待のマッチングを行う，つまり取引の連動性を高めることをどのように実現しているのかということである。品揃え品目の連動は，品揃えの量的な側面である品揃えの広さ・深さとして同様に捉えるこ

図 2-4　取引先数非変化の場合

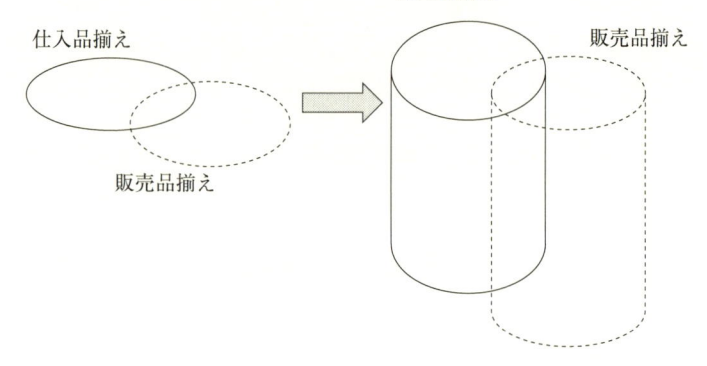

　とができるが，同じ広さ・深さであってもその品揃えの構成する品目の変化を通して捉えられることになる。すなわち，例えば品揃え品目構成が最寄品から買回り品へ変化するとなると，単純な品揃えの広さ・深さではなく，品目の属性そのものが変わってくることになる。

　これらへの詳細な考察は必要ではあるが，本書においては構造的な取引連動性を想定し，考察が進められる。この質的な取引連動性に関しては，当面は卸売段階に形成される品揃えの適合度を高めることによって処理されるものとして論を進める。卸売業者は，小売業者に比べて継続的な取引関係を行うことが多い。それは，消費財卸業者において取り扱い品は原則的には完成品ではあるが，それでも流通加工の必要性が存在し，また品揃えという個々の製品の組み合せ物の完成度でいうなら，完成品揃え物の編集までのプロセスに卸売業者が関与しているからである。その意味では卸売業段階で形成される品揃え物は，広義の産業財取引属性を有したものであるともいえよう。したがって，取引適応度はより重要となってくると考えられるからである。

4-3　機能連動とエリア連動

　取引の連動性における品揃え連動に加えて，機能連動とエリア連動の観点から取引の連動性は捉えられるべきものである。これらについての詳細な考察が

4　取引のバランスから見た連動性　51

必要ではあるが，本書においては品揃え連動に焦点をあてるため，ここでは簡単に言及しておくにとどめる。

　ここでいう機能連動とは，当該取引において取引当事者である卸売業者に競争上の優位性をもたらしてくれる機能を遂行することによって，仕入取引と販売取引のバランスがとられるということである。具体的には，流通経路の川上と川下の両者に提供される物流機能や情報化機能，川下に対して提供されるいわゆるリテール・サポートと呼ばれる小売支援機能，川上に対して提供されるプライベート・ブランド等に代表される製品開発企画機能などの遂行によって仕入れ取引を販売取引に適合させ，また販売取引を仕入取引に適合させるのである。そして，そのことによって，結果として仕入取引と販売取引の連動が図られることになる。これに関しては，第6章において若干の考察が加えられるが，戦略的に重要視する機能の選択に応じて卸売業態の展開にも繋がっていく取引の連動性であるといえるだろう。

　またエリア連動は，仕入地域と販売地域のマッチングである。これは必ずしも同一地域での仕入取引と販売取引の実現ということではない。地域を越えた，そして地域にまたがる仕入取引と販売取引の連動である。また，エリア連動を実現させる際に，生産地に軸足を置く場合と消費地に軸足を置く場合では，その連動性に相違が生じてくる可能性がある。生産地に軸足を置く場合は仕入先行型の連動になりやすいし，消費地に軸足を置く場合は顧客適応先行型の連動になりやすい。しかし，いずれにせよ小売業者に比べると卸売業者の空間的関与の広がりは，取引地域の集計水準においては相対的には高い。したがって，卸売業者の取引連動において，地域をある程度集約することができると考えられる。そのことが，卸売取引におけるエリア連動を高めることが可能となる卸売業者の所以でもある。

　なお，本書ではこれら機能連動とエリア連動の重要性を指摘するにとどめ，以下では期待される品揃えに基づく品揃え連動に考察の対象を限定し，その上での取引連動性の理論展開と考察が行われる。ここで，改めて考察対象の限定を確認しておきたい。取引の連動性は，仕入取引と販売取引が独立して行われ

るのではなく,何らかの関係を持って行われるというものである。つまり,仕入取引と販売取引が繋がって動くのである。仕入取引における何が動き,そして販売取引における何が動き,その結果両取引が連動していると捉えることができるのか。それは,取引先数であると考える。つまり,仕入先数と販売先数の連動ということである。取引先数を連動性の変数として捉えるものであり,以下の表2-2に示される薄い網掛け部(取引先数)が,以下での考察の対象となる。表2-2に示されている品揃え連動には,既述のように量的側面と質的側面が区別されるが,ここでは基本的には量的側面を考察する。また,機能連動とエリア連動は,機能上そしてエリア上の仕入取引と販売取引の連動性として想定することができる。これらは仕入取引局面と販売取引局面で遂行される機能,そして仕入取引地域と販売取引地域という取引地域を1つの操作変数として捉えることが可能であると考えられる。また,これらは仕入取引および販売取引の品揃え連動と間接的・補完的に結び付き,取引連動ミックスを構成することが可能と考えられる(濃い網掛け部分)。さらに,機能連動とエリア連動の間の取引連動性への影響は,ここでは捨象して考えるものとする。それは直接的な連動関係にあるというよりも,取引連動ミックスの中の一要因として間接的に連動関係に影響を及ぼすものと考えられるからである。

　なお,これら両取引の関係性についても考慮されるべき問題であるといえる。すなわち,仕入先数の変化が販売先数の変化に影響を与え,また販売先数の変化が仕入先数の変化に影響を与えることが想定される。仕入取引の変化と販売取引の変化は,どちらかがどちらかを先行することになり,時間的にズレが生

表2-2　取引連動ミックスの構成

		仕入取引		
		品揃え連動	機能連動	エリア連動
販売取引	品揃え連動	取引先数		
	機能連動		遂行機能	—
	エリア連動		—	取引地域

じてくるということである。その点から見て，何らかの因果関係に置かれる取引連動性であるといえよう。さらに，品揃え連動における品目の連動，機能連動，そしてエリアの連動も想定されていることは既述の通りである。これらの変数としての特定化は課題として残されてはいるが，包括的な概念としての取引連動性の奥行きを与えるものであると言えよう。

5 取引連動の多次元性と連動課題

さて，これらの諸問題，特に品揃え連動の量と質の問題への対応として，取引連動の多次元性が想定されることになる。そして，その上で卸売業における取引連動性の連動課題について確認しておこう。まず，取引連動の多次元性についてである。これは，取引先の規模構造によって取引連動性にタイプが存在するということである。そもそも取引の連動性は，仕入局面と販売局面の取引の両面性から説明される。この仕入局面での卸売業者にとっての取引相手は，一般的には製造業者である。また，販売局面での卸売業者にとっての取引相手は，一般的には小売業者である。となると，この取引相手である製造業者段階の競争構造と小売業者段階の競争構造によって，卸売業者が仕入取引と販売取引を連動させる様式が異なることにならざるを得ない。取引の実現は取引当事者だけの閉じた世界において進められるものではなく，常に他の取引相手へのスイッチングの可能性を内在したものであるからだ。したがって，本章において着目する卸売取引の連動性に関しては，製造業者と小売業者における構造を表す集中度・規模分布に基づき，以下の4つのタイプに分類することができるであろう（以下の表2-3を参照されたい）。

上記のタイプⅠは，小規模多数の製造業者と小規模多数の小売業者を繋ぐものであり，日用雑貨品のチャネルなどに見られるものである。以下の各章においては，主に第3章，第4章，第5章補論，第7章，第8章，および第9章で考察される。タイプⅡは，小規模多数の製造業者と大規模少数の小売業者を繋ぐものであり，食料品取り扱いのチャネルによく見られるものである。以下で

表 2-3　取引連動性のタイプ

連動タイプ	仕入先構造	販売先構造	卸売業者の連動属性
タイプ I	小規模多数	小規模多数	能動的
タイプ II	小規模多数	大規模少数	受動的
タイプ III	大規模少数	小規模多数	受動的
タイプ IV	大規模少数	大規模少数	受動的・能動的

は，主に第5章，および第6章において考察される。タイプIIIは，大規模少数の製造業者と小規模多数の小売業者を繋ぐチャネルであり，家電品の系列化されたチャネル等に見られるものである。以下では，主に第5章および第10章において考察される。そしてタイプIVは，大規模少数の製造業者と大規模少数の小売業者を繋ぐチャネルである。これは小売業段階の家電量販店が支配的なチャネルに見られるものである。そして，これはタイプIIとタイプIIIの派生型チャネルであり，製販同盟などに繋がるものであると考えられよう。卸売業者は基本的には受動的ではあるが，製配販同盟など能動的に卸売業者が関わってくる余地のあるチャネルでもある。以下では，第4章および第5章において考察される。

　これらのタイプ分類を行うと，上記でも触れたように製造業者主導の取引連動，小売業者主導の取引連動，そして卸売業者主導の取引連動の存在が見えてくる。つまり，卸売業者が主体的に仕入取引と販売取引を連動させ，全体として最適な品揃えを形成していると考えられるもの，つまり能動的な卸売取引の連動性と考えられるものと，製造業者や小売業者が主体的に流通経路に介入してくるものであり，その意味で管理・統制された卸売取引の連動性，つまり受動的な卸売取引の連動性である。本書で考察を進めていく主たる卸売取引の連動性は4つのタイプの中で，タイプIの卸売業者が主体的に仕入取引と販売取引を連動させていくものとなる。このタイプは，製造業者と小売業者は小規模多数分散であるので，一物財のみで取引が成立し，かつそれが一組織に集中するというものではない。小規模多数分散の製造業者と小規模多数分散の小売業

者の間に介在している卸売業者の果たす取引連動性の効果は，取引先数に依存することになる。しかしながら，タイプⅡからタイプⅣにおいては，必ずしも取引先数だけではなく，そこに形成される多面的な品揃えによって連動が実現されることになる。すなわち，流通経路上の川上と川下の空間的調整は，製造業段階の規模構造と小売業段階の規模構造が変化しても，厳として存在するものである。ここに卸売業者が受身であったとしても取引を連動させる必要性が残ることになる[8]。小規模多数分散の製造業者・小売業者の調整においては，取引先数の構成を変えることによりその変動への対応を吸収できても，川上と川下の規模構造変化にあっては，単なる取引先数の増減だけではなく，品揃え形成による取引適応度を高めることが重要となってくるといえよう。もちろん，タイプⅠであっても，最終的には多面的な品揃え形成における連動性で捉えられるべきものではある。しかし，このタイプでは取引先数の増減でもってそれの代理変数とすることが可能であるということである。したがって，以下では取引先数から見た取引の連動性と品揃えに基づく取引適応度から見た取引の連動性に基づき考察を進めていくこととする。

なお，この問題の限定性は，連動性には多面的な側面があるが，この取引先数の増減によって品揃えのマッチング度の高低が導かれるということにその基本的な構造があり，そこに焦点があてられるということを表している。品揃えのマッチング度が取引先数に依存するという基本構造は，製造業段階において総合性を実現できないという生産側の条件を所与として含んでいることになる。例えば，日本市場においては取引される食料品の品目数は相対的に多数であり，また食習慣上のメニューの多さからも，取り扱われる製品数は多くなる。衣料品においても，消費者の空間上の集中度の高さから，各地点での品揃えのバラエティーは相対的に多くなる。したがって，製造業側・生産側の与件条件が変わってくると連動性も変わるということを内在しながらも，本章ではこの上記の基本構造を前提としていることに注意しておきたい。

さて，ここでもう1つ注意すべきは，取引連動の課題である。すなわち，取引はどのような形式で構築され，進んでいくのかということである。取引様式

の問題であるといえよう。これは、取引形態が小売業者に対して完全買取を求める取引や、製造業者に対して完全仕入・購入を行う取引なのか、委託仕入なのか、消化仕入なのかということである。また、リスクを負担するのか・しないのか、完全買取か・委託販売か、返品を認めるか・認めないか、品目の調整か・需給調整なのかなどである。仕入取引と販売取引の連動性を考察するにあたって、これらの取引様式の多様性への対応が課題として残ることになる。ここでは毎回ごとの取引で完結する取引関係を想定して考察を進めていくことにする。ただし、いずれにせよ末端の消費需要との最終連動を前提とした取引関係であることだけは、ここで確認しておきたい。

6　取引適応から見た取引連動性：資源不分割と競争対応

　大きな意味での取引連動の内容は品揃えのバランスである。では、品揃えのバランスが取引先数だけではなく、取引される品揃えの内容によっても達成されるのであるなら、何をもって品揃えのバランスを向上させることができると考えればよいのであろうか。そして、その結果仕入取引と販売取引の連動性を高めていくことができるのであろうか。それへの答えが、第2の視点となる。そして上述の質的な取引連動性考察への一助となると考えられるものである。それは、すなわち取引先適応をもって取引連動を考えるものである。取引先への適応の高いものを取引の連動性が高いと考えるのである。その視点からは、顧客適応型の取引連動と仕入適応型の取引連動の2つを区別することになる。先行資源[9]として販売先顧客情報を有し、そして販売先に対する設備・人材など経営資源の蓄積されている卸売業者は、顧客に適応した仕入先開拓を行うことにより、仕入取引を販売取引に連動させる。これは、顧客適応型取引連動性である。また、先行的に仕入先（製造業者）情報を確保している、そして仕入れ先に対する経営資源が蓄積されている卸売業者は、仕入先・製造業者に適用した販売先顧客を探して、顧客開発を行うことにより販売取引を仕入取引に連動させようとする。これが仕入適応型取引連動性である。

もちろん，どちらの資源をどれだけ先行的に有しているかということは相対的なものであり，当該卸売業者にとって，仕入取引と販売取引のどちらに関する資源確保の方が重要視されているかということである。そういう意味で，卸売業者の戦略的なスタンスが，顧客適応志向か仕入適応志向かを決めることになる。そして，問題はこれら2つのパターンの取引連動が，均衡に向けて動きながらも，結局は均衡しないということであり，その結果卸売流通におけるダイナミズムが生まれてくるということである。以下の図2-5にあるように，顧客適応型の取引連動では，まず顧客に関して有している先行資源に基づき，真の均衡点（仕入取引と販売取引のマッチング点）が想定されるが，①仕入取引がこれに収斂せずに，実均衡点へ向かう。次に顧客適応を考えて，②販売取引が次の真均衡点へ向かう。これは仕入取引にかかわらず，顧客適応という観点から見て想定される点である。これに向けて，③仕入取引を適応させようとする。しかし，それは真の均衡点に達せず，実均衡点へと向かうことになる。そして，また④次の顧客適応を求めた真の均衡点へと移動を目指すこととなる。

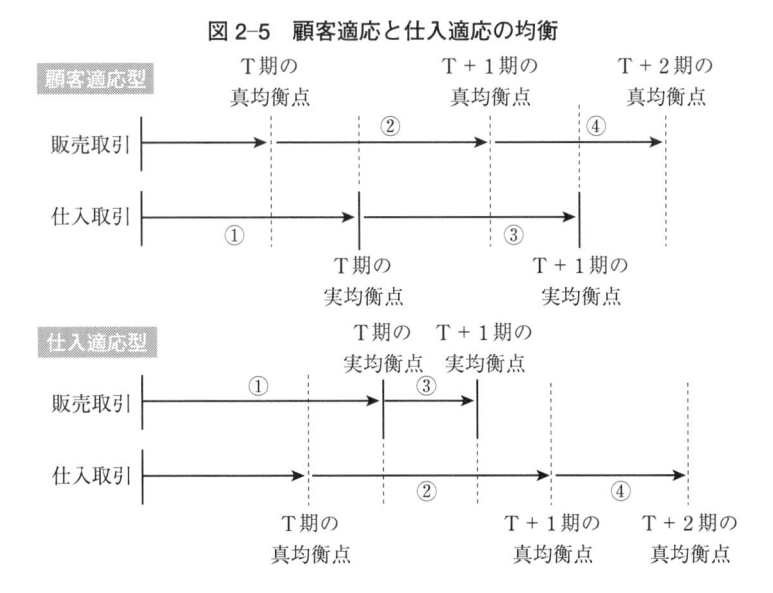

図2-5　顧客適応と仕入適応の均衡

例えば、量販店と呼ばれる大規模小売業者やコンビニエンスストアなどの組織型小売業者に適応をする卸売業者は、それらの品揃えに合わせて、仕入先である製造業者を探して仕入取引を展開していくのである。

これと同様に、真の均衡点と実の均衡点の繰り返しが、仕入適応型の取引連動においても生じてくる。仕入先に関わる経営資源を先行的に有している卸売業者は、真の均衡点を目指して販売品揃えを形成していくが、①販売取引はこれに収斂せずに、実均衡点へ向かう。次に、仕入先への適応上、②仕入取引は次の真均衡点を目指すが、③販売取引はそこに収斂せずに、次の実均衡点にとどまることになる。仕入先適応上、販売取引のマッチングを待たずに、④さらに次の真均衡点へと仕入取引が動いていくのである。

それでは、この仕入取引と販売取引の均衡は何故収斂していかないのであろうか。何故、1つの均衡点において仕入取引と販売取引のマッチングが成立しないのであろうか。そこでは、先行して取得される経営資源の不分割性と、競争上の対応性が存在するが故に、均衡の阻害が生じることになるのである。まず、先行的に獲得されている経営資源の不分割性について考えよう。一般的に、「組織は、取引を通して市場に関連付けられる。」[10] ものであり、この場合の取引はその要素として、消費の多様性である取引相手、多品種化そしてソフト化に向かう取引対象、さらには速度の経済性を追求するようなビジネスモデルとしての取引様式が区分される。そして、これら要素は仕入取引と販売取引において決定的に異なってくるのである。仕入取引における製造業者のニーズと販売取引における小売業者のニーズは、当然異なってくる。取引対象においても、製造業者との仕入取引における対象は一財が原則であるが、小売業者との取引においては複数財からなる品揃えである。また、取引様式においても近年の製販統合などの動向にあるように、延期型流通と投機型流通が存在する。これらは、流通経路の川上よりでの適応と川下よりでの適応の二者選択である。仕入重視か、販売重視かということになる。

したがって、仕入取引と販売取引に関わってくる経営資源は、かなりの差異を有したものであり、同質的ではなく異質的なものとなってくる。例えば、対

小売業者において顧客適応を図る上で,小売流通段階に関する経営資源の獲得にはそれなりの投資が必要である。高度情報化への要請に応えること,多品種多頻度少量物流に耐え得ること,そして製品の流通加工上の高付加価値化への対応などを実現しなければならない。そこには,人的・資金的・物的投資が伴うこととなる。そして,これらは原則的には特定の小売業者へのカスタマイズであるため,経営資源の分割・他者への援用は不可能となってくる。つまり,関係特定的投資が行われているということである。同じように,対製造業者において,仕入適応を図るために,製造業段階に関する経営資源を獲得・蓄積していかねばならない。例えば,サプライチェーン・マネジメントへの対応,卸売業者PB(プライベート・ブランド)商品の開発,新製品開発への協力・支援,ボランタリーチェーン組織の主宰者としての共同仕入れ業務や中小製造業者の組織化などにも多様な投資が必要であり,結果としてやはり関係特定的投資が行われ,経営資源が拘束されてしまうのである。上記に基づくと,本書で想定されている経営資源は,これまでの経験を蓄積し,それらを通して獲得したノウハウであり,競争優位を持続させるためのケイパビリティである。そして,持続的な非対象性を有したものであるといえよう。これら卸売業者にとっての経営資源は,すでに述べてきたように異質な仕入局面と販売局面での取引関係を相対的には継続性をもって実現することを目指しているため,関係特定的投資が行われざるを得ない。そしてそれ故に,関係特定的・関係特殊的な資源となるのである。そして,関係特殊的であるが故に,ある組織内で活用されることが,他の組織で利用される場合よりも大きな価値を生み出し,また組み合わされた中での利用の方がより大きな価値を生み出す共同特化されたものとなる[11]。したがって,卸売取引連動性に関わる経営資源は不分割であると考えられ,それが故に余剰資源が発生し,そのため真の均衡点へと至らなくなり,収斂しないのである。

　次に,競争上の対応性である。それは,卸売業者が他の卸売業者に対する競争優位性を確保するために戦略変更を余儀なくされることにある。卸売業者は,顧客適応を図って取引関係を展開していくが,その取引相手の戦略変更により,

仕入適応型へのシフトをしなければ,他の卸売業者への競争対抗上優位性を維持できなくなる。また,逆に卸売業者が仕入適応を図って取引関係を構築していくとしても,やはり取引相手の戦略変更により,競争対抗上顧客適応型へのシフトを展開しなければならなくなる。例えば,アパレル業界などにおいて,卸売業者が対小売業者においていくつかのブランド力のある製品の仕入先を開拓し,その製品を育成していくことが見られる。しかしなから,当該ブランド製品が市場において認知され,一定のポジションを確保する段階へ至ると,当該ブランド製品の製造業者が自社による直接販売を目指して,卸売業者の品揃え群から離脱していくことが見られる。これに対して,卸売業者は当該ブランド製品を買収などによって傘下に置くことにより,つまり仕入適応型へ変更することによって,その競争上の優位性を維持しようとするのである。また,仕入適応型であった卸売業者が,その品揃えや製品に関する提案力において劣位に置かれ,他方で小売業者における技術革新や業態革新が進展したことにより,製品開発などにおいて製造業者と小売業者が直接結び付くことが見られるようになってきた。ここでは,卸売業者は小売業者への納品力で対応せざるを得なくなり,顧客適応型へのシフトが現れてくる。

　これら競争対応上の制約から,卸売業者において仕入適応と顧客適応が互いに変化することになる。しかし,すでに述べたように資源の不分割性から仕入適応型取引連動と顧客適応型取引連動の間のシフトを容易に実現できない。それ故に,仕入取引と販売取引の収斂が困難性を増すこととなる。顧客情報収集,その処理,立地などにおいて販売先対応への経営資源投下が行われ,消費地ベースであり,販売先行ベースであり,ニーズベースである顧客適応型連動と,生産施設への関与や立地などにおいて仕入先対応の経営資源投下が行われ,生産地ベースであり,仕入先行ベースであり,シーズベースである仕入適応型連動が生じることになる。そして,流通チャネル上のそれぞれの売り手・買い手関係が上述のように顧客適応か,仕入適応かのどちらかをベースに置きながら,全体としては以下の図2－6にあるように,顧客適応と仕入適応が交錯し,結局は収斂することなく,そのプロセスの中で卸売業者は戦略展開を進めている

図2-6 顧客適応と仕入適応の交錯

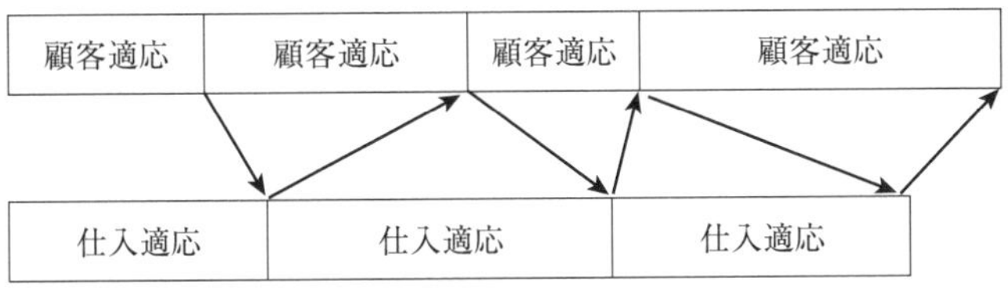

顧客適応	顧客適応	顧客適応	顧客適応
仕入適応	仕入適応	仕入適応	

のである。

7　結びにかえて

　以上，卸売局面における仕入取引と販売取引の連動性の概念を構成していく上での諸特性を確認してきた。それは，以下の通りである。仕入取引と販売取引のそれぞれに応じて蓄積された経営資源は，取引活動に関する知識やノウハウ資源である。これらが不分割であるがため，そしてこれらを活用して競争対応していくがために，取引の連動が生じてくる。その際に，取引の連動はその表層部分として品揃えのマッチング，そしてその操作変数として取引先の変更（取引先数の変化と取引相手の変化）と取引適応度によって捕捉されて行くこととなる。すなわち，ある次元で測定される要素が仕入取引と販売取引において連動していくのは，取引を実現していく知識能力やノウハウを有効利用できるからであり，その利用の制約に応じて連動性も制約を受ける。したがって，連動するとはいえ完全なる品揃えのマッチングは達成されず，それを求めて動態的に取引が連続していくのである。

　なお，本章で提示された取引連動性概念の既存研究に対する有用性については，次のように考えることができる。すなわち，従来の卸売業者，卸売業，そして卸売流通に関する研究成果において卸売なる事象に固有の理論枠組みの提示は少なく，その多くが商業一般や流通一般という集計水準の高い次元での議論における説明であった。本章で展開された取引連動性概念は，少なくとも商業や流通の中で重要な役割を果たしてきた卸売業に対する固有の説明枠組みが

少ないという理論的欠落部分を埋めることへの1つの役割を果たすことができるものと考えられる。そして第2に，取引当事者の期待に基づく品揃え連動，遂行される機能連動，そして取引エリアの連動という3つの要因からなる取引連動ミックスから取引関係へアプローチすることにより，卸売局面での動態を捕捉することができるということである。従来，卸売に対する構造的な捕捉とその構造変化を記述する研究は多数見られた。しかし，その変化を説明するという理論的道具立ては十分に用意されてはこなかった。取引連動性概念は，まさしくこの理論課題に対応するべく，取引関係の変化に基づく卸売局面の動態を説明しようと試みられたものである。さらに，第3に取引連動性概念に基づく説明では，個別卸売企業組織の取引事象の考察から始まり，卸売流通チャネルそして卸売流通機構への分析上の集計水準の上昇可能性を示唆できたものといえる。従来試みられてきたミクロとマクロの接合問題への対応の1つの可能性を提示できたことも，この理論概念の有用性の1つと考えられるだろう。

さて，残された課題について簡単に言及しておこう。まず，この取引の連動性には概念上の曖昧さが依然として内在されている。その意味では，本研究は「開拓的研究」[12]のレベルにとどまっているともいえるだろう。それは，取引連動を捉える集計水準，取引連動の程度把握，取引を通じて形成される品揃え物，その形成作業の特定化，取引連動の時間的な乖離（タイム・ラグ問題）の限定などにおける曖昧さの故である。これらにおいて明確な枠組みを設定した上で，卸売取引の連動性を考える必要がある。そして，説明枠組みで使われる概念変数，特に品揃え連動の明確化を求めて，これらを個別の取引連動において確認し，その説明力の検証を行うことが必要である。それらの積み重ねにより，一般論としての取引連動性概念の精緻化が進むと思われる。本書の以下の章において，それらを確認していくことになる[13]。さらには，取引連動性の要因である品揃え連動，機能連動，そしてエリア連動のうちの機能連動とエリア連動に関する詳細な考察が必要であると同時に，これら3つの補完関係の解明も必要である。

なお，卸売業者の規模構造は，ここでは捨象されている。本書の第5章にお

いて，若干の考察が加えられているが，本書の考察を通して明示的に，かつ十分に考察されてはいない。この卸売業者の規模構造を含んだ卸売取引連動性モデルの導出も，また残された大きな課題といえよう。

(1) 流通研究や商学研究，そしてマーケティング研究において，重要な概念として取引が着目されてきたことは周知の事実であり，多数の研究蓄積が見られる。以下を参照されたい。
　　荒川祐吉（1983）『商学原理』中央経済社。
　　西村清彦・三輪芳朗編（1991）『日本の流通』東京大学出版会。
(2) フードブローカーは，いわゆるレップ（レプレゼンタティブ）と比較して，独立の中小小売業者ではなく，組織型小売業者を取引相手とした独立の販売代理人である。レップが多数の中小小売業者に対する製造業者の販売代行を果たしている点で仕入適応重視であるのに対して，フードブローカーもまた独立の販売代理人として販売代行を果たしているとはいえ，組織型小売業者を特定の対象としたものであることから，レップとの比較においては，相対的には顧客適応重視に近づいた卸売業者であるといえるだろう。詳しくは，以下を参照されたい。
　　Erdman, E.H. (1940), "Marketing Through Food Broker", *Journal of Marketing*, Vol. 5 No. 2, pp. 187-188.
　　Frank, J. (1963), "Cencus Distortions of Food Broker Sales", *Journal of Marketing*, Vol. 27 No. 3, pp. 67-69.
　　Lacho, K.J. (1969), "An Empirical Analysis of the Product Addition Decision Process in the Food Broker using the Cyert-March Theory of Organization Decision Making", (Dissertation: Washington University) Saint Louis, Missouri. pp. 2-47.
　　Mowen, J.C., J.E. Keith, S.W. Brown, and D.W. Jackson, Jr. (1985), "Utilizing Effort and Task Difficulty Information in Evaluating Salespeople", *Journal of Marketing Research*, Vol. 22 May, pp. 185-191.
　　宮下正房監修，関口壽一・三上慎太郎・寺嶋正尚著（2008）『流通の新たな機能を狙え！　卸売が先進企業になる法』日刊工業新聞社，pp. 56-67。
　　『日経流通新聞』1997年12月16日，1998年10月20日。
　　『日経MJ』2004年3月30日，2004年6月8日。
(3) 従来から流通の中抜き現象，すなわち卸売業者の排除や問屋無用論は議論されてきている。最近では，撤退したとはいえ日本市場におけるカルフール，P&G等が，卸売業者を排除する動きを見せたことは記憶に新しい。また，総仕入額に占める製造業者との直接取引の比率を，4％（2008年）から15％（2011年）へ拡張するというイオンの流通戦略も見られる。
　　しかしながら，結果として必ずしも卸売業者が排除されてきたわけではなく，卸売業

者を経由する流通経路も依然として残存している。セブン&アイのように，大規模小売業者による製造業者との直接取引を一部にとどめている場合も見られる。

　文字通り，流通経路における卸売業者排除が進むのかどうかは今後の推移を見るしかないが，長い時間的経過の中で，卸売業者の排除に関わる上記の議論は行われてきている。古くて新しい課題であるといえよう。イオンの動向については，以下を参照されたい。

　　『日本経済新聞』2008年5月27日．

（4）取引の連動性を考える際に取引の活動レベルで考えると，①当該卸売業者と当該製造業者との仕入取引が当該卸売業や当該小売業者との販売取引と連動するもの，②当該卸売業者と当該製造業者との仕入取引が当該卸売業者と他の製造業者との仕入取引と連動するもの，③当該卸売業者と当該小売業者との販売取引が当該卸売業者と他の小売業者との販売取引と連動するもの，④当該卸売業者と当該製造業者との仕入取引が次の時点の当該卸売業者と当該製造業者との仕入取引と連動するもの，そして⑤当該卸売業者と当該小売業者との販売取引が次の時点の当該卸売業者と当該小売業者との販売取引と連動するものの5つを想定できる。取引活動に関わる多様な連動性が存在するが，本研究では①の取引連動性について考察される限定的なものであることをことわっておきたい。

　また，②と③については，競争対応上①にその影響が表出するとして，考察していくものとする。

（5）品揃え形成は，ある種の分類基準に従って財貨を検討して区分していく「仕分け（sorting-out）」，仕分けされた小さな同質供給物をより大きな供給物に集積していく「集積（accumulation）」，大規模に集積された1つの同質的な供給物をそれぞれの使用目的に適合するようにより小さな数量単位へ分割する「配分（allocation）・割り当て（apportionment）」，そして配分された供給物をそれぞれの最終使用目的・産業用使用目的に整合するような組合せつまり品揃え物へ編成する「取り揃え（assorting）」により構成される。これらは結局のところ，最終的な品揃え物形成に向かっての編集作業である。これらの作業プロセスを経て，品揃えのバランスが取られることになるのである。詳細は，以下を参照されたい。

　　Alderson, W. (1957), *Marketing Behavior and Executive Action-A Functional Approach to Marketing Theory,* Richard D. Irwin, Inc., pp. 197-202.（石原武政他訳『マーケティング行動と経営者行為』千倉書房，1984年）

（6）資本主義商品流通において，いわゆる商品流通の矛盾を商人へ転嫁してきた産業資本家が，独占資本として商人への全面的依拠からの離脱を図り，結果商業とマーケティングの対立が顕在化された。詳細は以下を参照されたい。

　　石原武政（1982）『マーケティング競争の構造』千倉書房．
　　石原武政（2000）『商業組織の内部編成』千倉書房．
　　加藤　司（2006）『日本的流通システムの動態』千倉書房．
　　風呂　勉（1968）『マーケティング・チャネル行動論』千倉書房．

（7）これは，W. Alderson（1957）の品揃えのバランス指数モデルにおいても同様である。

このモデルでは，当該年度の各品目に対する注文回数の総計をアイテム・フローとしている。つまりインボイスの総数を表すものである。そして，以下のように品揃えに関する指標を設定し，この指数が高くなればなるほど，製造業者と小売業者の間に卸売業者が介在してくる効果が大きくなるとみなすのである。

$$\frac{アイテム・フロー}{供給者数＋顧客数}＝品揃えのバランス指数$$

このアイテムフローは，その定義から取り扱い品目数，取引先数，そして注文頻度に強い影響を受けることになる。上記の品揃えマッチング度と同様に，取引先の集中度が高まり少数の取引先との大規模取引になると，取り扱い品目数によってその実態を表すことが困難となる。そして，それはまた取引先数の減少を示すことになる。また，物流システムの整備により輸送単位あたりの注文量が増大し，その結果注文頻度が減少したり，情報システムの整備により情報交換単位あたりの費用が削減され，注文頻度が増大することも起こってくる。このような状況では，この品揃えのバランス指数では，適切に品揃えのバランス状態を表すことが困難となってくるといえるだろう。品揃え形成のバランス指数に関しては，詳しくは以下を参照されたい。

Alderson, W. (1957), *Marketing Behavior and Executive Action-A Functional Approach to Marketing Theory*, Richard D. Irwin, Inc., pp. 217-223. （石原武政他訳『マーケティング行動と経営者行為』千倉書房，1984年）

(8) 例えば，製造業者による卸売段階の垂直統合，さらには小売段階の系列化までが，いくつかの産業において進捗したことは事実であるが，それが同質的にかつ同程度に進んだわけではない。それは，製造業段階の競争構造や小売業段階の競争構造が変化したとしても，卸売業者は減退せず，リスク管理能力やマーチャンダイジング能力において卸売業者が優位性を有していたからである。詳細は，以下を参照されたい。

田村正紀（1996）『マーケティングカ―大量集中から機動集中へ―』千倉書房，pp. 237-255。

(9) ここで想定されている経営資源は，資源ベース理論に基づき，個別企業組織によりその経営資源は異なっているという経営資源の異質性（resource heterogeneity）と，その模倣コストが極めて大きく，またその供給における弾力性が極めて低い経営資源の固着性（resource immobility）が想定されたものである。したがって，能力やノウハウという知識資源であると考える。資源ベース理論に基づく経営資源については，以下を参照されたい。

高嶋克義（1997）「生業志向のマーケティング行動―資源ベース視点による考察―」『国民経済雑誌』第176巻第1号，pp. 47-60。

Barney, J.B. (1986), "Strategic Factor Markets: Expectations, Luck, and Business Strategy", *Management Science*, Vol. 32 No. 10, pp. 1231-1241.

Barney, J.B. (1986), "Types of Competition and the Theory of Strategy: Toward an Integrative Framework", *Academy of Management Review*, Vol. 11 No. 4, pp. 791-800.

Grant, R.M. (1991), "The Resource-Based Theory of Competitive Advantage: Implications for Strategy Formulation," *California Management Review*, Vol. 33 No. 3, pp. 114-135.

(10) 以下を参照されたい。また，ここでは取引要素として，取引相手，取引対象，取引様

式が区分されている。
　田村正紀・石原武政（1989）『日本の組織　[第八巻] 流通と販売の組織』第一法規出版株式会社，pp. 324-345。
(11) 経営資源の考え方は，上記のように企業組織に蓄積された能力やノウハウと考える。以下を参照されたい。
　Besanko, D., D. Dranove, and M. Shankley (1996), *The Economics of Strategy*, John and Wiley and Sons Inc., pp. 535-573.
(12) 本研究で取り組んでいる取引連動性概念モデルは，理論の発展段階から見ると，問題発生のレベルあるいは複数理論の生成のレベルであるといわざるを得ない部分を残している。構成概念の概念モデル化については，以下を参照されたい。
　田村正紀（2006）『リサーチ・デザイン―経営知識創造の基本技術』白桃書房，pp. 9-20。
(13) すでに，第1章で指摘されているように，パートナーシップ論は卸売業者の取引行動に直接的に焦点をあてたものではない。しかしながら，取引の連動性概念検討作業過程の1つとしてパートナーシップ関係を考察することは概念精緻化に対して有効な示唆を与えてくれると考えられる。本章では紙幅の制約もあり，提示するだけにとどまる。以下の図2-7に示されている「伝統的な商品計画―流通プロセス」から「再構築された商品計画―流通プロセス」へのプロセス変更は，パートナーシップ関係を導入する前後での変更である。このパートナーシップは，仕入取引と販売取引の連動性が高まった1つの形態としての位置付けである。顧客適応のために，取引の連動性を高め，品揃えにおける同期化を図るための取引関係である。その品揃え形成における同期化を，商品計画策定と卸売業者―小売業者間の流通経路構築から見たものである。以下の図2-7に表される実態が，取引関係に落とし込んだ際に，どのような形で整理されるかが，連動性説明にとって重要となろう。詳細は，以下の文献を参照されたい。
　Buzzell, R.D. and G. Ortmeyer (1995), "Channel Partnerships Streamline Distribution", *Sloan Management Review*, Vol. 36 No. 3 (Spring), pp. 85-96.

図 2-7　流通上の提携関係の変化

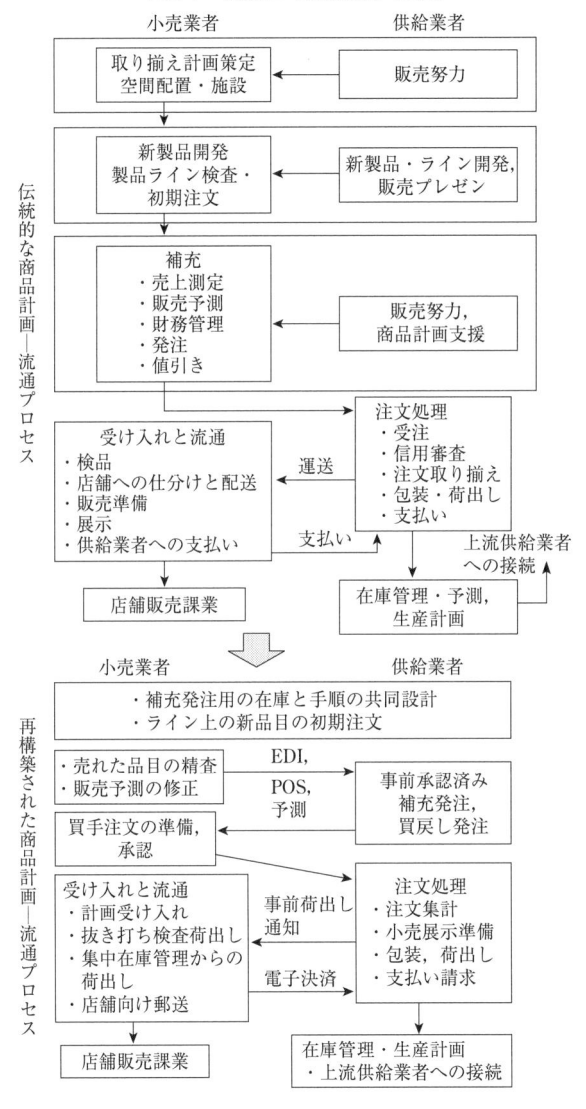

小売業者　　　　　　　　　供給業者

伝統的な商品計画―流通プロセス

- 取り揃え計画策定　空間配置・施設 ← 販売努力
- 新製品開発　製品ライン検査・初期注文 ← 新製品・ライン開発, 販売プレゼン
- 補充
  ・売上測定
  ・販売予測
  ・財務管理
  ・発注
  ・値引き
  ← 販売努力, 商品計画支援
- 受け入れと流通
  ・検品
  ・店舗への仕分けと配送
  ・販売準備
  ・展示
  ・供給業者への支払い
  （運送／支払い）
- 注文処理
  ・受注
  ・信用審査
  ・注文取り揃え
  ・包装・荷出し
  ・支払い
- 在庫管理・予測, 生産計画 → 上流供給業者への接続
- 店舗販売課業

再構築された商品計画―流通プロセス

小売業者　　　　　　　　　供給業者

- ・補充発注用の在庫と手順の共同設計
- ・ライン上の新品目の初期注文

- ・売れた品目の精査
  ・販売予測の修正
  （EDI, POS, 予測）
  → 事前承認済み補充発注, 買戻し発注
- 買手注文の準備, 承認
- 受け入れと流通
  ・計画受け入れ
  ・抜き打ち検査荷出し
  ・集中在庫管理からの荷出し
  ・店舗向け郵送
  （事前荷出し通知／電子決済）
  → 注文処理
  ・注文集計
  ・小売展示準備
  ・包装, 荷出し
  ・支払い請求
- 店舗販売課業
- 在庫管理・生産計画
  ・上流供給業者への接続

第3章 「取引の連動性」の補完的考察
―卸売取引の関係変化を捉えるための概念装置―

1 問題の所在

　卸売取引は，原基的には小売業者と製造業者（生産者）の間に介在する中間商人の取引である。製造業者のようにモノ作り・生産活動を専らの生業としている経済主体，そして小売業者のように再販売を行い，最終消費者に向けての販売を専らの生業としている経済主体とは異なり，卸売業者は製造（生産）段階と小売段階の中間で行われる取引に専ら特化している経済主体である。この卸売業者が関わる取引が，卸売取引である。もちろん卸売取引における行為主体は，必ずしも卸売業者に限定されることはなく，製造業者や小売業者が卸売取引を行うことも可能である。また，卸売段階では垂直的分化も発生し，卸売取引が一段階で完結せず，多段階構造になることもしばしば見られる。つまり，複数の卸売取引が連続的に行われ，連鎖状態に置かれることもある。さらには，卸売取引自体が組織に内部化され，市場における取引としての性格が薄らいだり，消失しているものもある。

　このように，卸売取引はその流通経路上での位置付けの故に，多様な形態をもった取引になってくる。前章に引き続いて，本章においてもこの卸売取引が考察の対象となる。しかしながら上述のように卸売取引は多面性・多様性を有している。そのためその取引を把握することには，困難性を伴わざるを得ない[1]。この困難性を克服するための1つの方策として，取引関係の変化に焦点があてられる。すなわち，卸売取引関係自体が変化してきたのかどうか，変化してきたのならば，それはどのように変化してきたのか，その変化のプロセス自体が考察される。さらに，その変化を促すあるいは抑止する要因は何なのか

ということが検討される。そして，これら取引関係の変化・変動を把握することによって，最終的には卸売取引の構造自体はそもそもどういうものであったのかを明らかにしたい。そのための概念装置である取引連動性を考察するための補完的な整理作業が，本章の位置付けとなろう。

以下では，まず卸売取引を捉えるための各種の次元を確認することから始める。そして，取引主体である卸売業者の展開についての若干の既存研究を簡単に概観する。さらに，英国における卸売業者に対する調査の結果を考察し，卸売取引の変化に関する理論的概念装置の可能性について検討したい。そして，最後に残された課題を確認するものとする。

2　卸売取引の次元

卸売取引を捉える際にいくつかの要素次元を考えることができる。もとより，卸売取引に限定せず，取引全般を捉える次元も想定され得る。しかし，ここでは研究の焦点は卸売業・卸売業者であり，あくまでも卸売取引を想定して考察を進めたい。卸売取引の要素次元は，ある卸売取引が他の卸売取引とどのように異なるのか，ということを確認するためのものである。したがって，本章において考察の対象となる「取引の変化」は，時間的に卸売取引に関わる要素がどのように変わったのかという視点から捉えようとするものである。そういう意図から，各種の要素次元は想定されるものである。そして，その結果卸売取引自体が，どのように変化したのかを考えたい。

まず，卸売取引を想定する場合の主体・客体関係がクローズアップされる。ここで考察されるのは卸売取引であり，その取引主体として卸売業者が抽出される。そしてこの当該卸売業者と取引を行うのが，小売業者であり，製造業者であり，また他の卸売業者でもある。したがって，取引主体・取引当事者として製造業者と小売業者も想定することができる。また，既述のように卸売業者は一種類ではない。産地問屋と消費地問屋，さらに一次卸売業者，二次卸売業者，そして三次卸売業者など卸売流通部門の中で機能分化・段階分化した卸売

業者が，取引主体として想定されるのである。

　次に，この各取引主体・取引当事者の相違によって，取引の性格も多様に規定されてくる。すなわち，卸売業者と小売業者との取引においては，卸売取引後は他の流通段階を経ることなく，小売段階において最終消費者へ販売されるものとして財やサービス，そしてそれらの品揃え物が取り扱われる。卸売業者と他の卸売業者との取引（例えば，一方が一次問屋であり，他方が二次問屋である場合の取引等）においては，さらに再販売されるものがそこでの客体であり，必ずしも完成された財ではなく，流通加工の必要性を伴う中間財も取り扱われることになる。また，卸売業者と製造業者との取引においては，もちろん再販売のための取引であり，財やサービスが製造業段階を離れて流通段階へはじめて移動される取引である。

　また，卸売取引において扱われる客体だけに注目すると，それは財であり，そしてサービスである。このうち，財は産業財と消費財に大別される。また，消費財においても，最終消費用に完成されたもの（完成財）と，流通段階において流通加工などの工程が加えられる必要のある財（中間財）が区別できよう。さらには，何らかの意味をもってそれらから形成される品揃え物である。

　第4に注意すべきは，集計水準をどこに設定して考察を進めるかということである。卸売取引を捉える際に，どのレベルの取引を想定することができるのだろうか。まず，集計水準の低いものとして個別企業の個別取引行為自体が考えられる。そして，これら取引が連鎖していくその様態，つまり取引連鎖仕様が次に想定されることになる。さらに，これらが企業のコントロールの対象または行動を働きかける対象として認識されてくると，チャネル関係となってくる。より大きい集計水準としては，卸売流通システム・卸売流通機構が想定される。いわゆるマクロ概念[2]として，個々の経済主体の行動規範から離れ，社会厚生的規範から流通における卸売取引を捉えるものである。

　さらに，取引期間も考えなければならない要素次元である。一般的に取引関係は，最初は偶発的に結ばれるのが一般的であるが，その後は定期化し，安定的な取引関係に置かれやすくなる。安定的に取引関係が続いていくものが，い

わゆる継続的取引である。他方，一度取引関係を結んでも，それがすぐに解消されるもの，つまり一度限りの取引関係がワンショットの取引関係である。取引条件の交渉等は，当然のことながら継続的取引なのか，ワンショットの取引なのかによって大きく変わってくる。また，もう1つの考え方として，取引関係が長い期間にわたって行われる場合と，相対的に短期間で終了するものが考えられる[3]。この2つの切り口，つまり継続的取引とワンショット取引の区別と，長期間取引と短期間取引の区別は可能であるが，その区別された取引それぞれについて独立した次元ではない。ここでいう長期・短期は，1つの取引が開始され，そして終了するまでの期間が長い時間をかけるものであるのか，短い時間で終わるのかということではない。むしろ，同じ取引相手と長い期間にわたって取引関係にあるということである。したがって，必然的に同一取引相手との間の複数回の取引が行われているものを含んだものとなる。他方，短い期間にわたる取引関係は，同じ取引相手との取引が短い期間しか続かないものである。これら2つの次元の組み合せを見てみると，長期的でワンショットの取引と，短期的でワンショットの取引，さらに長期的で継続的な取引と，短期的で継続的な取引が設定できる。しかし，長期的でかつワンショットの取引は，現実的には起こり得ない取引形態である。また，短期的でかつ継続的な取引も事実上想定しにくい。したがって，短期的でワンショットの取引と長期的で継続的な取引が，直接的には想定されるものである。

　この取引期間の長期・短期そして継続的・ワンショットという問題は，大きくは取引条件の問題に包含されることになる。そして，この取引条件は，取引慣行の問題として論じられることが多い。主に取り上げられる取引慣行は，返品制，リベート，数量割引，帳合い制，派遣店員，抱き合わせ販売，再販売価格維持等である。これらは日本的取引慣行の特徴として，海外諸国から不透明な取引の原因として批判されてきた問題でもある。これら取引慣行の妥当性・正当性について議論することは，本章での直接的な問題点ではないので，別の機会に譲りたい。ここで問題となるのは，いずれの取引慣行形態をとるにしても，取引に変化が生じた際にその変化を把握できるような，要素次元を想定で

きるかどうかということである。取引条件は現実的には多種多様なものが設定されているが，大別してみると次のように考えられるだろう。すなわち，買い取り・委託・消化仕入，そして数量割引・現金割引・物流改善による割引など売買契約（仕入・販売条件）に関わる条件，商品配送方法や返品問題などの商品受け渡しに関わる条件，店員の派遣問題や売上目標によるリベートなどの販売促進に関わる条件，代金決済手段，代金回収期間，そして売り掛・買い掛金問題などの代金決済に関わる条件である[4]。

　なお，卸売取引の要素次元への着目において，最後に業種構造の相違性が挙げられる。すなわち，業種ごとにその卸売取引の異なった展開が想定されるということである。特に，日本における卸売業は，品揃えの幅を狭くし，深さについては深くする様式で展開されてきた。他方，小売業態の志向は，相対的に品揃えの幅を広くし，深さについては浅いものであった。とは言え，現実的には小売段階の事業主体は中小・零細規模のものが多く，この小売段階で消費者の多様なニーズに対応するために求められる品揃えに適応することは困難であった。何故ならば，零細・中小規模であるが故に品揃えを大きく拡張するほどの資本の蓄積がさほど進んでこなかったからである。また財・製品の性質がそれぞれごとに異なるため，その取り扱いが多様となり，品揃えを拡張していくことに対して経済的理由からだけではなく，人的にもそして技術的にも抵抗が大きかったのである。結局のところは，小売段階において網羅的な広範囲性をもったものではないが，ある程度の広がりをもった品揃えを提供する範囲での棲み分けが行われることになった。小売段階は，最終消費者の多様なニーズに対応することが求められるし，その適応度が存在の可否を決定することになる。この小売段階の業種ごとの構造が維持されたことにより，卸売段階でもこれに対応すべく業種ごとの縦割り構造が成立していったのである。どちらかというならば，卸売業者は品揃えの深さを求めるような企業行動をとっていったのである。また，卸売段階は本来的には最終消費者に直面することはないので，小売段階ほどの制約は受けなかったが，それでも小売段階の業種構造に対応するためにある程度の業種特定的な構造を維持することにならざるを得なかった。

また，製造業者から各種の財を取り揃えることが，卸売業者の基本的機能である。そして，それら取り揃え物を小売業者へ再販売する。小売業者は多様な消費者のニーズに対応できるように広範囲な取り揃え物を形成するため，複数の卸売業者と取引関係を結ぶことになる。したがって，相対的には小売業者よりも卸売業者の方が業種特定的とならざるを得ない性格を有していたといえるだろう[5]。この業種ごとの構造特性は決して日本だけの特異的なものではなく，他の諸国においても見られるものである。上述のように，小売段階は最終消費者への最後の流通段階であり，多様な消費者ニーズに対応せざるを得ない。このことは，他の国々においても同様である。また，卸売段階が小売段階と比べて相対的に狭く，かつ深い品揃えを形成することも同様である。小売段階の業種構造に対応して卸売段階も業種特定的とならざるを得ないのは，同じ状況なのである。したがって，業種特定的な構造を有している卸売流通での取引を考察するのであるなら，上述の要素次元を考察する際に，産業ベースでのアプローチが必要であることが指摘されるだろう。

以上の分析のための要素次元は，卸売取引を識別する場合に重要な構成要素と考えられよう。なお，これら要素次元は以下の表3-1のように整理される。この主体・当事者，目的，タイプ，客体，そして条件という取引の要素次元が組み合されて，そこから取引様式の区別が想定されるのである。

表3-1 卸売取引に関する取引要素次元：卸売取引関係の構成要素

要素次元	次元の具体的な内容
取引主体・取引当事者	卸売業者，小売業者，製造業者
取引の目的	品揃え形成のための仕入，再販売，最終販売
取引タイプ	仕入取引，販売取引
客体	財（消費財，産業財，完成財，中間財等），サービス，品揃え物
集計水準	個別の交換・取引，取引の連鎖，チャネル，卸売流通機構
取引期間	長期・継続的，短期，単発（ワンショット）
取引条件	売買契約，商品受け渡し（物流），販売促進（リテールサポート等），決済業務等
業種	特定，不特定
環境条件	マクロ環境（政治，技術，社会・文化，経済），ミクロ環境

ところで，流通機構を1つのマーケティング・システムとして捉えることも，従来試みられてきた代表的なアプローチの1つである。そして，そのサブシステムとして，卸売流通システムを想定できる。この場合，財・サービスの社会的な（卸売）流通を1つの操作可能なシステムとして，その成果から評価して既存システムの最適モデルを導出しようというものである[6]。それは当該システムを取り巻く環境を想定し，その環境からの影響関係を含んだ上で，システムの構成要素が全体として調整され，1つの流通構造が形成されると見るものである。したがって，そこでの取引関係も各構成要素の調整によって形成され，変化していくと見ることができる。そして，何らかの変化を促すのは各構成要素の影響の仕方によるのである。これら構成要素は，システムにとっての統制・管理可能変数と統制・管理不可能変数に大別できる。統制・管理不可能な変数としては，環境条件，製造業段階・小売業段階の構造，技術，社会制度などが考えられる。統制・管理可能な変数は，いわゆるマーケティング変数 (product, price, promotion, place) や取引条件などである。卸売流通における卸売取引を考察する場合にも，このシステム構成要素の影響関係は存在することになる。特に，環境に関わる変数は卸売取引関係の変化にも影響を及ぼすのは当然のことであり，卸売取引関係の構成要素として考慮すべきものといえるだろう。したがって，卸売取引に関する考慮すべき取引要素次元に，これら環境変数も含まれることにならざるを得ないといえよう（表3-1を参照されたい）。

3　中間商人介在の諸原理と卸売取引変化

卸売取引はどのように変化し，それは何故起こるのであろうか。次に考えるべき問題は，これである。これまでの諸研究成果を見てみると，卸売流通・卸売業者を考察する際に，まずその存在意義に焦点をあてたものが代表的なものであると考えてよいだろう。これは，卸売流通や卸売業者が，何故流通段階に生じてくるのかということを問うものである。

すでに第1章でも見てきたように，この卸売商の存在意義は，いわゆる取引総数単純化，不確実性プール，そして情報縮約・整合という各種の原理でもって説明されている[7]。取引総数単純化の原理は，卸売業者や小売業者が製造業者と消費者の間に介在することにより，製造業者と消費者が直接的に取引に関わる場合と比較して，全体を見た時の取引総数が減少し，社会的に費用が節約されるということである。そして，卸売業者や小売業者が製造段階と消費段階の中間段階に介在してくる必然性を説明しようというものである。ここでは，特に取引内容にはコミットせず，ただ単純に取引数を減少させることができるとして，この取引の総数を削減できることにより全体の取引に関わる費用を節約できると見ている。つまり，取引はすべて同質的であり，取引ごとの相違は捨象している。そして，取引当事者の数が増えるほど，この社会的節約の効果は大きくなっていくと考えられているのである。したがって，取引関係の変化という点では，取引数そして取引先数の削減に着目したものであるといえるだろう。

不確実性プールの原理は，集中貯蔵の原理とも呼ばれ，財の在庫を製造業者と消費者が担当するよりも中間商人（卸売業者・小売業者）が流通の中間段階で担当することにより，急激な需要増加や需要のバラツキに対しての対応が可能になるというものである。すなわちこの原理に従えば，多数の取引を中間商人の下に集中させることにより，品切れ等による社会的ロスや適正在庫という意味での全体としての効率性損失のリスクを軽減できると考えられているのである。したがって，取引相手の数が増加するほど，小売・卸売段階で不確実性をプールしておくことによってもたらされる効果が大きくなるということになる。その意味では，取引先数の増減は重要であり，やはり取引関係の変化を取引数・取引先数の変化で捉えることとなる。

なお，ここでは複数の財・製品を扱うことを前提にせず，単一あるいは少数の財・製品を扱う取引当事者が想定されている。しかしながら，近年のいわゆる総合量販店や業態卸のように，現実的には単一財を扱うよりは複数財を扱う場合の方が多数見られる。この複数財を扱う場合の集中貯蔵の原理は，中間商

人の品揃え物形成によって具体化する[8]。消費者の求める財・製品は，製造業者が生産して提供する財・製品とは，量的にだけではなく質的にも異なるのが通常である。この量と質の両面での異質性を解決するために，つまりスムーズな流通（＝生産段階から消費段階への財・製品の移動）を成立させるために，流通の中間段階において品揃え物を形成し，その異質性に対応する。それを個別の経済主体で対応するのではなく，社会全体から見て効率よく適応しようというのが不確実性プールの原理・集中貯蔵の原理の考え方である。そして，この品揃えを担当するのが，一般的には卸売業者と小売業者であるところのいわゆる中間商人なのである。この品揃え形成は，質的・量的に異質な需要と供給をマッチングさせるためのものである。したがって，そのマッチングは，時間，空間，所有権，そして情報の各面において達成されるものなのである。卸売の取引関係が変わるかどうかという観点からは，品揃えの幅と深さをどの程度まで整えるのかということが大切になってくる。それは，取引先数が増大することにより，この品揃え物の不確実性吸収度も増大することとなるからである。

また，情報縮約・整合の原理は，流通の中間段階に卸売業者・小売業者が介在することによって，製造業者と小売業者が直接取引をしている場合よりも，両者の各種情報が社会的に見てより効率的に収集・整理されるということである。上記の不確実性プールの原理と同様に情報縮約・整合の原理も，また流通の中間段階にある卸売業者・小売業者によって，多様な製造業者に関する情報と消費者に関する情報の取り揃えを形成するものと考えられる。したがって，情報の質や量には直接的には言及せず，取引に関わる取引情報と見なして，あくまでも取引総数の増・減でもって論じているのである。当然，取引関係の変化は取引数と取引当事者数によって言及されることになるだろう。

以上のこれらの諸原理に対しては，3つの特徴を指摘できるだろう。すでに第1章でも考察されているように，第1にこれら諸原理は何も卸売業者や卸売流通に限ったものではなく，小売業者や小売流通を含んだ商業者・商業段階の存立根拠を説明するものであるということである。したがって，卸売取引関係に固有な原理ではないといえよう。第2に，社会的分業がさらに進展した発展

した経済社会，つまり生産された財の種類と量が極めて大きく，消費者の求めるニーズが大きな多様性を持つような社会であれば，ますますそのもたらされる効果は大きくなるという関係を，これらは示したということである。つまり，これらの諸原理によって，社会的発展という環境条件により中間商人（卸売業者・小売業者）が流通段階に介在する程度が決められてくるということを説明できるのである。このことは，すなわち取引先数の増大が社会経済の発展を示す1つの指標であり，そこには取引先数の増減でもって取引先の変化を捉えるということを含んでいるといえるだろう。

　第3に，諸原理を現実化するためには，つまり取引を生じさせるためには，それに関わる各種の流通機能を遂行することが求められる。流通機能の遂行が求められるとすると，その機能担当の問題が生じてくる。つまり，各種の流通機能をどの流通機関あるいは取引当事者が担当するのかという機能の分担関係にまで言及することができるということである。しかしながら，あくまでも各種の流通機能の必要性は確認できるが，その遂行主体である機関・制度体としての卸売業者や卸売取引の必要性までは確認できない。また，その機能の担当者として取引先の変化ということは捉えることができるが，卸売取引関係が何故変化するのか，また変化するとしたらどのように変化してきたのかということを説明する点では，その説明力に脆弱性が伴わざるを得ない[9]。

4　英国卸売業者の取引関係の事例：
英国における食料品取り扱い卸売企業への質問票調査

　卸売取引の変化は，何によって引き起こされ，どのような形態で変化していくのか。その識別のためのいくつかの要素次元が上記において整理・提示された。また，卸売業者の存在意義を問う視点から，取引先数の変化そして取引相手の変化から，取引の変動を捉える可能性が示された。次に，英国の卸売企業を対象に行われた質問票調査に基づいて，卸売取引の変化が実際にどのように起こってきているのかを確認しておこう[10]。

この調査では，その分析すべき対象の集計水準を，個別企業の取引関係に設定し，質問票調査に基づいて考察を加える。その場合の中心的な考察対象は，卸売企業の取引関係の変化である。すなわち，取引関係の変化が，どの程度起こっているのか。どのような形態で起こっているのか。そしてその変化をもたらす要因は何なのか。卸売段階の取引を題材にして，直接的にはこれらの諸問題を考察する。そして，その結果としてそもそも卸売段階において行われている取引および取引関係とは何であるのかということを明らかにすることを目指す。

4-1 調査概要

最初に，考察の材料とされる英国の卸売企業に対して行われた質問票調査の概要を見ておきたい。この質問票調査は，1998年に実施されたものである。1998年の6月に質問票が配布され，同年の6月末から7月上旬にかけて回収が行われている。郵送留置方法で，郵送回収を行った。質問票への回答は，自記入による。調査対象は，英国の食料品卸売企業であり，質問票の配布先は英国食料品卸売企業ダイレクトリー（1997年版）に基づく掲載卸売企業全数である。なお，明らかに大規模小売チェーンの購買部門・仕入部門と判明している卸売企業は除かれた。その配布総数は402，回収総数は44であり，回収率は10.9％であった。そのうち有効回答は38であった。また，質問票回答者は，マーケティング・マネジャーあるいはそれに準ずる担当者を指名して，回答を求めている。

調査内容は，卸売企業の現状，特にその取引の実態とその変化に関してのものである。より詳細には，仕入・販売両面での取引先の変化を，仕入額・販売額と仕入先数・販売先数それぞれについてその占有率の動向から確認したものである。

4-2 調査結果

回答を得た卸売企業の属性は以下の通りである。食料品卸売企業のダイレク

トリーから抽出したため食料品を扱っているものが最も多く，27社で71.1％に上る。なお，生鮮食料品のみの取扱い卸売企業が5社で13.2％，加工食料品のみの取り扱い卸売企業が13社で34.2％，両方の取り扱い卸売企業が9社で23.7％である。全体としては，加工食料品を主に扱っている卸売企業群であるといえるだろう。また，さらにそのうち22社が食料品以外の商品も取り扱っていて，主に日用雑貨品を扱っているものが多い（表3-2を参照されたい）。

開業の時期は，調査時点から見てここ30年の間に行われたものが49.9％に上っている。また，規模構造の点から見てみると，従業員規模から見ても，仕入高・売上高規模から見ても相対的に中小規模のものが多い。従業員規模は，50人未満の中小規模のもので68.4％にのぼる[11]。1997年の仕入額の予算規模では，1,000万ポンド以下が大半の63.2％を示し，同様に売上高規模では1,000万ポンド以下が大半で60.5％である。

取引地域については複数回答での確認で，以下の表3-7および表3-8にあるように英国全土および他のEU諸国からの仕入れが中心的である。また，販売先ではイングランド地区への限定販売が多数を占めている。したがって，海外・他地域から商品を収集し，当該地域への販売を行う消費地問屋としての役割を果たしているものが多いと考えられる。

さらに，表3-9，表3-10，表3-11にあるように組織タイプは独立個人企業タイプが最も多く，86.0％にのぼっている。また，支店や支社をもつ企業は少なく，支店・支社が設置されていてもせいぜい1～2事業所程度である。したがって，全体的には零細・中小規模の卸売企業が回答者の多数を占めている

表3-2　取扱商品

食　品	実数（％）	非食品	実数（％）
生鮮食品	5（13.2）	日用雑貨品	13（59.1）
加工食品	13（34.2）	化粧品等	2（9.1）
生鮮・加工食品	9（23.7）	衣料品	0（0.0）
その他	10（26.3）	その他	7（31.8）
無回答	1（2.6）	な　し	0（0.0）
合　計	38（100.0）	合　計	22（100.0）

4 英国卸売業者の取引関係の事例

表3-3 創業時期

西暦年	実数（％）
1800－1899	5（13.2）
1900－1949	8（21.1）
1950－1959	3（ 7.9）
1960－1969	3（ 7.9）
1970－1979	8（21.1）
1980－1989	7（18.4）
1990－	4（10.4）
合　　計	38（100.0）

表3-4 従業員規模

従業員規模	実数（％）
1－9	5（13.2）
10－29	11（28.9）
30－49	10（26.3）
50－99	3（ 7.9）
100－299	5（13.2）
300－499	2（ 5.3）
500－1,000	1（ 2.6）
無回答	1（ 2.6）
合　　計	38（100.0）

表3-5 仕入額規模

百万£（ポンド）	実数（％）
1,000以上	4（10.5）
100－999	2（ 5.3）
55－99	1（ 2.6）
10－49	7（18.4）
10　未満	24（63.2）
合　　計	38（100.0）

表3-6 販売額規模

百万£（ポンド）	実数（％）
1,000以上	4（10.5）
100－999	2（ 5.3）
55－99	1（ 2.6）
10－49	8（21.1）
10　未満	23（60.5）
合　　計	38（100.0）

と考えられる。

　次に，取引の様子を見ておこう。取引業者の数を見てみると，以下の表3－12と表3－13にあるように，現在仕入取引関係にあるサプライヤー数は200―299社という回答が最も多く26.3％である。300社未満で見てみると，76.3％に上る。販売取引相手である小売業者の数は，500―999社が最も多く31.6％である。1,000社未満で50.0％，4,000社未満では81.6％になる。また，取引関係を結んでからの期間は，主なサプライヤーとの仕入取引関係では，8年以上という回答が最も多く，76.3％に上がる。仕入面では，かなりの長期にわたり継続的な取引関係が結ばれているということが分かるだろう。また，主な小売業者と

表3-7 仕入地域の分布

地　　域	実　数（％）（複数回答）
スコットランドのみ	1（ 1.1）
イングランドのみ	0（ 0.0）
英国全土	34（36.6）
EU諸国	27（29.0）
東ヨーロッパ	11（11.8）
アメリカ合衆国	9（ 9.7）
その他	11（11.8）
合　　計	93（100.0）

表3-8 販売地域の分布

地　　域	実　数（％）（複数回答）
スコットランドのみ	4（ 8.9）
イングランドのみ	18（40.0）
英国全土	8（17.8）
EU諸国	5（11.1）
東ヨーロッパ	1（ 2.2）
アメリカ合衆国	1（ 2.2）
その他	8（17.8）
合　　計	45（100.0）

表3-9 組織形態

組織形態	実　数（％）
独立個人企業	31（81.5）
本　　社	1（ 2.6）
支店・支社	2（ 5.3）
ボランタリーチェーン本部	0（ 0.0）
ボランタリーチェーン構成員	2（ 5.3）
その他	0（ 0.0）
無回答	2（ 5.3）
合　　計	38（100.0）

表3-10 支店・支社の有無

	実　数（％）
有	11（28.9）
無	25（65.8）
無回答	2（ 5.3）
合　　計	38（100.0）

表3-11 支店・支社数

支店・支社数	実数
1	5
2	2
3-5	2
6-7	1
合　　計	10

の販売取引関係では，1―7年という回答が最も多くて，55.3％になっている。これに8年以上の販売取引関係を結んでいるものを合わせると，ほぼ100％となってしまう。販売面においても相対的に長い取引関係を結んでいるように見られる。

なお，ここでの数字は各サンプルにおいて最大のシェアを示した回答項目のみを取り上げている。したがって，回答がゼロというものが当然現れてくる。しかしながら，現実的には取引先は多数存在し，その中には多様な取引期間が

4 英国卸売業者の取引関係の事例　83

表3-12　サプライヤー数

数	実数（%）
1–49	4（10.5）
50–99	8（21.1）
100–199	7（18.4）
200–299	10（26.3）
300–399	2（5.3）
400–499	1（2.6）
500–649	3（7.9）
無回答	3（7.9）
合計	38（100.0）

表3-13　小売業者数

数	実数（%）
1–499	7（18.4）
500–999	12（31.6）
1,000–1,999	5（13.2）
2,000–2,999	4（10.5）
3,000–3,999	3（7.9）
4,000–4,999	1（2.6）
5,000–5,999	1（2.6）
6,000–	2（5.3）
無回答	3（7.9）
合計	38（100.0）

表3-14　取引期間（仕入）

期間	実数（%）	合計ポイント（%）
1年未満	0（0.0）	19（5.4）
1–7年	8（21.1）	1,105（30.7）
8年以上	29（76.3）	2,307（63.9）
無回答	1（2.6）	0（0.0）
合計	38（100.0）	3,605（100.0）

表3-15　取引期間（販売）

期間	実数（%）	合計ポイント（%）
1年未満	0（0.0）	341（9.3）
1–7年	21（55.3）	1,862（50.6）
8年以上	16（42.1）	1,477（40.1）
無回答	1（2.6）	0（0.0）
合計	38（100.0）	3,680（100.0）

存在する。それらは，合計ポイントとして示されている中に読みとることができる。これらの数字は，その性格上分散する傾向にあるが，その合計ポイントで見ても，上記表3-14と表3-15で示したようにサプライヤーとの仕入に関する取引関係の期間が8年以上というものが63.9％で最も高い。また，販売面においてもやはり1—7年という取引期間が最も多くて50.6％になり，それに8年以上という回答をあわせると，90.7％となってしまう。やはり，仕入面でも販売面でも，その取引関係は相対的に長いものとなっているといえるだろう。特に，仕入取引においてはその継続性はより顕著である。

さらに，取引関係の構造とその変化を確認しておこう。ここでは，全体の傾向を確認するにとどまるものとする。以下の表3-16と表3-17にあるように，1997年の小売業者への販売における小売業者タイプ別販売高シェアは，レストラン・ホテル向けの販売が中心である。そして，学校，病院，ケータリング小売飲食店，パブ等のその他向け販売が多くなっている。10年前と比較してみると，零細規模の独立小売業者への販売が最も多かったが，やはり，レストラン・ホテル向けや学校，病院，ケータリング小売飲食店，パブなどのその他向けも続いている。ただし，1997年の零細規模の独立小売業者へ販売するシェアは10年前に比べて下がり，販売高から見る限りでは，ここ10年で流通段階向けの販売が減少しているようである。ただし，この中には10年前にはまだ開業せ

表3-16 販売高から見た小売業態別の取引シェア（1997年）

	実数（％）	合計ポイント(％)
零細独立小売商	7（16.7）	625（17.3）
大規模チェーン店	0（0.0）	24（0.7）
共同仕入グループ	1（2.4）	82（2.3）
コンビニエンスストア	3（7.1）	273（7.6）
レストラン・ホテル	17（40.5）	1,480（40.9）
その他	14（33.3）	1,125（31.2）
合計	42（100.0）	3,609（100.0）

表3-17 販売高から見た小売業態別の取引シェア（1987年）

	実数（％）	合計ポイント(％)
零細独立小売商	12（33.4）	789（25.4）
大規模チェーン店	0（0.0）	10（0.3）
共同仕入グループ	0（0.0）	55（1.8）
コンビニエンスストア	2（5.6）	140（4.5）
レストラン・ホテル	11（30.6）	1,197（38.5）
その他	11（30.6）	918（29.5）
合計	36（100.0）	3,109（100.0）

ず,また取引を開始していないサンプルも含まれる。また上記のように小売への販売に関しては55.3%が8年足らずの取引期間であるため,10年比較よりも1997年の現状として,流通段階向け販売がマイノリティであるという方が適切であろう。

なお,ここでも各サンプルにおいて最大のシェアを示している回答項目のみを取り上げて,考察している。したがって,ゼロ表示もあるが,合計ポイントとしてすべての回答の比率を積算して示している。この全体の数字で見ても,同じように流通段階向けの販売がマイノリティであることを示している。

サプライヤーからの仕入局面においては,表3-18と表3-19にあるように,1997年においては主要なブランドを生産している大規模製造業者との取引が,最も多くの比重を占めている。そして,次に直接輸入が続く。1987年で見ても,やはり主要ブランド生産の大規模製造業者が最も多く,続いて直接輸入である。小売への販売と同じく,すべての卸売業者が10年前から取引を行っていたわけではなく,ここ10年以内に取引業務を開始したものが含まれているため,詳細な時系列比較は困難である。しかし,この10年の間での大きな傾向としては,プライベート・ブランド商品(以下,PBとする)の生産を行う零細規模の製造業者との取引や地域サプライヤーとの取引がやや減退し,やはり大規模製造業

表3-18 仕入高から見たサプライヤーのタイプ別取引シェア
(1997年)

	実数(%)	合計ポイント(%)
地域サプライヤー	0 (0.0)	270 (7.4)
大規模製造業者	28 (75.7)	2,301 (63.0)
PB商品の零細製造業者	1 (2.7)	175 (4.8)
卸売商・中間商人	2 (5.4)	196 (5.4)
直接輸入	5 (13.5)	375 (10.2)
輸入代理商	1 (2.7)	308 (8.4)
その他	0 (0.0)	30 (0.8)
合計	37 (100.0)	3,655 (100.0)

表 3-19 仕入高から見たサプライヤーのタイプ別取引シェア
（1987年）

	実数（％）	合計ポイント（％）
地域サプライヤー	0 (0.0)	256 (8.5)
大規模製造業者	26 (83.9)	1,890 (62.8)
PB商品の零細製造業者	0 (0.0)	205 (6.8)
卸売商・中間商人	0 (0.0)	83 (2.8)
直接輸入	5 (16.1)	308 (10.2)
輸入代理商	0 (0.0)	233 (7.7)
その他	0 (0.0)	35 (1.2)
合　計	31 (100.0)	3,010 (100.0)

者を中心にして，卸売商や直接輸入などの流通段階からの仕入もやや増加しつつあるといえるだろう。

　取引関係への一般的な認識および評価については，以下の図3-1にあるように小売業者との販売取引そして供給業者との仕入取引の両方において，現状における満足度は高いといえよう。小売業者との販売取引では約75%が満足に感じていて，明確に不満を表すものは少数である。また，供給業者との仕入取引においても，約72%程度が満足している。概ね現状の取引関係には満足している様子をうかがうことができる。また，売上高志向の観点から見ると，零細小売店への販売高減少を明確に良しとするものと，明確に良しとしないものが拮抗した状況にある。これは，その次の質問への回答である将来の取引先としての大型小売店志向賛成が38%程度，反対が53%程度であることにも見られる傾向であり，小売販売の取引先に関しては二極化が進行し，チャネルの棲み分け行動が起こってきていることが想定される。しかしながら，大きな流れとしては伝統的な流通経路の役割が今後減少していくだろうと考えられる。それは，零細小売商への販売高の将来的な減少に肯定的な回答が，約80%近くに上っていることから想定される。他方，仕入取引面での将来傾向としては，大規模供給業者への依存度が増す方向にある。それは，以下の質問への回答傾向からも

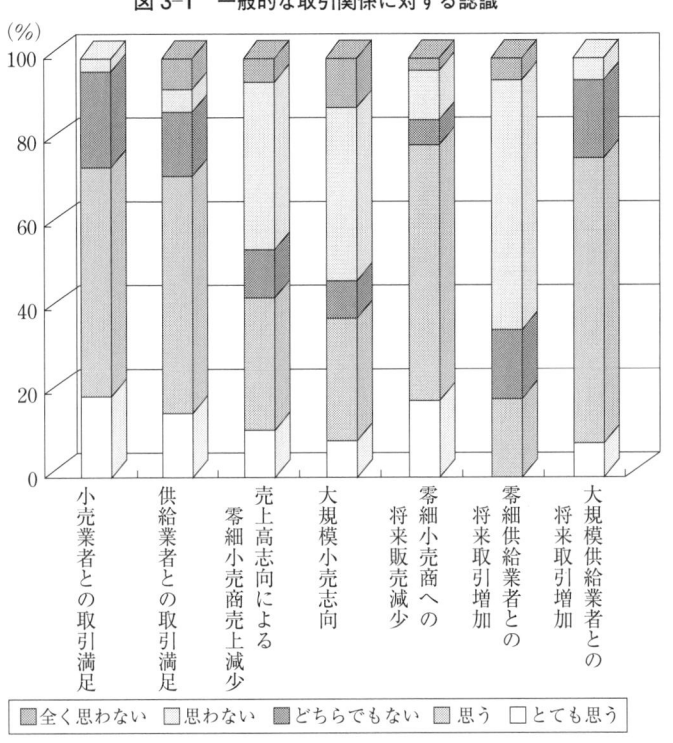

4　英国卸売業者の取引関係の事例　87

図3-1　一般的な取引関係に対する認識

横軸項目（左から）：
- 小売業者との取引満足
- 供給業者との取引満足
- 売上高志向による零細小売商売上減少
- 大規模小売志向
- 零細小売商への将来販売減少
- 零細供給業者との将来取引増加
- 大規模供給業者との将来取引増加

凡例：■全く思わない　□思わない　■どちらでもない　■思う　□とても思う

明らかである。すなわち，零細供給業者との取引高が将来的に増加するかという質問への肯定的な回答が少数であること，そして大規模供給業者との取引高が将来的に増加するかという質問への否定的な回答が少数であることである。

さらに，この10年間での卸売取引を取り巻く状況変化への卸売企業の認識についても確認されている。以下の図3-2および図3-3に基づいて見てみる。まず，大規模小売商との販売取引では，販売高の上昇傾向は確認されている。価格，マージン，品揃え，支払期日の面で大規模小売商に有利な条件が設定され，大規模小売商によるチャネル統制も進展している。これは，PB商品比率の増加とナショナル・ブランド商品（以下，NBとする）比率の変動の少なさからもうかがえる。また，零細規模小売商との販売取引では，約80％が販売高

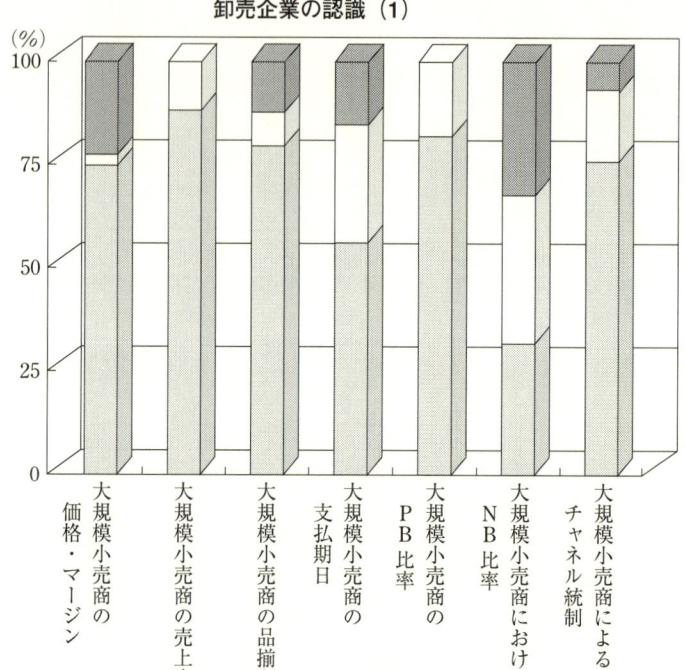

図 3-2 過去10年間での取引構造変動に対する卸売企業の認識（1）

■減少傾向　□どちらでもない　■増加傾向

横軸項目：大規模小売商の価格・マージン／大規模小売商の売上高／大規模小売商の品揃え／大規模小売商の支払期日／大規模小売商のPB比率／大規模小売商のNB比率／大規模小売商におけるチャネル統制

の減少を回答している。価格，マージン，品揃え，支払期日の面でも減少傾向および変動なしが多数を占めている。大規模小売商への依存度が高くなってきて，大規模小売商主導型チャネルへの移行が見られるということである。

仕入取引面では，サプライヤーからのNB商品の取り扱い比率はさほどの変動を示してはいないが，PB商品の取り扱い比率は増加傾向にある。また，サプライヤーの取り扱う商品の品質は向上傾向にあり，価格・コストもそれに伴って上昇気味である。仕入分野での競争は激化し，PB商品を梃子にしてより関係の緊密化を図らざるを得ない状況にあるようである。

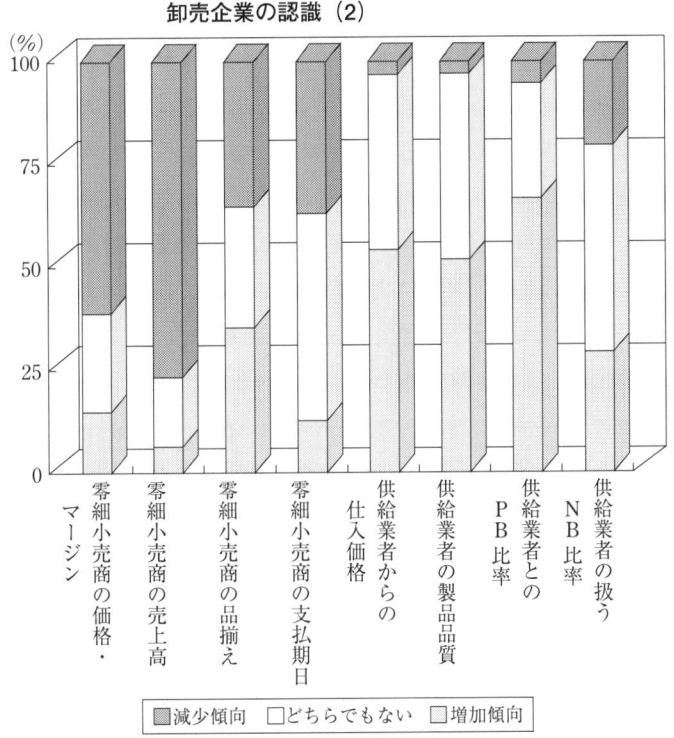

図 3-3　過去10年間での取引構造変動に対する
卸売企業の認識（2）

横軸項目：零細小売商の価格・マージン／零細小売商の売上高／零細小売商の品揃え／零細小売商の支払期日／供給業者からの仕入価格／供給業者の製品品質／供給業者とのPB比率／NB比率／供給業者の扱う

凡例：■減少傾向　□どちらでもない　□増加傾向

4-3　卸売取引の変化：取引連動の可能性

　上述の卸売取引およびその変化に関するアンケート調査の結果において，取引が連動している可能性を確認しておこう。まず，販売取引においては零細規模の独立小売業者向けの販売がマイノリティ化しつつあり，大口のレストラン・ホテルへの販売が中心的になってきていること，そして大規模小売商への依存度の増加傾向があることが確認された。ただし，一般的なそして将来の方向としては，必ずしも大口取引先への集中化は望まず，零細規模の独立小売商との取引も重要視され，チャネルの棲み分け・区分を模索している姿も見られる。また仕入取引においては，主要なNB商品を有するサプライヤーとの取

引比率が高く，PB商品のサプライヤーとの取引比率は減少気味である。そして卸売業者からの仕入や直接輸入もやや増加傾向にある。多様なそして競争力のある商品構成を模索しているといえよう。他方で，一般的な将来の方向として，逆にPB商品を扱うサプライヤーとの取引比率を高める志向にあることも見られる。現状の構造と将来の方向のいずれにしても，大口取引先を求めている姿もあわせて見受けられた。

卸売取引を考察する際の要素次元において個別に明示されているように，取引関係は仕入れ取引と販売取引に区別される。前者はサプライヤーと卸売業者の取引であり，後者は卸売業者と小売業者の取引である。以下では，それぞれについて取引関係の変化に関してさらに考察を続けてみることにする。表3-20は，1987年と1997年の2時点で見た，当該卸売企業にとっての取引相手タイプ別の仕入額シェアであり，表3-21は同様に1987年と1997年の2時点で見た，卸売企業にとっての取引相手別の当該販売額シェアである。なお，表中の「数」は，各取引相手タイプの中で最も大きいシェアをもつもののみを示している。また，「合計ポイント」は，すべての取引相手のシェアを積算したものである。

まず，仕入面から見てみよう。最も高いシェアをもつタイプに基づくと，1997年では仕入先では主要ブランド製造業者からのものが最も高く，28社で

表3-20　1987年と1997年の取引相手別仕入額シェア（カッコ内は％）

	1987		1997	
	数	合計ポイント	数	合計ポイント
地域サプライヤー	0	256	0	270
大規模製造業者	26 (83.9)	1,890	28 (75.7)	2,301
PB商品の零細製造業者	0	205	1 (2.7)	175
卸売商・中間商人	0	83	2 (5.4)	196
直接輸入	5 (16.1)	308	5 (13.5)	375
輸入代理商	0	233	1 (2.7)	308
その他	0	35	0	30
合　計	31	3,010	37	3,655

75.7%。そして直接輸入が5社で13.5%，卸売業者が2社で5.4%と続いている。1987年では，主要な仕入先としては1997年と同様であるが，上位の2社のみが中心的な取引先であった。この10年間で，仕入上の取引先は，傾向としては拡張しているといえる。次に，合計ポイントで見ると，この10年間でNBメーカーからの仕入はやや増加している。また，地域の供給業者，卸売業者，そして輸入代理商からの仕入もやや増加している。特に，NBメーカーからの仕入と既存の卸売業者からの仕入が，大きな増加を示している。その一方で，PB用小規模製造業者からの仕入が減少し，また，直接輸入からの仕入もやや減少している。仕入面では，取引先相手の多様化，拡張が見られる一方で，特定の仕入相手との取引集中化が見られるのである。これは，大規模量販店対応チャネルとの棲み分けを志向し，伝統的な流通経路上での卸売業者としての仕入活動への対応を図っていると考えることができるであろう。

　販売面においては，表3-21にあるように最も高いシェアをもつタイプに基づくと，1997年の取引販売先ではレストラン・ホテル向けが最も大きく17社で40.5%，次にその他（パブ，学校，教会など）が14社で33.3%であった。1987年では，取引販売先は中小零細規模の独立小売商向けが最も多く，12社で33.4%である。それについで，レストラン・ホテル向けとその他（パブ，学校，教会）向けがそれぞれ11社で30.5%であった。この10年間で，流通段階向けへの販売が減少し，ホテル等の業務向け販売がやや増加している。

表3-21　1987年と1997年の取引相手別販売額シェア（カッコ内は%）

	1987		1997	
	数	合計ポイント	数	合計ポイント
零細独立小売商	12 (33.4)	789	7 (16.7)	625
大規模チェーン店	0	10	0	24
共同仕入グループ	0	55	1 (2.4)	82
コンビニエンスストア	2 (5.6)	140	3 (7.1)	273
レストラン・ホテル	11 (30.5)	1,197	17 (40.5)	1,480
その他	11 (30.5)	918	14 (33.3)	1,125
合計	36	3,109	42	3,609

合計ポイントでは，1987年から1997年にかけて増加してきているのは，大規模チェーン・ストア，共同仕入グループ，コンビニエンスストア，レストラン・ホテルとその他（パブ，学校，教会）である。他方，減少傾向にあるのが中小零細規模の独立小売商である。やはり流通段階向けへの販売が減少してきているといえるだろう。販売面においても取引先の多様化が見られる。しかし，他方でレストラン・ホテル向け販売などへの集中化が起こってきているのである。

さて，これら全体的傾向から，取引変動の特徴を試論的に読みとることができる。つまり，仕入取引局面と販売取引局面の両者が，連動している可能性のある取引関係に置かれているということである。1987年における取引相手先が，1997年にはその構成に変化を示している。その変化を仕入取引と販売取引の両面から見ると，連動して変化している関係が存在すると考えられるのである。10年比較で見てみると，仕入局面での主要ブランドを製造する大規模製造業者との取引志向はあいかわらず強い。しかしながら，この大規模製造業者と直接輸入，そして卸売商からの仕入中心であったものが，大規模製造業者からの仕入志向が高いまま，地域のサプライヤーや輸入代理商などからの仕入にも拡散し，仕入先の分散化が見られる。その一方で，販売局面では10年比較で見て，零細中小規模の独立小売商との取引は相対的に重要度を失いつつある。むしろレストラン・ホテルやその他（パブなど）業者への業務用販売への集中化が起こってきている。しかし他方では，販売局面でも仕入局面と同様に主要な取引業者中心から，販売先の拡散が起こってきている。それは，大規模チェーンにプラスして，共同仕入グループやコンビニエンスストアなどである。つまり，零細中小規模の小売業者への販売という伝統的な流通経路上での役割を，もはや販売局面では卸売商が果たしているとは言い難い状況である。必ずしも零細中小規模の小売商の購買代理としてのチャネルではなくなりつつある[12]。しかしながら，多様な販売先の確保という点では，仕入先と同様に卸売業者において多様な製品群が品揃え形成され，それらが多様な販路先へと販売されていく姿が維持されているのである。

より差別化できる製品を，より低コストで仕入れることができるように，仕入先の多様化とその中でも集中化を起こしている。それは，実態として仕入局面での大規模製造業者からのチャネルへの集中化が進行しつつも，商品仕入上の伝統的な卸売商の役割を残存させているということである。これに対応して，販売局面でも，業務用販売取引が進展しつつ，しかし他方で多様な販売先を模索している姿が見られ，取引先数や取引相手で見るとこれに対応した仕入状況が存在しているのである。基本的には，各卸売主体は仕入面においても販売面においても，取引相手に対して依存しつつ，しかし独立性をも維持したいという二面性をもつことになる。その中でも，仕入取引先と販売取引先の拡張傾向を比べると，仕入取引における方が相対的に進んでいる。また，集中化という点でも仕入取引における方が相対的に進んでいる。これらを見てくると，取引関係における販売先の集中化が起こってくるのは，仕入段階の拡張化・集中化を伴う形態で進展していくという取引の連動性が，1つの仮説として提示できるであろう。

5 結びにかえて

本章においては，卸売企業を取り巻く取引関係の変動に焦点をあて，英国卸売企業へのアンケート調査を題材に考察を進めてきた。そして，仕入取引と販売取引の両者における取引関係連動性に関して，取引先数と取引相手という点で，仮説的な見解が導出された。最後に，残された問題点について言及しておきたい。

まず，サンプル数の少なさと偏りが問題と考えられる。本章で考察の対象となった英国卸売企業へのアンケート調査では，その回収数は少なく，また有効回答も少数であった。改めて多変量分析の検定に耐え得るような大量のサンプル・データに基づいて，再度検討することが必要である。さらに，食料品を主たる取扱品としている卸売企業を対象にしたアンケート調査であった。卸売企業の業種においても他の業種にまで拡張した上での再調査が必要であろう。

また，英国の事例（データ）と日本や他の国々の事例（データ）との相違にも注意しなければならない。本章では，英国卸売企業のアンケート調査の結果が使用されている。この調査データを考察する際には，英国の卸売流通構造を取り巻く環境という条件の下で進められなければならない。主なものとしては，英国の製造業段階，卸売業段階，そして小売業段階の競争構造，それも食料品業界でのものである。これらとの相互関係の中で英国の卸売企業のデータが考察されなければならない。同様に，日本や他の国々の調査データを考察する際にも，各国の制度的諸条件の下での取引関係の変動として捉えられなければならない。

そして，上記のような業種や国の違いを踏まえた上で，一般的なモデルが検討されねばならない。その場合，取引要素次元の1つとして製造業段階，卸売業段階，そして小売業段階での水平的な競争構造，また流通チャネル上での垂直的な競争構造，技術革新の進展状況，そして消費者の需要特性などの環境要因の分析も必要である。さらに，ここでのモデルとしては，まず商流に関わる卸売流通企業が前提となっている。その機能が物流や情報流へシフトあるいは特化しているものは考察の外にある。したがって，モデルの精緻化という点では，これら物流や情報流に特化した卸売企業まで，その対象を拡張する必要があるといえよう。

以上のようないくつかの問題点が克服されて，はじめて製造業段階と小売業段階の取引の連動性に関するモデルの精緻化を進めることができるのである。これについては，本章ではその可能性を提示したにとどまるものとして，今後の課題としたい。

（1）複雑な構造を呈している卸売流通段階を，その段階構造から考察するもの，そして業種構造の観点から考察するものは，従来試みられてきた代表的な研究アプローチである。ここでは，これら従来の研究アプローチにおいて直接的な主眼点ではなかった「取引関係の変化」に焦点をあてて分析を試みようとするものであり，従来の研究アプローチを全面的に否定するものではない。むしろ，従来のアプローチではあまり扱われてこなかった問題，つまり変化のプロセスを取り上げようとするものである。なお，構造変化に

注　95

着目した研究も多数見られるが，これらは変化した後の構造を取り扱うことを中心としてきたものであり，ここでの論点である変化の始動とそのプロセスに焦点をあてたものではないということに言及しておきたい。
（2）ここでのマクロという考え方は，ミクロやメソという概念に対応したものである。個別の行為主体が集合体を形成し組織化された時に，社会の構成要素として社会構造の中での役割を与えられ，個々の経済主体の成果という観点ではなく，社会全体の厚生という観点から捉えられる時にマクロ構造と認識されたものである。

　しかし，マクロ概念の考え方として，働きかける主体と働きかけられた対象との間の相互作用により，主体や対象自体がまた変化していく創造的適応・適応的創造としてマーケティング・プロセスを捉える考え方が，新たなマクロ的視点として指摘されている。詳細は，以下を参照されたい。

　石井淳蔵（1999）「マクロ・マーケティング論と「可能性のマーケティング」」『季刊マーケティングジャーナル』第75号。
（3）何をもって長期・短期を区別するのかということは，主観的なものになりがちである。ここでは，特定の期間を設定して長期と短期を明確に区別することを主張しているのではない。しかしながら，複数年にわたって取引関係が維持されれば，当然長期と考えてよいだろうし，長くてもせいぜい1ヵ月程度までで取引関係が終われば，短期と考えてよいだろう。これらは，あくまでも1つの目安であり，繰り返すが，ここでは特定の期間を想定する必要はないと考えられる。
（4）取引条件のより詳細な実態については，次の文献を参照されたい。

　通商産業省企業局編（1971）『取引条件の実体（1）―卸売業をめぐる取引慣行の実態―』大蔵省印刷局。

　通商産業省企業局編（1971）『取引条件の実体（2）―卸売業をめぐる取引慣行の実態―』大蔵省印刷局。

　三輪芳朗（1991）『日本の取引慣行―流通と消費者の利益』有斐閣。
（5）日本の流通業者が，業種縦割り的な構造を歴史的に有してきたことは周知のことである。小売段階に比べて，卸売段階の方がより業種ごとの構造を有することになったのは，言い換えるなら最終消費者の求める多様なニーズへの適応という制約を小売業ほどに受けなかったから，卸売業者はより業種特定的でいることができたのである。以下の文献を参照されたい。

　加藤　司（1991）「品揃え形成の現代的性格」石原武政・小西一彦編著『現代流通の動態分析』千倉書房。
（6）流通機構をシステムとして捉え，その分析を行った研究については以下を参照されたい。

　Fisk, G. (1974), *Marketing Systems : An Introductory Analysis*, A Harper International Edition.

　田村正紀（1973）「流通システム論の課題」京都ワークショップ著『マーケティング理論の現状と課題』白桃書房。

（7）これらの原理は，M. Hall（1948）により，指摘された考え方である。もちろん，特に卸売商に限定した考え方ではなく，商業者全般を対象にしたものであることは既述の通りである。

　　Hall, M. (1948), *Distributive Trading : An Economic Analysis*, Huchinton's University Library.（片岡一郎訳『商業の経済理論—商業の経済学的分析—』東洋経済新報社，1957年）

（8）形成は，流通の中間段階に形成される商業者の基本的なまた必然的な機能である。詳しくは以下を参照されたい。

　　Alderson, W. (1954) *Marketing Behavior and Exective Action-A Functionel Approach to Marketing Theory*, Richard D. Irwin Inc..（石原武政他訳『マーケティング行動と経営者行為』千倉書房，1984年）

　　また，流通機能シフトの認識面から卸売商のあり方を論じた研究も見られる。Rosenbloomは，アメリカの1980年代の製造業者と卸売商を対象に，製造業者は自ら販売会社などを設置して機能遂行するよりも，卸売商に依存する傾向が増加しつつあることを指摘した。しかしながら，個々の認識レベルでは機能シフトに積極的であるが，マージンという点では問題があるとしている。これは，単純なシフトでなく，製造業者にとってはコストレスな方へのシフトであり，チャネル選択肢の1つと考えられる。以下を，参照されたい。

　　Rosenbloom, B. (1989) "The wholesalers' role in performing marketing functions : Wholesaler versus manufacturer perceptions", L. Pellegrini and Reddy, S. K., *Retail and Marketing Channels—Economic and Marketing Perspectives on Producer-Distributor Relationships—*, Routledge, pp. 117-137.

（9）これら諸原理を多数取引の集中化に基づく卸売業者の変化の記述様式として再認識する可能性が確認されたが，相対的に集計水準を上げて考えると，取引制度を含んだ諸制度（環境）の変化によってもたらされる卸売企業の行動として見ていくことも重要である。つまり，取引行動とその変化によって形成されるさらなる取引関係を捉えるという見方である。これはNorth（1990）の研究に基づく比較取引制度の分析または歴史取引制度の分析とでもいえるものである。Northによれば，制度とは「社会におけるゲームのルール」である。経済主体は制度の制約を受けながら，自己の最適化行動を求めていくのである。これを取引関係に援用するならば，取引当事者は既存の取引制度の制約を受けながら，取引関係を結んでいく。そして，自らの取引行為によってまた取引制度の変化を促していくのである。さらに，この制度に変化が起こり，新たな取引関係を含んだ経済システム全体が必然的に発展していく経路が，規定されることになるのである。結局のところ，取引の変化を捉えるために，取引制度を含んだ諸制度（環境）と取引の相互作用を検討することになる。例えば，買い手市場と売り手市場という制度的条件，つまり社会のゲームのルールが異なる中で，開始・実行・批評の段階ごとにダイアディックなチャネル関係，取引関係が進行していくことに着目した研究も見られる。そして，これらの展開過程の中で生じてくるいくつかの相違点が抽出されている。

ここでは直接的に，取引関係の変化を考察することになる。そして，この取引関係に変化をもたらすプロセスも考察の対象に含まれることになる。したがって，上述の商業者の存在意義を問うアプローチや戦略的に差別化を図るというアプローチよりも，現実的な取引関係を明らかにするには有効であるといえるだろう。詳しくは以下を参照されたい。

North, D.C. (1982), 浜野　潔訳「経済史の課題—構造と成果—」『季刊 現代経済』第47号, 日本経済新聞社。

North, D.C. (1990), *Institutions, Institutional Change and Economic Performance*, Cambridge University Press, pp. 136-150. (竹下公視訳『制度・制度変化・経済成果』晃洋書房, 1994年)

Kale, S.H. (1989), "Impact of market characteristics on producer-distributor relationships", L. Pellegrini and S.K. Reddy (eds.), *Retail and Marketing Channels —Economic and Marketing Perspectives on Producer-Distributor Relationships—*, Roultledge, pp. 100-114.

(10) 英国卸売業者に対する調査結果および取引の連動性概念については，以下を参照されたい。

西村順二 (2001)「卸売取引関係の変化様式における連動性概念—英国の事例に基づいて—」『甲南経営研究』第41巻第3／4号, pp. 189-207。

また，英国食品流通業に関しては以下を参照されたい。

Dawson, J. A. and Shaw, S. A.(1989), "Horizontal competition in retailing and the structure of manufacturer-retailer relationships", L. Pellegrini and S. K. Reddy (eds.), *Retail and Marketing Channels—Economic and Marketing Perspectives on Producer-Distributor Relationships—*, Roultledge, pp. 49-72.

(11) 従業員規模は，フルタイム従業員とパートタイム従業員の両者を含んだものであるが，フルタイム従業員およびパートタイム従業員を区別した数字でも，中小規模が確認されている。

(12) ここでは仕入取引と販売取引の連動性という視点から，卸売商のあり方を探ろうというものである。製造業段階と小売業段階の諸条件を取り込んで，卸売商のあり方を考察したものには住谷 (1991) がある。そこでは，配荷店舗数による高集中度販路と低集中度販路を区別し，製造業段階での集中度と小売業段階での集中度から，いわゆる卸売商の排除以外の展開経路を示したものである。詳しくは以下を参照されたい。

住谷　宏 (1991)「成果を高める量販店政策に関する経験的研究」『季刊 マーケティング・ジャーナル』第42号 (Vol. 11 No. 2), pp. 16-25。

第4章　わが国流通機構の卸売段階における仕入取引と販売取引の変化

1　問題の所在

　わが国における流通構造の歴史的な変動の中で，卸売業や卸売業者はもはや必要とされなくなってしまったのであろうか。問屋・卸売業という流通機関・制度体はもはやその役割を終えてしまったのであろうか。1960年代前半に動きだした流通革命論議以降問屋無用論が声高に叫ばれ，いわゆる寡占的大規模製造業者による流通経路のコントロール志向，またチェーン展開を中心にした組織型大規模小売商による流通経路上の川上への進出などによって，問屋・卸売業者の存在意義はいくどとなく問われてきた。問屋・卸売業者が流通経路上から排除されるか否かが問われる時，それらの主眼点は流通費用の削減にあった。つまり，流通経路上に卸売段階が介在することによってもたらされるメリットを埋没させるだけのコスト上のより大きなデメリットが存在すると考えられ，それを回避しようとして卸売業者は排除されるのであり，それは流通費用の高さによって説明された。この流通費用の高・低は，価格に反映されてくる。例えば，近年の家電業界においては，メーカーによって進められてきた「定価」が形骸化し，メーカー希望小売価格さらにはオープン・プライスへと，その実態が変化してきている。そのような動きの中で，あくまでも再販売価格の維持を期待する製造業者と，製品およびその取り扱いに関わるコストをできるだけ削減し，最終消費者の受容し得る金額を価格付けの基準としたい大規模小売業者との狭間にあって，卸売業者・問屋の介在の意義は，まだまだ揺れ続けている。

　このように卸売業者や問屋を取り巻くチャネル上の環境は，近年の日本経済の発展に伴い，卸売業者にとってますます厳しい方向に進んできている[1]。そ

れはいくつかの環境条件の変化として捉えることができるであろう。第1に，中小零細小売業者の衰退による，卸売業者にとっての主たる販売取引先の弱体化である。これまで空間的に広範囲に点在していた中小零細小売業者が，周辺に立地してきた組織型大規模小売業者によってその存在を危うくされ，一般的には衰退化の方向に向かっている。卸売業者は本来的には，多数地域へ点在する小売業者に対して有効にかつ効率的に対応するため，集約的に製品・サービスを扱い，多数の小売業者へ製品・サービスを提供する。多数の小売業者との販売取引そのものが，卸売業者の強みを生み出す源泉であったが，その販売取引先（数）が減少してきているのである。

　第2に，上記の環境変化に伴うコインの裏側の現象として組織型大規模小売業者との販売取引が相対的に重要なものとなってきているということである。これまで主な販売取引先であった中小零細小売業者が，その数を減らしつつある。そして，チェーン方式などを活用して成長してきた組織型大規模小売業者が，小売段階での取引先として大きなシェアを占める方向に変化しつつある。この組織型大規模小売業者は，経営管理・店舗運営上のコスト志向が強い。これら組織型大規模小売商へ適応していくには，販売価格における割引交渉や納品条件交渉など，卸売業者にとって大きなコスト上の課題が突きつけられてくるのである。

　第3に，製造業者と大規模小売業者という川上と川下の取引当事者両者からの選別である。卸売業者は上記の小売業者への販売取引面だけでなく，仕入取引面でも製造業者から新たなる対応を迫られてくる。製造業者が主体的に行う場合もあれば，受動的に進められる場合もあるが，戦略的提携や製販・製配販統合などの取引形態が志向されていく中で，卸売業者における仕入面での協調関係が求められ，卸売業者はそれらの動きへの適応が必要となってくる。そして，これらに対応できない卸売業者は当該流通経路から排除されてしまう。上述のように，販売取引面では組織型大規模小売業者への適応を迫られ，流通経路上での存在を問われる製造業者にとっての販売代理業務遂行と，それと同時に小売業者にとっての仕入代理業務遂行を求められているのであり，現代の卸

1　問題の所在　101

売業者は流通経路上の川上と川下両方の取引当事者からの選別を常に受けざるを得ない状況に置かれているのである。

　第4に，グローバル時代の外資対応が挙げられる。日本国内の市場が開放されていく中にあって，外資系小売業者の日本市場への参入が相対的に容易になってきている。そして，これら外資系小売業者は大規模組織形態やチェーン形態をとり，大きな売上高を足場に日本における小売業者の中で大きな位置を占める勢いである。これら外資系小売業者は，本国での取引様式をそのまま日本市場へも導入してくる。したがって，卸売業者を介さず直接的に製造業者と取引関係を持つことを志向する小売業者が多い。このような外資系小売業者の問屋排除傾向にあって，卸売業者・問屋はまたもう1つの大きな危機に直面しているのである。

　以上，卸売業者・問屋の将来に対してネガティブな状況ばかりが待ち受けているように思われがちである。しかしながら，他方でわが国の商業機構・流通機構に卸売業者や問屋が今なお多数存在することは，疑うことのできない事実である。後に示されているように，平成3年度をピークに，近年その商店数が減少傾向に転じたといえども，まだまだ高い水準を維持している。

　本章においては，商業統計表に基づく卸売業者のデータを利用して，このような卸売業者を取り巻く環境が厳しいものへと動きつつある中で，卸売業段階において成立している取引関係を仕入取引と販売取引に区別して，その両面から考察を加え，取引構造の変化を分析する。その結果，その生存をかけて，自らも環境適応的に取引相手を選択している卸売業者の取引関係の変動プロセスを確認することを目指すものである。前章においては，考察対象は英国の企業組織体，特に食料品卸売業者に設定し，その取引関係の変化から取引の連動性に関する考察を行った。それと比べて，本章では取引を捉える要素次元においてすでに言及された集計水準から見ると，より高い卸売構造の視点から卸売業における仕入取引と販売取引の連動性を考察するものである。また，第2章で提示された卸売取引の連動性タイプにおいて，本章で扱われるのは第1タイプ，すなわち小規模分散化した多数の製造業者と小規模分散化した多数の小売業者

102　第4章　わが国流通機構の卸売段階における仕入取引と販売取引の変化

の間における卸売取引連動性であることをことわっておきたい。

2　卸売業構造の現状

　まず，商業統計表に基づき，昭和39年（1964年）から平成9年（1997年）までの卸売業の時系列的推移を確認しておこう[2]。図4-1に見られるように卸売業者の平成3年（1991年）までの商店数は，昭和41年から昭和43年にかけてと，昭和57年から昭和60年にかけて一時的には減少しているが，全体の動きとしては増加傾向にあるといえるだろう。昭和39年の229,248から平成3年の475,983へと，商店数実数は約2.1倍に増加しているのである。

　商店数の対前年比成長率を法人形態と個人形態に区別して見てみると，図4-2および表4-1にあるように増減の動きは類似しているが，昭和41年を除い

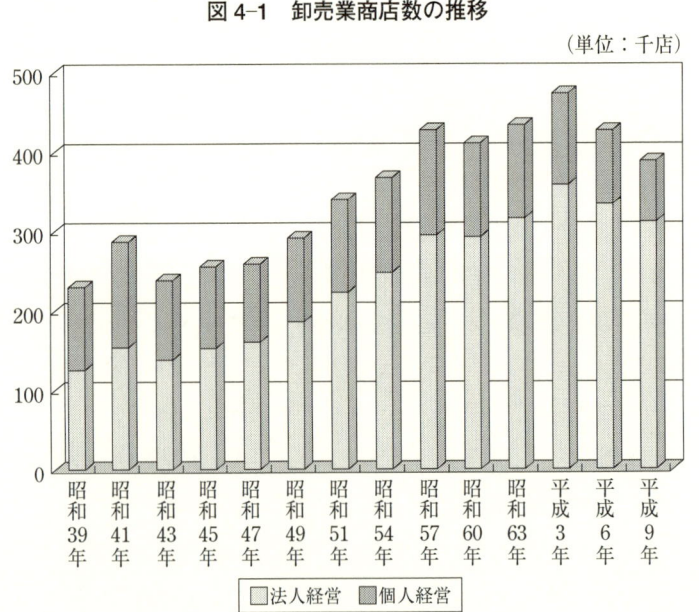

図4-1　卸売業商店数の推移

（単位：千店）

出所：『商業統計表』の各年次より抽出。

2 卸売業構造の現状

図 4-2 商店数の対前年比成長率

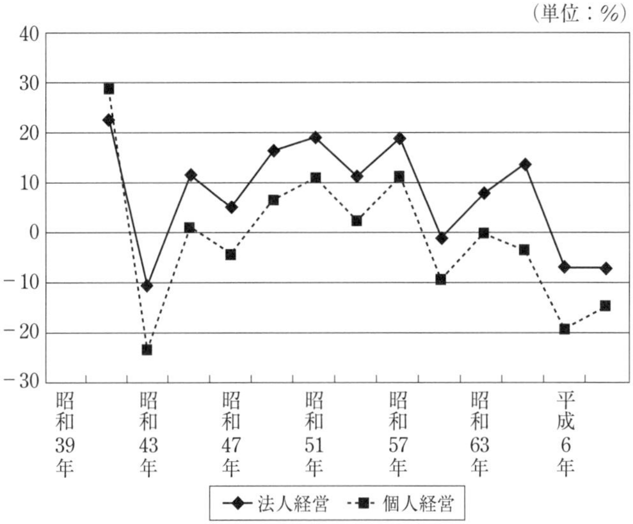

(単位：％)

横軸：昭和39年、昭和43年、昭和47年、昭和51年、昭和57年、昭和63年、平成6年
凡例：◆法人経営　■個人経営

出所：『商業統計表』の各年次より抽出。

て常に法人形態の方が高い成長率を達成している。さらに商店数の内訳を見てみると，昭和39年から平成9年にかけて個人商店の比率が，趨勢として減少してきている。昭和39年の44.7％から平成3年には20.0％へと半減している。他方で，法人商店の比率は逆にほぼ一貫して増加してきている（表4-1を参照されたい）。

結局，この昭和39年（1964年）から平成3年（1991年）までの27年間にわたり，卸売業者の数は全体として増加傾向にあるといえる。そしてその後の6年間は減少に転じたとはいえ，まだ高い数字を示しているのである。その原動力は法人形態の卸売業者であることが分かる。近年，小売業者の大規模化，そして個人商店の減少傾向はよく指摘されることであるが，卸売段階においても同様の動きが見られるということである。これまで主な販売取引先が中小零細規模の小売業者であった卸売業者にとって，販売取引先が減少し，大規模なものに集約されていく中で，卸売業者自身もまた中小零細規模のものが減少し，法人組織化された中・大規模なものへと変化せざるを得なくなってきているので

表4-1 卸売業者商店数と成長率の推移

	商店実数		成長率 (％)	
	法人（構成比％）	個人（構成比％）	法　人	個　人
昭和39年	126,683　(55.3)	102,565　(44.7)	―	―
昭和41年	155,300　(54.1)	131,908　(45.9)	22.6	28.6
昭和43年	138,771　(57.9)	100,736　(42.1)	－10.6	－23.6
昭和45年	154,111　(60.2)	101,863　(39.8)	11.1	1.1
昭和47年	161,743　(62.4)	97,420　(37.6)	5.0	－4.4
昭和49年	188,405　(64.5)	103,750　(35.5)	16.5	6.5
昭和51年	224,823　(66.1)	115,426　(33.9)	19.3	11.3
昭和54年	250,379　(67.9)	118,229　(32.1)	11.4	2.4
昭和57年	297,395　(69.3)	131,463　(30.7)	18.8	11.2
昭和60年	294,199　(71.2)	118,817　(28.8)	－1.1	－9.6
昭和63年	317,876　(72.8)	118,545　(27.2)	8.0	－0.2
平成3年	361,614　(80.0)	114,369　(20.0)	13.8	－3.5
平成6年	337,173　(78.5)	92,129　(21.5)	－6.8	－19.4
平成9年	313,136　(80.0)	78,438　(20.0)	－7.1	－14.9

出所：『商業統計表』の各年次より抽出。

ある。このような卸売業内部構造の変化は，業界の再編成を映した鏡である。都市部にある大規模な一次問屋を中心とした地方問屋や中小規模問屋の吸収・合併などによる大規模問屋への集中化，そして総合的な品揃えを志向する組織型大規模小売業者へ対応するための異業種間問屋の吸収・合併・統合という実態が，卸売業内部構造の変化を現実的に表した姿であるといえよう。

さらに，卸売業の販売高の推移を確認しておくと，以下の図4－3にあるように平成3年度までは常に増加傾向にある。卸売業者の商店数の内訳で法人形態が増加傾向にあり，個人形態が減少傾向にある中で，全体の販売高が一貫して増加傾向にあるということは，法人形態の卸売業者による大規模化傾向が見られるということである。

なお，形態タイプの構成比で見てみると，平成3年度の法人形態が80.0％で

図4-3 卸売業年間販売額の推移

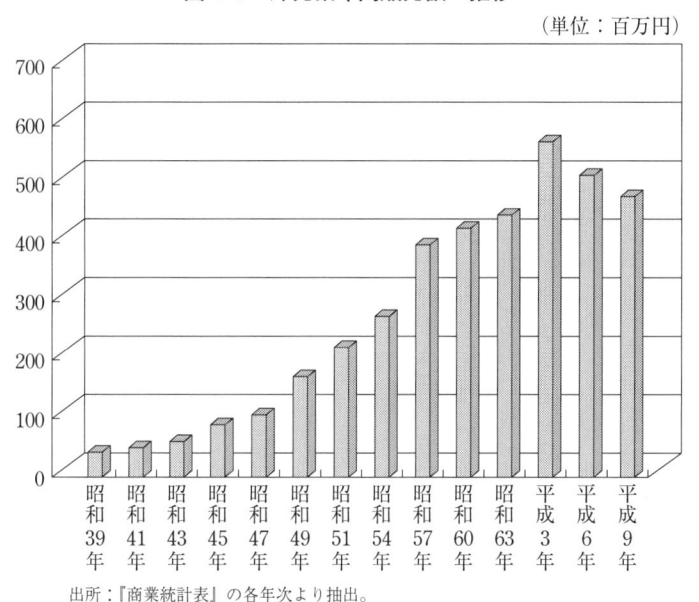

(単位：百万円)

出所：『商業統計表』の各年次より抽出。

あったものが，平成6年度には法人形態78.5％（個人形態21.5％）へと若干減少している。しかしながら，平成9年度には法人形態が80.0％へと再び増加してきている。対前年比成長率では個人形態が大きく減少し，法人形態は減少しながらも個人形態ほどの大きな落ち込みを示していない。全体としての数は減りつつあっても，やはり法人形態の卸売業者が依然として大きな比率を占めていることに変わりないのである。

3　卸売業における取引の変化

卸売業者の商店数や販売額から見た全体的な動向として，大規模な法人形態が増加しつつある傾向が認められた。次に，卸売業段階における取引の二側面である仕入取引と販売取引に焦点をあて，その取引構造の変化[3]を見てみる。『商業統計表 流通経路別統計編（卸売部門）』における流通段階と流通経路の

関係に従うと，流通経路に関しては以下のような分類がなされている。

　　　　⎧ 第一次卸——直取引卸，元卸
　　　　⎨ 第二次卸——中間卸，最終卸
　　　　⎩ その他の卸——販売先本支店間卸，仕入先本支店間卸，
　　　　　　　　　　　仕入先自店内製造品卸

　まず，仕入先に応じて「第一次卸」，「第二次卸」，「その他の卸」に区分される。「第一次卸」は，生産者から商品を仕入れる，または国外から自ら仕入手続きをとって商品を仕入れる卸売業者である。「第二次卸」は，卸売業者から仕入活動を行う卸売業者である。そして「その他の卸」は，本支店間卸から仕入れるか，または仕入品が自店内製造品であるものである。それぞれについては，さらに販売先に応じて「第一次卸」は「直取引卸」と「元卸」，「第二次卸」は「中間卸」と「最終卸」，そして「その他の卸」は「販売先本支店間卸」，「仕入先本支店間卸」，そして「仕入先自店内製造品卸」へと区分されている。「その他の卸」に区分される卸売事業所は，仕入先および販売先の少なくとも一方が同一企業を取引相手にしたものである。その意味では，程度の違いはあれ内部組織としての性格を有した企業間関係にあるものである。したがって，ここでは，「その他の卸」を除いたものを分析の対象とする。つまり，いわゆる市場取引において独立した卸売業者が独立した取引当事者と取引関係を結んでいる事例を考察の対象とする。

　さて，最初に同一企業内の組織間取引を全く含まずに，独立した取引当事者として市場取引のみに関わってくる卸売業者の仕入取引と販売取引を，その取引先数の変化から見てみよう。「一次卸」と「二次卸」に関する仕入先数と販売先数は，平成3年をピークに両者とも減少している（表4-2および表4-3を参照されたい）。しかしながら，一次卸と二次卸の取引先数変化の中身を見ると，両者は異なる動きを示していることが分かる。それは，取引先数で見た取引変化の様相が卸売業者の置かれている流通経路上の位置によって異なる姿を表しているということである。一次卸・二次卸それぞれの仕入先数・販売先数の対前年比成長率（図4-4）を見てみると，一次卸の仕入取引と販売取引の

成長率は一貫して減少傾向にあることが分かる。他方，二次卸においては，一次卸と同様に仕入先数・販売先数両者ともにその成長率は平成3年をピークにして，その後減少しだすが，平成6年から9年にかけて仕入先数と販売先数の成長率は再び上昇に転じている。表4-2および表4-3から明らかなように，二次卸の販売先実数は一次卸のそれよりも常に多数であったが，仕入先数においては昭和63年，平成3年，平成6年と一次卸の方が二次卸を上回っていた。それが，平成9年には二次卸の仕入先数が一次卸の仕入先数を上回り，二次卸における取引が仕入取引・販売取引の両面で多数派となったのである。二次卸の仕入先数に対する一次卸の仕入先数の比率では，平成9年度だけが1.0を下回っている。また，二次卸の販売先数に対する一次卸の販売先数の比率におい

表4-2 仕入先数の推移と対前年比成長率

	一次卸の仕入先数	大小関係	二次卸の仕入先数	合計数	一次卸成長率（％）	二次卸成長率（％）	一次・二次比率
昭和60年	175,095	＞	174,350	349,445	—	—	1.004
昭和63年	197,016	＞	186,474	383,490	12.5	7.0	1.057
平成3年	215,396	＞	209,088	424,484	9.3	12.1	1.030
平成6年	205,865	＞	190,948	396,813	－4.4	－8.7	1.078
平成9年	175,356	＜	188,688	364,044	－14.8	－1.2	0.929

出所：『商業統計表 流通経路別統計編（卸売部門）』の各年次より抽出。

表4-3 販売先数の推移と対前年比成長率

	一次卸の販売先数	大小関係	二次卸の販売先数	合計数	一次卸成長率（％）	二次卸成長率（％）	一次・二次比率
昭和60年	171,268	＜	204,781	376,049	—	—	0.836
昭和63年	192,444	＜	218,598	411,042	12.4	6.7	0.880
平成3年	211,043	＜	247,181	458,224	9.7	13.1	0.854
平成6年	198,632	＜	225,985	424,617	－5.9	－8.6	0.879
平成9年	170,566	＜	229,407	399,973	－14.1	1.5	0.744

出所：『商業統計表 流通経路別統計編（卸売部門）』の各年次より抽出。

108　第4章　わが国流通機構の卸売段階における仕入取引と販売取引の変化

ても，平成9年度のみが大きく下げ，二次卸の取引先数の相対的な拡張が見られる。つまり，二次卸売業者は仕入先および販売先ともに，一次卸に比べて相対的に拡張しつつある。特に，仕入面において一次卸売業者を介した従来の仕入ルートを確保しつつ，さらなる一次卸からの仕入れを広範囲に拡張してきているといえるだろう。

また，図4-4にあるように二次卸の販売先数と仕入先数の成長率推移を見てみると動きとしては同様ではあるが，販売取引先数の方が仕入取引先数よりもやや高い成長率を示している。つまり二次卸については，仕入取引を販売取引にあわせて拡張しつつも，相対的には販売取引における取引先数が先行して拡張してきているということがいえる。平成9年度には，二次卸の販売先数の成長率と仕入先数の成長率と一次卸のそれらとの格差は，最も大きなものとなっている。上述の二次卸の拡張傾向を表しているものである。なお，一次卸においても，仕入取引も販売取引も，その取引先数においてほぼ類似した変動を示している。

以上のことから，まず一次卸，二次卸ともに取引先数の拡大・減少は仕入取引と販売取引で見て，両取引が同じような動きを示していることがいえる。

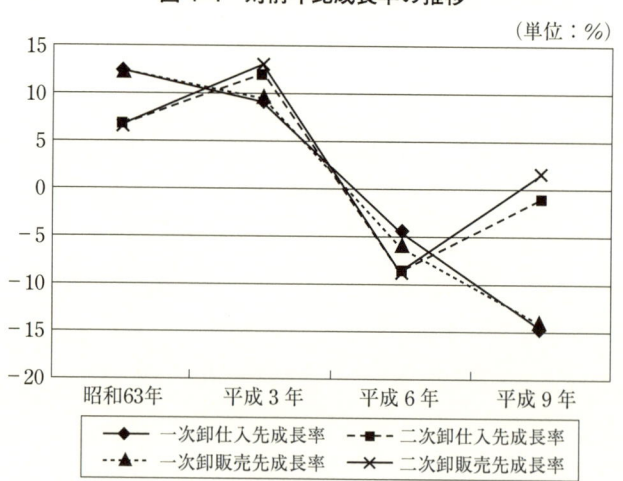

図4-4　対前年比成長率の推移
（単位：％）

・一次卸仕入先成長率　・二次卸仕入先成長率
・一次卸販売先成長率　×二次卸販売先成長率

次に，本来は販売取引に力点が置かれがちな二次卸において，相変わらず販売先数の拡張は重視されてきたが，販売先数の大きな成長に伴い，仕入取引においても仕入先数の拡張が重要となってきたといえる。卸売業者全体での取引先数減少化そして法人形態を中心にした中・大規模化という動きの中で，二次卸を中心にした従来よりもさらに進んだ販売先数の拡張と新たな仕入先数の拡張という現象が生じてきている。これは，小売業者そしてその先の消費者への対応上の動きとして説明できよう。すなわち，成熟・停滞経済下にあって，製品知識・情報に富んだ賢い最終消費者を相手に販売を行うために，小売業者は戦略的な意味での多様な品揃えを整える必要がある。これらのリクエストに応じるためには，卸売業者も従来の仕入活動にとどまらず，積極的に仕入れ活動を展開していく必要が生じてきた。その必要性の認識は，流通経路上相対的に小売業者に近い二次卸の方が強く，そのために顧客適応上仕入先数の多様性を広げたということである。二次卸においても，一次卸が提案する品揃えに満足することなく，自らも積極的に仕入先を開拓・拡張していくことが重要となってきたのである。

ここで，一次卸と二次卸の両者における仕入先商店数と販売先商店数の相関

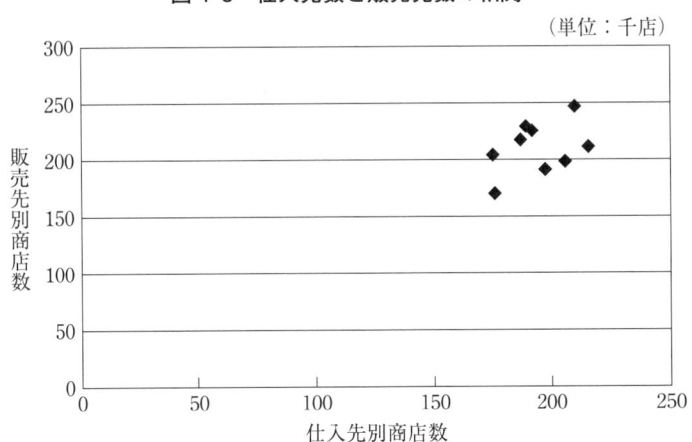

図 4-5　仕入先数と販売先数の相関

（単位：千店）

関係を確認しておこう。以下の図4-5は、仕入取引・販売取引それぞれの取引先数を流通段階別に見た時系列データ（『商業統計表 流通経路別統計編（卸売部門）』）に基づいて、その分布を示したものである。昭和60年、昭和63年、平成3年、平成6年、そして平成9年の一次卸、二次卸それぞれの仕入先数と販売先数の相関関係である。相関係数は0.5101、R^2値は0.2602である。t値は1.6774であり、検定の結果5％水準でも有意ではなかった。すなわち上記の二次卸を中心とした仕入取引先数の新たなる拡張傾向と従来通りの販売先数の拡張という動きの中で、仕入取引と販売取引の取引先数の変動に明確な相関性は見られなかった。

4 仕入取引と販売取引の連動

それでは、仕入取引と販売取引のそれぞれの取引は、何らの関連性をも有さずに、独立したものとして行われているということなのであろうか。図4-4にあるように、全体としては一次卸の仕入取引と販売取引の変化は同様の動きを描き、また二次卸の仕入取引と販売取引の変化も同様の動きを示している。そして、その中で特に二次卸の仕入先数の拡張と販売先数の拡張が起こっていたという事実は、どのように考えればよいのであろうか。この疑問に答えるため、仕入取引と販売取引の関係についてさらに検討を加えてみよう。卸売業者の流通経路上のタイプを以下のような12タイプに分けて、やはり仕入取引と販売取引の関係を見てみる。12タイプは、「生産業者から仕入れ、産業用使用者へ販売する」、「生産業者から仕入れ、国外へ販売する」、「国外から仕入れ、産業使用者へ販売する」、「国外から仕入れ、国外へ販売する」、「生産業者から仕入れ、小売業者へ販売する」、「国外から仕入れ、小売業者へ販売する」、「生産業者から仕入れ、卸売業者へ販売する」、「国外から仕入れ、卸売業者へ販売する」、「卸売業者から仕入れ、卸売業者へ販売する」、「卸売業者から仕入れ、産業用使用者へ販売する」、「卸売業者から仕入れ、国外へ販売する」、そして「卸売業者から仕入れ、小売業者へ販売する」という卸売業者である。これらは

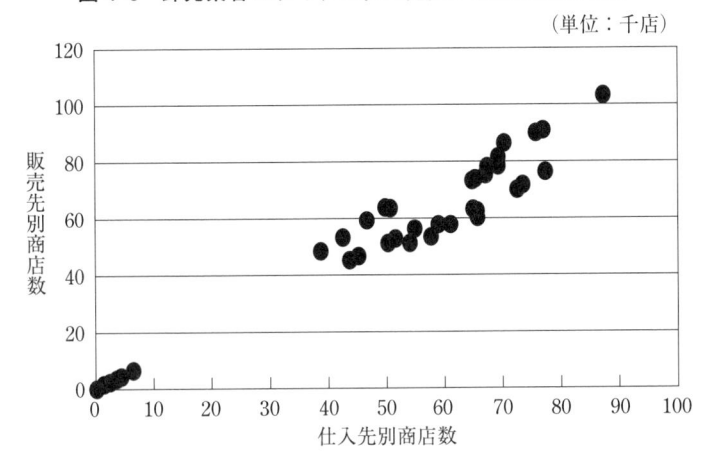

図4-6　卸売業者12タイプの仕入先数と販売先数の相関

(単位：千店)

　すべて，前述の一次卸および二次卸にその下位集合として含まれるものである。これら12タイプの卸売業者について，その仕入先別商店数と販売先別商店数との関係を見てみたのが図4-6である。これは，仕入先別商店数と販売先別商店数を両軸にしてその散布図を書いたものである。データは，昭和60年，昭和63年，平成3年，平成6年，平成9年の上記12タイプからなる卸売業者経由の流通経路上の仕入取引と販売取引に基づくものである。

　卸売業者の12タイプは，すなわち卸売取引の12タイプを表していると考えてよいだろう。これら取引タイプにまで分類された上での取引関係で見てみると，仕入取引先数と販売先数の相関係数は，0.9890である。また，R^2値は0.9782である。t値は，50.781であり，検定の結果5％水準で十分に有意である。相関係数の高さからも明らかであるが，これら個別の取引関係で見た場合に仕入取引先数と販売先数はかなりの相関があるといえる。上記で確認したように，一次卸全体および二次卸全体の取引関係では埋没してしまうが，個別に見た取引関係では明らかに仕入取引先数と販売取引先数には相関関係があるのである。

　この仕入先数と販売先数の関係において相関が高いということは，仕入先数が増えれば販売先数も増える，そして販売先数が増えれば仕入先数も増えると

112　第4章　わが国流通機構の卸売段階における仕入取引と販売取引の変化

いうことを表しているに過ぎない。つまり，これら仕入取引と販売取引の間の因果関係に言及することはできない。仕入取引の取引先数の変化が販売取引の取引先数に影響を与えるのか，販売取引の取引先数の変化が仕入取引の取引先数に影響を与えるのか。それらはどのような影響の仕方であるのか等，いくつかの疑問が生じてくる。しかしながら，本章では仕入と販売という両取引の変化そのものを確認することが，直接的な問題である。したがって，これらの疑問については次の機会に譲りたい。

とはいえ，この因果関係に関して若干の考察を加えることは可能である。はたして，仕入取引と販売取引の関係は互いに取引先数を拡張すれば拡張し，減少すれば減少するということだけであるのだろうか。仕入を行う場合には販売取引をどの程度意識しているのか，販売する際には仕入取引をどの程度意識しているのだろうか。このことを簡単に確認しておこう[4]。

取引相手の規模と取引先選択の拡張との関係で見てみよう。まず，販売取引から見てみよう。販売取引を行う場合に，大規模な取引相手に対して大量販売することと，仕入取引を行う際に取引先数を拡張することは連動しているのだろうか。仕入取引先数と販売取引先あたりの取引高の関係について見てみる。図4-7は両者の相関関係を示したものである。相関係数は0.1453，R^2値は

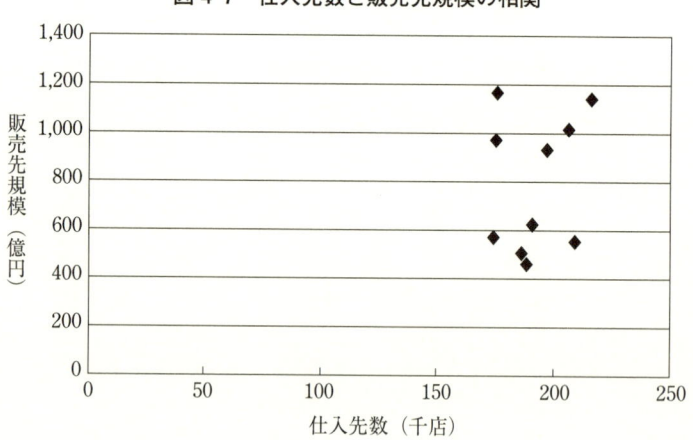

図4-7　仕入先数と販売先規模の相関

0.0211であった。t 値は0.4153であり，検定の結果 5 ％水準で有意ではなかった。したがって，販売取引における大規模な取引相手との関係は，仕入取引における取引先数の拡張と何らかの関係があるとは言い難いことになる。これは，販売取引局面において大規模な取引相手では，取引先数に基づく対応・連動だけで捉えることが困難であることを示しているといえよう。

次に，仕入取引を行う際の取引規模の大きさと，販売取引を実行する際の販売先数の関係について見てみよう。販売取引における取引先数と商店あたりの仕入高規模の相関関係を見たものが図 4 - 8 である。相関係数は -0.7109，R^2 値は0.5054である。相関係数の高さから負の相関関係があることは明らかである。t 値は2.8591であり，検定の結果は 5 ％水準で有意となった。したがって，仕入規模が大きくなると，販売取引における取引先数は減少する，あるいは販売取引において取引先数が拡張していくと仕入取引における大規模依存は減少していくという関係を確認することができる。

このことは，前述の卸売取引12タイプという個別取引で見た場合の仕入取引先数と販売取引先数に見られた正の相関関係の延長線上で考えることができよう。つまり，仕入取引先の集中化に伴い販売先数は減少しているのである。卸売業者は仕入段階での大規模製造業者・生産者への対応を行う場合に，仕入取

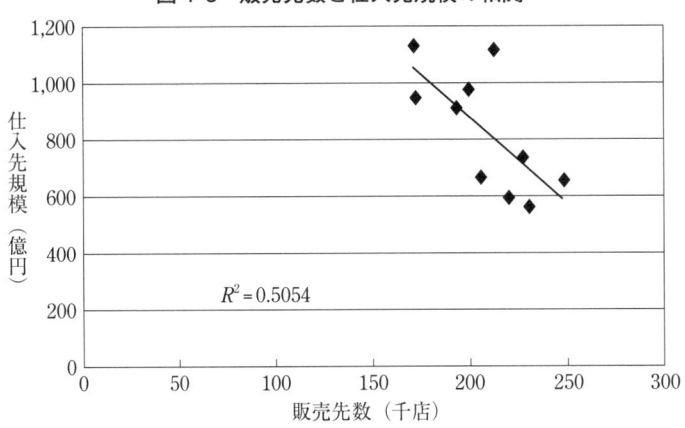

図 4-8 販売先数と仕入先規模の相関

引規模の集中化により仕入取引先数は減少させ，販売段階での取引先数拡張を必ずしも志向せず，大規模小売業者との大量取引を行う等の取引先の選別を行う傾向にあるということである。結局のところ，仕入先数と販売先数の関係では正の連動関係があり，それは，仕入取引局面での取引先規模と販売取引局面での販売取引先数の負の相関関係として一部現れている。そして，二次卸においてはこの仕入先数と販売先数の関連では，仕入先数の拡張の方が大きくなっているということである。

5　結びにかえて

　これらの一連の考察を通して，以下の2つの発見物があったということができるであろう。第1に，仕入取引と販売取引の両面から見て，卸売業者はその取引先数において，小規模多数の製造業者（あるいは卸売業者）との仕入取引と小規模多数の小売業者との販売取引を連動させているということである。そして，それは販売取引局面における大規模な小売業者との販売取引は，小規模多数の製造業者（あるいは卸売業者）との仕入取引でもって対応していることと符合する。販売取引局面から見ると，大規模小売業者の販売取引には大規模な仕入取引で対応している状況を指摘できよう。これは，製造業者側（あるいは卸売業者側）も規模の経済を求めて取引集中化を志向していることの現れであると考えることがきよう。

　第2に，仕入取引における仕入先数拡張が，販売取引のそれよりも相対的には進んでいるということである。それは，仕入取引局面では取引先を集中化し，大規模な製造業者（あるいは卸売業者）と取引することで，販売取引先の集中化と対応しているということである。仕入先の拡張あるいは集中化による販売取引への対応が進んでいるのである。

　なお，最後に本章の残された課題を確認して終わりたい。本章では，商業統計表のデータを用いて，いわゆる企業内部の取引ではなく，市場取引に基づく卸売業者の取引関係を，仕入と販売という両面から考察した。その結果，全体

注 115

の動きとしては法人化の動きが大勢を占める中で,仕入取引と販売取引は,その取引先の数という点で連動した動きを示していることが判明した。それは,特に仕入取引面での大規模化傾向・取引集約化傾向と販売取引面での取引先の選別という様相で現れてきている。近年,製販統合や戦略的提携という流通経路上の垂直的な新しい組み方が進行してきている。卸売業者もこれらに対応すべく中・大規模化への再編成を自ら行うと同時に,仕入面での大規模化・集約化行動と販売面での選別行動により,より強力なチャネル・システムへの変化を志向しているということができるのである。そして,取引の連動性という観点から見ると,前章に続き,仕入取引と販売取引の連動には,必ずしも対称性を求められるものではない。非対称性を有した形での連動関係が存在することが確認できたのである。

しかしながら,本章では仕入取引と販売取引の変化方向についての1つの例を示したに過ぎない。現実的には時間的なずれによりまたは組織上の問題により,仕入取引と販売取引が直接的に連動しない場合も見られる。また,仕入先の変化の後に販売先が変化する,あるいは販売先の変化の後に仕入先が変化するなどの因果関係についても検討されていない。今後,これらの連動性に関する精緻なモデルの導出が求められる。

(1) これらは,日本経済新聞社編(1993)『流通現代史』に基づいて,現代的課題を付加した卸売業者を取り巻く環境としてのものである。詳しくは,以下を参照されたい。
　　日本経済新聞社編(1993)『流通現代史』有斐閣。
(2) 以下で考察される『商業統計表』のデータは,以下のデータベースに基づくものである。
　　「INDB CD-ROM 商業統計表 Version 2.2 平成9年 第3版」1999年,(株)アイ・エヌ情報センター。
(3) 取引構造が何を意味するものなのか,その中身については仕入取引と販売取引それぞれについて多様に考えられる。取引相手の業態とその構成比率,取引条件,取引相手の空間的分布,取引高等が考えられる。ここでは,商業統計表を利用していることを鑑み,まず取引先の数をその内容として考察する。
(4) ここで利用されるデータは,『商業統計表 流通経路別統計編』にある第一次卸と第二次卸という位置付けにある卸売業者の昭和60年,昭和63年,平成3年,平成6年,平成

9年の仕入取引先数,販売取引先数,仕入額,販売額に基づくものである。

第5章　卸売業者の取引選別と流通チャネル変化

1　問題の所在

　近年の流通構造の変化は激しい。製造業段階の競争構造の変化そして小売業段階の競争構造の変化により，これら両段階を結ぶ卸売業段階も変化を余儀なくされている。また卸売業段階そのものにおいても，大規模化や機能特化を志向する卸売業者が顕在化し，これら卸売業者がチャネルにおける主導権を握るべく多様な戦略展開を試み，その結果卸売業段階の競争構造も変化してきている。本章では，このように多様な競争重層状態の中で変化しつつある卸売業者の取引関係に焦点をあてて考察するものとする。卸売業者は流通チャネル上，最もシンプルな姿としては，製造業者から製品を仕入れ，それら仕入れた製品を小売業者に対して販売する流通業者である。もちろん，これまで述べてきたように現実的にはこのようなシンプルな姿だけではなく，産地卸，仲継卸，消費地卸，一次卸，二次卸，中央卸，地方卸，製造卸，卸小売などの多様な姿で流通チャネル上に存在している。製造卸の場合，仕入品は産業財・原材料である。また卸小売の場合，販売先は最終消費者である場合もある。したがって，仕入取引と販売取引の両面から見ても，すべての卸売業者が同じような取引条件，取引形態，そして取引環境下にあるわけではない。しかしながら，製品を仕入れ，それらを再販売するという点においては変わりはない。卸売業者は，本来的には製品を仕入れ，それらを販売する，その役割を果たすことこそが卸売業者のレゾン・デートルであり，卸売業者たる所以である。以下では，この卸売業者における仕入取引と販売取引の両取引側面から見た卸売業者の最近の取引行動変化を考察し，そしてそれをもって卸売流通構造の変化の可能性にも言及してみたい。

なお，本章では卸売業者を介在した取引関係，特に卸売業者にとっての仕入取引と販売取引が直接的な考察の対象となる。仕入れ取引と販売取引の両者は変化する可能性をもっている。それら取引関係が変化するのは，現状の取引関係では処理できない問題が生じ，不整合をきたしているからである。これらを解消するため，各卸売業者は新しい均衡点である新しい取引関係を目指して，仕入れ取引・販売取引を変化させていき，その均衡点に至れば，ある種の安定的構造つまり新たなる取引関係が生まれてくることになる。しかし，再び卸売業者を取り巻く状況・環境が変わればそれらは不安定状態になり，再度さらなる取引関係が構築されることになる。新しい取引関係という場合，それは新しい取引相手，新しい取引高，新しい取引条件，新しい取り扱い品目，新しい取引先空間分布などが想定されるが，ここでは議論の簡素化のため取引先の変化をもって捉えるものとする。つまり，取引先が変わっていくその姿を捉えようということである。また取引関係を考察する場合，仕入取引と販売取引は独立して変化していくというのではなく，互いに影響しあう関係にある。つまり，売れ行きを考慮しながら仕入活動を行い，仕入状況を考慮しながら販売活動にあたるということは現実の業務において当然のことである。相互に何らかの影響関係にあり，変化する場合も連続的な変化関係が想定できるものとして考察を進めていく[1]。また，個々の卸売業者の行動としての取引関係という点において，取引要素次元において言及された集計水準という視点から見ると，個別企業組織体の取引関係，つまり取引相手の選別問題であることをことわっておきたい。

2 卸売業者の取引変化

2-1 考察対象卸売業者の属性

以下においては，大阪府下および兵庫県下に本社を有する卸売企業に対して行われた経営実態に関するアンケート調査[2]に基づき，特に卸売業者の取引

図 5-1　卸売業者タイプ

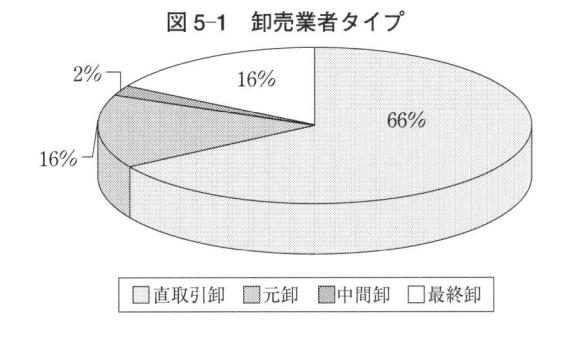

- 直取引卸: 66%
- 元卸: 16%
- 中間卸: 2%
- 最終卸: 16%

　関係の変化に焦点をあてて検討していくものとする。

　まず，流通チャネル上の卸売段階における卸売業態別の分布を見ておこう[3]。図5-1にあるように，回答卸売業者の66.0％が「直取引卸」であり，さらに16.0％が「元卸」である。つまり，本章で考察する卸売業者は，その多くが一段階の卸売構造上にある企業である。当該卸売業者の仕入取引と販売取引を想定した場合，仕入先としては製造業段階，販売先としては小売業段階が中心の卸売業者であるといえる。

　また，業種構成と規模構成を見ておこう（表5-1および表5-2を参照されたい）。業種構成では，消費財および産業財両者を含んだ相対的に広範囲に及ぶ卸売業者からなる。販売規模を見ても，相対的に分散している。なお，個別に見ると，当該アンケート調査時点に近い2000年のデータでは10億円の年間売上高を上げた卸売業者は，例えば医薬品では50位，衣服では121位，食品では172位，雑貨17位，スポーツ用品で13位であり[4]，業種ごとのばらつきは当然存在する。しかしながら，全体として見た場合概ね横断的な規模分布を示している。業種横断的に見ても，規模横断的に見ても，データとしてのカバレッジは大きいと見てよいであろう。

2-2　卸売取引の実態

　それでは，卸売業者にとっての仕入取引と販売取引は，近年どのように変化してきているのであろうか。卸売業者の認識に基づいて，卸売取引の変化を5

120　第5章　卸売業者の取引選別と流通チャネル変化

表5-1　主たる業種

	度数	(%)	累積(%)
各種商品卸売業	55	9.5	9.5
繊維品卸売業	13	2.3	11.8
衣服・身の回り品卸売業	43	7.5	19.2
農畜産物・水産物卸売業	29	5.0	24.3
食料・飲料卸売業	50	8.7	32.9
建築材料卸売業	51	8.8	41.8
化学製品卸売業	28	4.9	46.6
鉱物・金属材料卸売業	23	4.0	50.6
再生資源卸売業	6	1.0	51.6
一般機械器具卸売業	33	5.7	57.4
自動車卸売業	5	0.9	58.2
電気機械器具卸売業	31	5.4	63.6
その他の機械器具卸売業	19	3.3	66.9
家具・建具・じゅう器等卸売業	10	1.7	68.6
医薬品・化粧品等卸売業	14	2.4	71.1
他に分類されない卸売業	131	22.7	93.8
無回答	36	6.2	100.0
合計	577	100.0	

表5-2　直近の決算時における年商

	度数	(%)	累積(%)
10億円未満	59	10.2	10.2
10～30億円未満	159	27.6	37.8
30～50億円未満	112	19.4	57.2
50～100億円未満	104	18.0	75.2
100億円以上	121	21.0	96.2
無回答	22	3.8	100.0
合計	577	100.0	

　年前比較で見てみると，以下の図5-2にあるように，仕入先数の変化では多くの卸売業者が仕入先数は変わらないと感じている（42.5％）。「大幅に増加した」，そして「やや増加した」と回答した卸売業者は39.8％であり，仕入先数

が増加してきていると感じている卸売業者がある程度存在する。一方で，仕入先数の減少を意識している卸売業者が，17.7％となっている。仕入先数はあまり増えていないという答えと増えてきているという答えが共存している。

　これを，仕入れ取引先上位3社への集中で見てみると，やはり大半の45.0％の卸売業者が変わっていないとしているが，「大幅に増加」と「やや増加」の両者からなる増加傾向回答は27.0％，逆に「大幅に減少」および「やや減少」の両者からなる集中が減少しているという回答が28.0％となっている。増加傾向と減少傾向はほぼ拮抗している。仕入先数の増加という回答に比して，集中度の増加と減少という回答は小さく，あまり規模の変動は起こっていないということである。すなわち，仕入取引局面については全体としては5年前とほとんど変わっていない。または変わったとしても，取引先（仕入先）数において若干の増加傾向程度の認識であり，特定の仕入業者への集中傾向が5年前と比べてやや薄れてきているが，概ねは規模構造の変動は見られないといってよいだろう。

　また販売先数の変化では，「大幅に増加」と「やや増加」という回答の和である45.7％の回答が，販売先数の増加傾向を示している。また販売先の上位3社集中では，逆に41.9％（「大幅に減少」と「やや減少」という回答の和）が減少傾向を示している。すなわち，販売先については，明確に販売先が増加し，しかも一極集中という傾向は減少しつつあるということが考えられる。

　なお，「不変」という回答を見ると，仕入面では仕入先数および仕入先上位3社集中ともにその比率が高く，変化は少ない。しかし，販売面では販売先数および販売先の上位3社集中の両者の比率は，仕入面での回答よりも相対的に小さい。販売取引局面の方が，取引相手の変動という点で変化しやすい状態にあるといえるのである。すなわち，販売取引相手は，仕入取引相手に比べて，相対的にスイッチングしやすいということを表していると考えられる。

　結局のところ，産業横断的に全体として見た卸売業者にとって，仕入面での取引先変動はそれほど生じていないし，また積極的な仕入先の集中化も志向されていない。他方，販売面では販売先数は増加傾向にあるが，取引高上位販売

図5-2 卸売業者の取引先に関する5年前比較

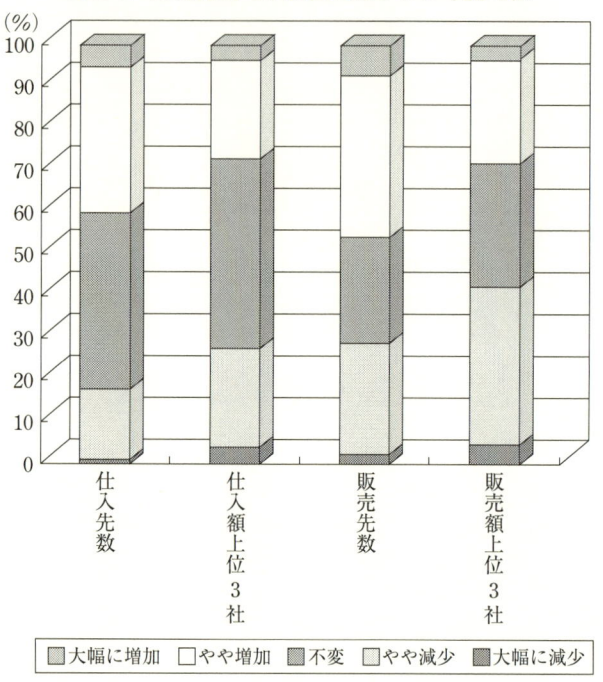

（横軸：仕入先数、仕入額上位3社、販売先数、販売額上位3社）
凡例：■大幅に増加　□やや増加　■不変　□やや減少　■大幅に減少

先への集中傾向は薄れてきている。もちろん，ここでは取引先の数でしか見ていないので，表面的な取引先数では変わりがなくても，実はその仕入相手が変更になっている場合も想定できる。しかし，1つの傾向として，仕入先の分散化を卸売業者は感じている。また，販売面では販売先は増えつつあるが，やはり分散傾向にあり，集中的な特定小売業者への販売は減少しつつあるといえるだろう。

2-3 規模別・業種別・業態別の特徴

次に，上記の回答傾向を規模別に確認しておこう。ここでは両極の比較という意味で，年間売上高10億円未満の小規模卸売業者と年間売上高100億円以上の大規模卸売業者に区分して検討してみる。回答結果は以下の表5-3および

表 5-3　年商10億円未満の卸売業者

	大幅に減少	やや減少	不　変	やや増加	大幅に増加
仕入先数	5.5	20.0	41.8	29.1	3.6
仕入額上位3社	9.1	23.6	34.5	23.6	9.1
販売先数	9.1	36.4	25.5	23.6	5.5
販売額上位3社	9.1	29.1	36.4	21.8	3.6

表 5-4　年商100億円以上の卸売業者

	大幅に減少	やや減少	不　変	やや増加	大幅に増加
仕入先数	0.0	16.4	39.7	40.5	3.4
仕入額上位3社	2.6	19.8	45.7	26.7	5.2
販売先数	0.9	26.7	26.7	40.5	5.2
販売額上位3社	3.5	31.3	33.9	27.0	4.3

表 5-4 に示されている通りである。

　ここで,「大幅に減少」および「やや減少」という回答のポイントの和をマイナス認知とする。また,「大幅に増加」および「やや増加」という回答の和をプラス認知とする。そうすると,小規模卸売業者における仕入先数のプラス認知は35.7ポイント,不変認知は41.8ポイント,マイナス認知は25.5ポイントになる。仕入先上位3社集中ではプラス認知が32.7ポイント,不変認知が34.5ポイント,マイナス認知が32.7ポイントである。販売先数ではプラス認知が29.1ポイント,不変認知が25.5ポイント,マイナス認知が45.4ポイントとなる。さらに販売先上位3社集中ではプラス認知が25.4ポイント,不変認知が36.4ポイント,マイナス認知が38.2ポイントとなる。

　他方大規模卸売業者では,仕入先数で見てプラス認知が43.9ポイント,不変認知が39.7ポイント,マイナス認知が16.4ポイントになっている。仕入先上位3社集中ではプラス認知が31.9ポイント,不変認知が45.7ポイント,マイナス認知が22.4ポイントである。販売先数ではプラス認知が45.7ポイント,不変認知が26.7ポイント,マイナス認知が35.7ポイントになっている。販売先上位3社集中ではプラス認知が31.3ポイント,不変認知が33.9ポイント,マイナス認

知が36.8ポイントになった。

　これらの回答ポイントの中で，それぞれに高い数字を示したものをあげると以下の表5-5のようになる。表5-5は，卸売業者によって最も強く認知されている，5年前と比べた現在の取引関係の状態であるといえよう。

　この表5-5から，次のような取引変化認知を確認できるだろう。仕入取引面で見た場合，大規模卸売業者では仕入先数が増加してきている，また仕入先の上位企業への集中はそれほど変化していないと見られている。すなわち，取引先の拡張・拡散が見られるということである。また，小規模卸売業者で見た場合には，仕入先数および仕入先上位3社集中ともに，5年前と変わっていないという認識である。これは，前述の卸売業者全体の数字とほぼ同じような傾向を示していることになる。さらに販売取引面では，大規模卸売業者は販売先数の増加を感じ，販売先上位3社への集中では減少気味と感じている。これも，卸売業者全体の認識傾向と同じである。

　しかしながら，小規模卸売業者では大きく異なる回答を示している。小規模卸売業者は販売先数に関して減少しているという回答が中心である。販売先の上位3社集中に関しては，卸売業者全体および大規模卸売業者と同じように，減少してきていると認識している。販売先数は減少し，それだけ販売取引の集中化が起こっているということではなく，小規模卸売業者では全体的に取引縮小の傾向にあるということであろう。そして，それは卸売業者の規模により，販売取引先面では異なる取引関係が構築されてきていることを示しているということでもある。しかしながら，仕入取引面では，規模の格差は見られない。これらは，実態として何を表しているのであろうか。以下では，さらに取引先

表5-5　規模別取引認知

	卸売業者全体	小規模卸売業者	大規模卸売業者
仕入先数	不変認知	不変認知	プラス認知
仕入先上位3社集中	不変認知	不変認知	不変認知
販売先数	プラス認知	マイナス認知	プラス認知
販売先上位3社集中	マイナス認知	マイナス認知	マイナス認知

別に検討してみよう。

3　卸売業者の取引先選別

3-1　大規模・小規模の区別から見た仕入取引と販売取引

　卸売業者の規模により販売取引面での違いがあることが確認された。ここで, 仕入取引と販売取引が互いに影響しあい, 連動して, 両取引が成立している, つまり仕入取引と販売取引において卸売業者がその取引先を選び, そして卸売業者にとっての仕入取引と販売取引の両者のバランスをとりながら, 取引関係を展開していくと見るという本書の問題意識から, その点に着目してさらに検討してみよう。それは直接的には両取引の相関関係によって捕捉されることになるだろう。そして, ここでは上記のように取引関係に特異性の見られた販売取引面に限定して, その規模による違い, そして上位3社への集中傾向の減少傾向, さらに大規模卸売業者では取引先の拡散, 小規模卸売業者では取引先の集中化減少ということも確認したい。

　取引先別の取引額構成比からなる仕入取引と販売取引の相関分析の結果が, 以下の各表である(5)。取引先としては, 仕入局面では大手メーカーと中小メーカーの区分を行った。販売局面では主に百貨店, 全国スーパーマーケットチェーン, 県内・府下スーパーマーケットチェーン, コンビニエンスストア, 量販店・ディスカウントストア, 専門店チェーン, 一般小売店等が想定されている。

　まず, 小規模卸売業者にとっての仕入・販売両取引の相関関係が確認された。大手メーカーが仕入取引先となる取引関係では, 上記の多様な小売業者を販売先としたものでは有意なものはなかった。中小メーカーを仕入取引先としたものでは, 唯一専門店チェーンを販売取引先とした取引関係のみが有意を示した。表5-6は, その相関係数を示している。表5-6にあるように中小メーカーとの仕入取引と専門店チェーンへの販売取引が, 正の相関関係をもっていることが分かる。なお, その他の仕入先（製造業段階）について, 多様な小売業者へ

表 5-6 小規模卸売業者の仕入取引と販売取引の相関係数

		中小メーカー	専門店チェーン
中小メーカー	Pearson の相関係数 有意確率（両側） N	1 — 56	0.326* 0.016 54
専門店チェーン	Pearson の相関係数 有意確率（両側） N	0.326* 0.016 54	1 — 55

＊相関係数は 5%水準で有意（両側）。

の販売取引を見てみたが，他には有意となるものは見られなかった。

次に，大規模卸売業者について，仕入取引と販売取引の相関係数を取引相手別に見てみた。結果は，以下の表5-7および表5-8にあるように中小メーカーとの仕入取引と量販専門店・ディスカウントストアへの販売取引，そして中小メーカーとの仕入取引と専門店チェーンへの販売取引が有意となっている。百貨店，全国チェーン・スーパーマーケット，県内チェーン・スーパーマーケット，コンビニエンスストア，一般小売店などの小売業態への販売取引では有意となっていない。大規模卸売業者にとっては，中小メーカーからの仕入取引と量販専門店・ディスカウントストアへの販売取引が正の相関関係をもち，また中小メーカーからの仕入取引と専門店チェーンへの販売取引が正の相関関係をもっている。

以上から，販売取引面では大規模卸売業者と小規模卸売業者で取引関係の差異があるといえる。大規模卸売業者では量販店・ディスカウントストアや専門店チェーンへの取引先の拡散が確認された。基本的に販路の拡張は行いながらも，販売量の確保のため大規模展開している販売先への傾倒は見られる。他方，小規模卸売業者では専門店チェーンへの販売のみが有意であり，チェーン展開している小売業者への販路拡張という意味では，集中化はやや軽減していると見てもよいだろう。

なお興味ある結果として，大手メーカーとの仕入取引では，以下の表5-9

表5-7 大規模卸売業者の仕入取引と販売取引の相関係数 (1)

		中小メーカー	量販専門店・ディスカウントストア
中小メーカー	Pearsonの相関係数 有意確率（両側） N	1 — 114	0.217* 0.024 108
量販専門店・ディスカウントストア	Pearsonの相関係数 有意確率（両側） N	0.217* 0.024 108	1 — 112

*相関係数は5%水準で有意（両側）。

表5-8 大規模卸売業者の仕入取引と販売取引の相関係数 (2)

		中小メーカー	専門店チェーン
中小メーカー	Pearsonの相関係数 有意確率（両側） N	1 — 114	0.204* 0.034 108
専門店チェーン	Pearsonの相関係数 有意確率（両側） N	0.204* 0.034 108	1 — 112

*相関係数は5%水準で有意（両側）。

にあるように百貨店に対する販売取引のみが有意となっている。大手メーカーとの仕入取引において，百貨店以外の他の小売業者への販売取引ではすべて有意となっていない。しかしながら，この取引関係は大規模卸売業者にとっては大手メーカーからの仕入取引と百貨店への販売取引の間にマイナスの相関関係があるということを示している。したがって，大規模卸売業者と大規模製造業者，そして大規模小売店の1つである百貨店との製配販統合または戦略的提携という姿は見られないということである。

3-2 消費財卸売業者における仕入取引と販売取引

上記の大規模製造業者・大規模卸売業者・百貨店という大手企業の連携につ

表 5-9 大規模卸売業者の仕入取引と販売取引の相関係数 (3)

		大手メーカー	百貨店
大手メーカー	Pearson の相関係数 有意確率（両側） N	1 — 114	−0.192* 0.047 108
百貨店	Pearson の相関係数 有意確率（両側） N	−0.192* 0.047 108	1 — 112

＊相関係数は5％水準で有意（両側）。

いて，消費財を取引する卸売業者に限定して，さらに見てみよう。ここで消費財としたのは，表5-1にある消費財関連の卸売業者である。大手メーカーを仕入先とし，百貨店を販売先とする卸売業者において両取引はやはりマイナスの相関を示している（表5-10を参照されたい）。さらに，大手メーカーを仕入先とした取引関係では，表5-11にあるように一般小売店を販売先とする取引関係が有意を示した。ここではプラスの相関関係が見られる。大手メーカーを仕入先とした取引関係では，この百貨店と一般小売店以外に他の小売業態への販売取引で見て有意となるものはなかった。また，大手メーカーの販売子会社を仕入先とする取引関係についても，小売業者向けの販売取引で有意に影響関係をもつものはなかった。これらは，消費財取引において，大手メーカーからの仕入を増やしていくと，百貨店への販売は減少していく，そして大手メーカーからの仕入を増やしていくと，一般小売店との販売取引では，その構成比が増大していくということを表しているのである。

次に，中小メーカーを仕入先とする取引関係では，百貨店，量販店・ディスカウントストア，専門店チェーンを販売先とする取引関係においてのみ，正の相関関係の存在が確認できた（以下の表5-12，表5-13，表5-14を参照されたい）。やはり消費財取引において，中小メーカーからの仕入取引が増大すると，百貨店との販売取引，量販店やディスカウントストアとの販売取引，そして専門店チェーンとの販売取引が増大していくことを，これらは表しているのである。

表 5-10　消費財卸売業者の仕入取引と販売取引の相関係数（1）

		大手メーカー	百貨店
大手メーカー	Pearson の相関係数 有意確率（両側） N	1 — 318	−0.170** 0.003 307
百貨店	Pearson の相関係数 有意確率（両側） N	−0.170** 0.003 307	1 — 316

**相関係数は1％水準で有意（両側）。

表 5-11　消費財卸売業者の仕入取引と販売取引の相関係数（2）

		大手メーカー	一般小売店
大手メーカー	Pearson の相関係数 有意確率（両側） N	1 — 318	0.116* 0.043 306
一般小売店	Pearson の相関係数 有意確率（両側） N	0.116* 0.043 306	1 — 315

*相関係数は5％水準で有意（両側）。

表 5-12　消費財卸売業者の仕入取引と販売取引の相関係数（3）

		中小メーカー	百貨店
中小メーカー	Pearson の相関係数 有意確率（両側） N	1 — 318	0.183** 0.001 307
百貨店	Pearson の相関係数 有意確率（両側） N	0.183** 0.001 307	1 — 316

**相関係数は1％水準で有意（両側）。

　これらの消費財卸売業者において，仕入取引と販売取引が何らかの影響関係を有すると考えられるものは以下の表5-15の通りである。

　まず，卸売業者を介した流通チャネルでは，百貨店は大手メーカーからの製

表 5-13 消費財卸売業者の仕入取引と販売取引の相関係数 (4)

		中小メーカー	量販店・ディスカウントストア
中小メーカー	Pearson の相関係数 有意確率（両側） N	1 — 318	0.163** 0.004 305
量販専門店・ディスカウントストア	Pearson の相関係数 有意確率（両側） N	0.163** 0.004 305	1 — 314

＊＊相関係数は1％水準で有意（両側）。

表 5-14 消費財卸売業者の仕入取引と販売取引の相関係数 (5)

		中小メーカー	専門店チェーン
中小メーカー	Pearson の相関係数 有意確率（両側） N	1 — 318	0.125* 0.029 306
専門店チェーン	Pearson の相関係数 有意確率（両側） N	0.125* 0.029 306	1 — 315

＊相関係数は5％水準で有意（両側）。

品仕入れよりは，多様性をもった中小メーカーからの仕入製品を増やす傾向にあり，量販店・ディスカウントストアや専門店チェーンでも大手メーカーだけに依存する仕入れ，品揃えを回避する現状にあることが分かる。販売先の拡散ということでは，卸売業者は大手メーカーへの依存を高めるよりは，中小メーカーとの仕入取引を拡大する方向で品揃え確保により対応しようとしているのである。

また，一般小売店でも積極的に大手メーカーからの製品供給を志向する姿も見られる。すなわち，消費財卸売業者では一般小売店との販売取引への対応上，主要な大手メーカーとの取引は，従来のように当然必要になってくる。小売段階でのバイイングパワーを行使できない一般小売店向けに，卸売業者として集約して大手メーカーとの仕入取引を進めていっているということである。

表5-15 仕入取引と販売取引の関係

仕入れ取引先と販売取引先	関　係
大手メーカーからの仕入取引と一般小売店への販売取引	プラス
大手メーカーからの仕入取引と百貨店への販売取引	マイナス
中小メーカーからの仕入取引と百貨店への販売取引	プラス
中小メーカーからの仕入取引と量販店・ディスカウントストアへの販売取引	プラス
中小メーカーからの仕入取引と専門店チェーンへの販売取引	プラス

4　結びにかえて

　最後に結論と残された課題について言及しておきたい。本章の結論は，卸売業者にとっての仕入取引と販売取引の両面から見て，卸売業者は明確に取引相手の選別行動を行っているということである。しかも，それには卸売業者の規模により差異がある。すなわち，小規模卸売業者は，中小メーカーからの仕入と専門店チェーンへの販売傾向が強い。仕入先の多様性と，販売先については規模の経済効果を求めるように取引相手を選別しているといえる。大規模卸売業者では，仕入取引において小規模卸売業者と同様の中小メーカーからの仕入が強く，販売取引面では量販店・ディスカウントストア，専門店チェーンへの販売が強い。仕入先の多様性はもちろんであるが，販売先においても小規模卸売業者以上に，販路先を拡張しつつ，さらなる規模の経済効果を求める姿が見られる。

　さらに，大規模卸売業者の大手メーカーとの仕入取引では，百貨店への販売を回避する方向で行われている。また消費財卸売業者でも同様の姿が見られるが，他方で中小メーカーからの仕入取引は，百貨店への販売取引も志向させるものであるといえる。以上から，大手メーカーだけへの依存ではない仕入先の多様性と，販売先の規模効果を求めた依存性が，近年の卸売業者の流通チャネル形成戦略に繋がっているということができるであろう。そういう点では，消費財取引において大規模少数の製造業者と大規模少数の小売業者を連携してき

た卸売業者は，仕入取引と販売取引を連動させることにより大規模少数の製造業者と小規模多数の小売業者を，そして小規模多数の製造業者と大規模少数の小売業者を連携させる方向に変化しつつあるということである。

なお，残された課題については多いが，ここではより重要な課題を2つ挙げておきたい。まず，取引変化の内容である。本章では，取引相手が変わることをもって取引変化としてきた。しかし，それは取引の一側面であり，取引相手が同じでも取引品目を変化させるなどの他の変化状態が考えられる。つまり，取引相手の変化だけをもっては，取引変化を説明したことにはならないのである。今後，さらなる取引変化の内容把握が求められる。その上で多面的に取引変化を捉える必要があるだろう。

そして，もう1つの課題は取引関係の影響しあうメカニズムの整理である。これは上記の課題と本質的には同じ問題である。仕入取引と販売取引が影響しあって変化するにしても，それはいかなるメカニズムにより引き起こされているのかを確認する必要があるだろう。

(1) 取引および取引変化の意味する内容，さらには仕入取引と販売取引の変化の関係については，以下の文献を参照されたい。ここでは，1つの簡素化として取引先の変化，そしてそれを仕入先と販売先に区別して考察するものとする。
　　西村順二 (2004)「卸売取引の連動性からみた取引関係の変化経路」中田善啓・田中正郎・西村順二編著『マーケティングサイエンスの回顧と展望』千倉書房，pp. 177-192。
(2) これは現代卸売企業研究会により，大阪府および兵庫県に本社を有する卸売企業3,000社に対して，その経営実態を調べるために行われたアンケート調査結果の一部である。アンケート票配布先の内訳は，大阪府下に本社を有する卸売企業が2,000社，兵庫県下に本社を有する卸売企業が1,000社である。また，調査時期は2001年2月である。回収数は577社であり，回収率19.2%となっている。詳しくは，以下を参照されたい。
　　小西一彦・現代卸売業研究会編 (2004)『第3回卸売業経営実態調査（速報版）』兵庫県立大学経済経営研究所。
(3) ここでの卸売企業タイプは以下の基準により分類され，主たる取引額のウエイトに基づいている。
　　直取引卸：メーカーまたは国外から仕入れ，小売業者または業務用需要者（産業使用者）に対して販売する卸売業者
　　元　　卸：メーカーまたは国外から仕入れ，卸売業者に対して販売する卸売業者

中　間　卸：卸売業者から仕入れ，卸売業者に対して販売する卸売業者
　　最　終　卸：卸売業者から仕入れ，小売業者，業務用需要者（産業使用者）または国外
　　　　　　　に対して販売する卸売業者
（4）以下の資料によるものである。
　　日経流通新聞編（2000）『流通経済の手引き 2001』日本経済新聞社。
（5）上記の現代卸売企業研究会による大阪府および兵庫県に本社を有する卸売企業3,000社へのアンケート調査結果の一部であり，仕入取引と販売取引の取引相手の構成比を，ここでは利用している。詳しくは，以下を参照されたい。
　　小西一彦・現代卸売業研究会編（2004）『第3回卸売業経営実態調査（速報版）』兵庫県立大学経済経営研究所。

【第 5 章補論　製造卸による小売業展開に見る取引連動性】

1　製造卸売業者の取引連動

　本書においては，卸売取引における取引の連動性について考察を行っているが，卸売業者の規模の差異に基づく考察は積極的には行われてこなかった。しかしながら，第 5 章において，卸売業者の規模に基づく取引連動性の考察が試みられた。そこでは仕入取引局面で見た仕入先数の変化については，卸売業者の規模間での差異がないことが示された。また，販売局面に関しては卸売業者の規模により販売先数の変化に差異があることが判明した。大規模卸売業者は販売局面において取引先の選別を明らかに行っているのである。他方，小規模卸売業者は，販売局面において取引先数を減少しつつも集中度を減少させるというある種の矛盾する構造を呈してきている。これらは，第 2 章で示された取引連動のタイプ I である小規模多数製造業者と小規模多数小売業を繋ぐ連動性からシフトし，規模の経済性追求と取引先の多様性追求という矛盾する状況を卸売業者が解消しようとしている結果であるといえる。この補論においては，特に大規模卸売業者の取引関係に着目し，その取引連動の進め方を確認しておきたい。

　ここで，考察される対象は卸売業者の行う SPA である。SPA という 1 つのビジネス・モデルが認識されるようになったのは，1986 年にアメリカの大規模衣料品小売業者「GAP」の会長であるドナルド・フィッシャーが事業モデルとして表明したものである。その後，文字通りアパレル業界において多数の企業組織による SPA への取り組みが行われてきた。そして，今や SPA でなければアパレル業界では成功しないとまでいわれるようになった。SPA とは，周知のように "Specialty store retailer of Private-label Apparel" の頭文字をとったものである。その意味するところは，1 つの企業組織の管理の下で，製品に関する企画・開発・素材調達・製造・物流・在庫管理・販売・店頭企画等のすべての工程が統合されたものであるということである。本補論では，現代ではアパレル業界を代表する 1 つの業態となったと考えられるこの SPA に着目する。そして，当然ながら SPA という業態が生み出された業界であり，この SPA が多様な様式で多数にわたり展開されているアパレル業界を考察の対象領域としたい。

1　製造卸売業者の取引連動　135

　さて，上記のように SPA をアパレル製造小売専門店，つまり小売業段階における消費者起点に基づく製造業段階から小売業段階までの一気通貫の流通モデルと考えると，この SPA を考察するにあたって考慮するべき諸点が浮かび上がってくる。すなわち，主体の特定化である。そして，それに伴う導入経緯である。まず，主体の特定化については，誰が SPA を行うのかということである。製造業段階から小売業段階までを統合したモデルであるということは，製造業者，小売業者，そして卸売業者等，SPA の遂行者は多様性を有することになる。もちろん，最終の販売経路すなわち最終消費者への小売販売でもって帰結する以上は，小売業の側面が相対的に重要視され，その点で小売業者が相対的に遂行者になりやすいということをいうことはできる。しかしながら，原則的には上記の各プレイヤーには，SPA の遂行者になる可能性が存在するのである。それはすべてのプレイヤーが流通経路に関わる当事者であるが故である。したがって，その主体からは小売業者主導の SPA，卸売業者主導の SPA，そして製造業者主導の SPA 等を区分することが可能となる。

　ところが，この主体に基づく区分は，はたして意味があるのであろうか。製造業段階から小売業段階にまで至る流通の統合ということであれば，その主体が誰であろうと，結局のところその行き着く先は，効率的に最終消費者のニーズを満たす製品・サービス提供ということになる。その目的が社会的に達成できるのであれば，誰が SPA の遂行者になろうが，社会経済的な視点で見てそれは大きな問題ではないということができよう。しかしながら，他方では SPA を遂行する当事者は企業組織体である。そこには，企業組織の主体的な思いや戦略展開の方向性，そして活用できる経営資源の制約などにおいて差異が存在し，それ故に SPA も多様性を有することになることを想像することは容易い。そういう点では，主体に基づく SPA の区分は必ずしも無駄ではない。むしろ，そのことにより SPA は一元的なものではなく，ある種の多様な展開を行い得るものであるということを示すことができよう。

　このことに関連して，次に考慮するべきはその導入経緯への着目である。SPA が企業組織内で行われていく上で，何故この SPA が当該企業組織に導入されたのか，そしてそれはどのようにして導入されていったのかということが 1 つの疑問として浮上する。上記のように，それは主体とも関連する問題である。そして，そのことはすなわち主体企業組織の属性やあり様とも関連することになる。SPA は，市場環境と流通組織の間の適応モデルの最たるものの 1 つである。したがって，企業組織の意思決定という目的・手段のメカニズムと，環境における諸勢力を調整す

る市場メカニズムという2つの主体・メカニズムから構成されることになる[1]。何故ある企業組織がSPAを展開することができたのか，そしてどのようにしてSPAが当該企業組織に導入されていったのかを明らかにすることにより，この企業組織の意思決定という目的・手段のメカニズムを確認できるであろう。また，市場における競争構造の観点からどのようにして環境における諸勢力を調整する市場メカニズムを活用していったのかを確認することができるであろう。

以上のような問題意識に従い，以下では，考察の事例対象としてアパレル業界におけるワールドに着目する。ワールドの元来の基本事業は卸売業である。そのワールドが，すでに卸売事業者としての実績を有しながらも，製造卸として積極的にSPAを導入していったのは何故であろうか。そして，それにより取引関係はどのように調整されていったのであろうか。既述の通りSPAの展開は小売業者にも可能であり，例えばユニクロ（ファーストリテイリング）などもSPA展開における代表的な企業組織の1つであるといえる。しかしながら，本補論ではワールドにおけるSPAの展開とSPA導入時期の市場状況を考察し，それらからSPAによる取引連動の実態を確認したい。それは，1986年にGAPがSPAをスタートさせた同時期に，ワールドも現在のSPAの出発点であるSPARCS（Super Production Apparel Retail Consumer Satisfaction）構想の前案を構想していたからである。すでに1986年当時のワールドにおいても，奇しくもSPAの萌芽が見られたのである。また，日本のアパレル業界でSPA事業を最初に立ち上げたのはワールドであるともいわれているからである[2]。

2 ワールドのSPAへの途

まず，ワールドの経営成果の動向から確認してみよう。1975年から2006年にわたる売上高と経常利益額の推移を示したものが以下の図5補-1である。なお，1976年の経常利益額はデータの制約上確認できなかったため，ゼロとした。この図を見ると，ワールドの経営成果においていくつかの大きな節目を見ることができる。第1に，経常利益額がピークに達した1986年である。この31年間で最高の経常利益額を実現した年度であり，既存の卸売事業を中心とした絶頂の時期である。その後も売上高は成長を続けるが，他方で経常利益額は減少へ転じることになる。この経営危機に対して新規事業の展開を求め，1986年から1992年までがSPAに向けた準備の時期といえる。第2は，1992年に顧客満足起点に基づき製造から小売までのサプライチェーンを志向するSPARCS構想が動き出した時期である。その後，1993年

2 ワールドのSPAへの途　137

図5補-1　ワールドにおける売上高と経常利益額の推移

(単位：100万円)

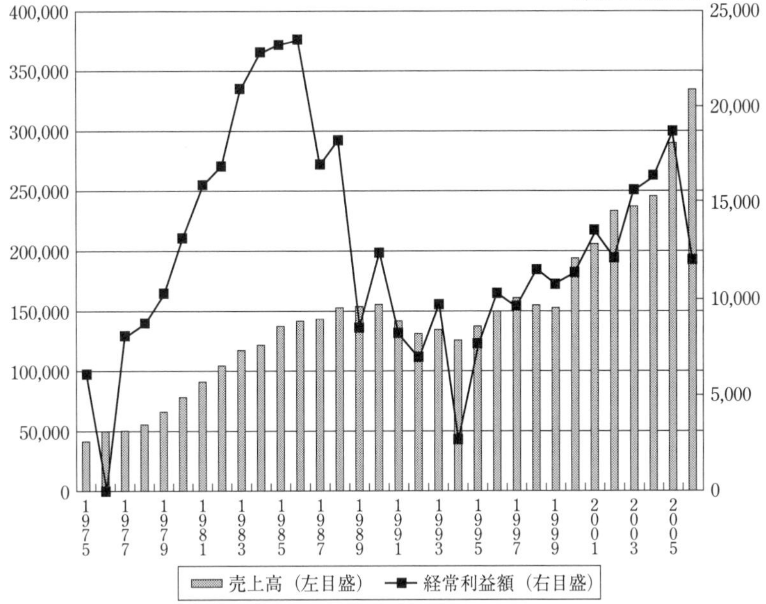

出所：日経流通新聞編『流通経済の手引き1977年版～2001年版』日本経済新聞社，1976年～2000年，および日経MJ（流通新聞）編『流通経済の手引き2002年版～2008年版』日本経済新聞社，2001年～2007年より抽出・加工。

にSPAのパイロットケースとして「O・Z・O・C」、そして1995年には初のSPA事業としてのブランド「UNTITLED」が販売され、売上高と経常利益額の両者ともに増加の傾向へ反転した時期である。つまり、1986年以降売上高が微増・横ばい・減少傾向を示し、経常利益額も減少傾向を示していたものが、1995年からは両者ともに増加傾向に転じる。1993年・1995年にSPAブランドが展開され、その本格化へ向けて試行錯誤が繰り返された1992年から1995年までの時期であり、SPAの萌芽期であるといえる[3]。そして、第3に2000年である。この年度にはWP2（World Production Partners）と呼ばれる生産サイクルの同期化が進められ、本格的なSPAが稼動しだしたという評価ができる。この1996年以降2000年までの時期がSPAの本格化期である。

さて、これらの大きな動向をさらに別の資料でも確認しておこう。以下の図5補

【第5章補論　製造卸による小売業展開に見る取引連動性】

図5補-2　ワールドおよびアパレル業界の売上高成長率の推移

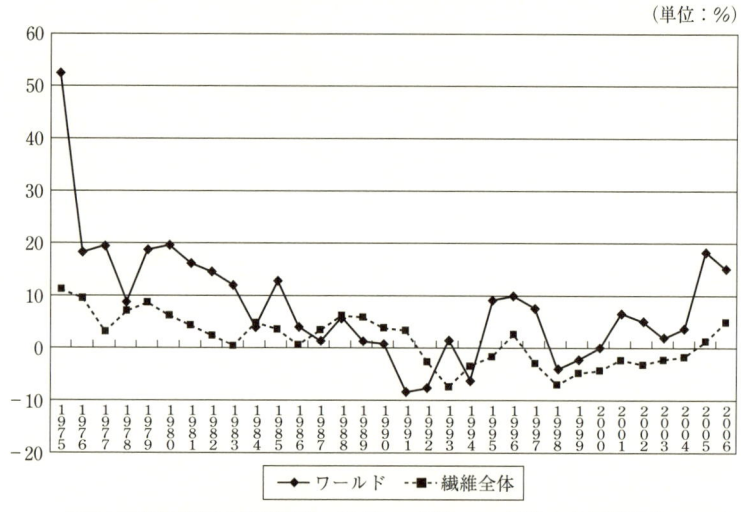

(単位：％)

出所：日経流通新聞編『流通経済の手引き1977年版～2001年版』日本経済新聞社，1976年～2000年，および日経MJ（流通新聞）編『流通経済の手引き2002年版～2008年版』日本経済新聞社，2001年～2007年より抽出・加工。

-2は，アパレル業界の売上高成長率の平均値の推移とワールドにおける売上高成長率の推移を示したものである。2000年度のワールドの売上高成長率は，決算月の変更によりゼロ扱いとしている。この推移を見ると，1986年の最高の経常利益額達成までは，アパレル業界の平均成長率よりもワールドの成長率の方がほぼ上回ってきたが，この年度以降ワールドは低迷期に入る。1992年のSPARCS構想の実行までの間は，ワールドの成長率は，業界平均を下回っていたのである。しかし，1993年に1度はワールドの売上高成長率が業界全体のそれを上回り，その後1995年の本格的なSPAの開始からは，ワールドの売上高成長率は一貫して業界平均の売上高成長率を上回っている。これらの各時点を1つの節目と見ることができるであろう。

2-1　SPA 前 史

　以上のような動向を，実際のワールドの展開に即してもう少し見てみよう[4]。ワールドは，1959年に創業されている。木口 衛氏が社長，畑崎廣敏氏が専務取締役に就任して出発した。繊維品・衣料品の卸売事業がその主事業である。創業から8年目の1967年には，畑崎氏がヨーロッパでの展示会参加の経験から，単品販売より

2 ワールドのSPAへの途 139

もコーディネート販売の方が重要であることを強く認識することになる。そこには，小売店側の買い取り方式，すなわち返品不可という取引形態により進められてきた事業であるが故に，様々なロスが生じ，それを回避し，そして売上を伸ばしたいという思いがあったのである。そして，自社製品のみを取り扱うような小売店網を構築する必要性と，消費者に訴求できる商品構成への志向があったのである。つまり，すでに潜在的に最終消費者対応を意識した製品企画にとりかかる下地の醸成が進んでいたということができるだろう。同年には，畑崎氏のヨーロッパからの帰国後に，トータルコーディネートブランドである「ワールドコーディネート」（現在の「コルディア」）がスタートしている。畑崎氏が二代目代表取締役社長に就任した後，1975年には小売専門店チェーン「リザ」を発足させ，小売業に進出している。

　これらの一連の動きは，2つの意味合いをもつと考えられる。第1に，消費者への適応重視であり，その最終消費の局面を想定することから，コーディネートすなわち一括した品揃えでの対応を意識していたということである。ワールド製品取り扱い小売店の，店舗内ワールド製品比率の増大を目指していたことからも明らかである。第2に，小売局面へのコミットメントである。従来型の事業モデルでは，どうしても店頭での売れ残りや欠品が生じる。それらを回避するためには，消費者情報の的確な把握が必要とされたということである。もともと，商品の品質重視の風潮がワールドにはあり，顧客の評価や店頭での販売状況の捕捉には大きな関心が払われ，ワールド自身による小売店頭での売れ筋チェックや製品の入れ替えなどはすでに行われ，小売局面への関与は相対的に大きかったのである。そして，さらには当時のGAPやLIMITEDのSPA活動が，ワールドに対してこれらの2つの意味合いにおいてSPAへ傾倒していく刺激になったことも重要である。ワールドにとっては，この1986年までの時期は，これらを通してSPAへの下地が醸成されてきた時期であるということができるだろう。

2-2 SPA 準備期・萌芽期

　次に，SPAの準備期および萌芽期について見てみよう。ワールドにおけるSPAの初期モデルである「O・Z・O・C」は，「on zone on community」というそのブランド名が表すように20歳前後の団塊ジュニアである若い女性の自分らしさを表現するブランドであり，これまでのワールドの販売経路にない百貨店を通した販売を目指したものである。この「O・Z・O・C」が発売されたのが，1993年である。それまでは，基本は中小規模の衣料品専門店にミセス向け商品を卸売販売し，返品を認めない買取り制度の下での展開であった。SPARCS構想に始まりSPAに収斂

【第5章補論　製造卸による小売業展開に見る取引連動性】

する新たな事業展開は，1986年の寺井秀蔵氏の常務取締役就任以降に具体的な動きを表していく。1986年には最高の経常利益額を達成したが，それからは経常利益額が減少し始めていた。寺井氏は以下のように述べている。

　「…小売とアパレルが分断されているため，現在のように変化の激しいファッション・マーケットに対応できなくなった。その結果，完全買取のはずなのに値引き，返品というかたちで回収が滞るケースも出てきた。そこで，アパレルである当社が小売までを一元管理するSPAをスタートさせたのです。…」

（『週刊 ダイヤモンド』1999年2月20日）

　そして，危機意識を組織内に共有させるために，寺井氏は1986年には後のSPARCS構想の前案を提示し，具体的な経営改善に取り組みだしている。つまり，当時のワールドには市場競争の変化の激しさから，取引関係に起因する効率性の阻害が大きくのしかかっていたのである。それへの改善のドライブは，オゾック部の檜皮和彦部長の1991年の米国視察により加速することになる。檜皮氏は，新業態の開発使命を受けて，1991年と1992年にアメリカのアパレル業界の視察を行った。そこで成功事例の多くがSPAを活用していることに着目し，ワールドの新業態としてSPAが有効であることの確信を得たのである。

　「米国のアパレルといえば，世界的に有名な一流ブランドと，製造小売業（SPA）の二つしかなかった。いや，そう思えるほど，その二つだけが飛びぬけて強かった…SPA以外の選択肢はない。」

（『日経ビジネス』1996年6月3日）

　顧客起点の製造小売を実現するための機運は高まっていた。ここでさらに弾みをつけたのが，1992年の畑崎社長による「業革元年」宣言であった。

　「専門店に卸す商売のやり方は，市場が拡大しているうちは良かった。しかし，卸売は小売の最前線の情報が入らない。いつのまにか顧客がみえなくなっていた。」

　「30年間続いた成長が止まった。…30年間，同じ商売のやり方のスケールを大きくしただけという恥ずかしい仕事の進め方だった。商品を作って売るまでの流れを根本から見直せ…」

（『日経ビジネス』1996年6月3日）

　この業態開発を担ったのが檜皮氏であったのだ。そして，他方で業務再構築中期計画SPARCS構想が1992年に寺井氏主導の下進められることになったのである。SPARCS構想は，顧客満足を高めることを目指して，製造業，アパレル，小売の

すべての事業段階を一気通貫させるものである。ただし，川上から川下まで一気にコントロールすることにはその経路の長さ故に困難性があり，生産・仕入側と小売・販売側に分割した上で，まずは小売・販売側のSPARCS構想実現が目指された。それがすなわち初期のSPAであったのだ。それは従来の完全買取に基づく卸売事業の機能不全からの発想であった。すなわち，最終消費市場への不適応から，完全買取り制といいながらも，値引きや返品によるロスの存在とリスク負担の大きさが従来のワールドにとって重荷となってきていた。これを回避する方法が，最終消費者に迅速に適応しロスを最小限に抑えることのできるワールドによる小売までの一元管理であったのだ。この時期までがSPAの準備期である。

そして，ついに1993年に新ブランドO・Z・O・CがSPAとして展開された。それと同時に，寺井氏が当時の社長であった畑崎氏に対して，卸売事業からSPAへの事業シフトを説得してのことであった。

しかしながら，もちろんSPAの船出には多数の困難があった。まずは，在庫問題である。SPA導入といえども完全に在庫ロスをなくすことは困難である。それでも，O・Z・O・Cの展開からUNTITLEDの発売までの期間に，前シーズンの在庫変動の上下を確認し，当該シーズンの在庫に備える在庫誘導へと進み，在庫の圧縮が実現されたのである。また，新たな顧客ターゲットのSPAブランド展開により販売員における店頭接客などが変化し，人件費削減の方策という一面も含みながらアルバイト店員導入が行われた。その結果，新たな接客方法の浸透には時間を要することになった。従来のミセス向けの小売店舗作りではなく，若い女性向けの店舗作りが必要とされたのである。さらに，本来の品質重視の風潮から，原反や原糸へのこだわりが強かったが，SPAブランドについては，むしろスピードが求められた。製品を旬のトレンドにフィットさせるために，納期が最重要視されるようになってきたのである。これらマネジメント・ミックスの結集として，1995年のUNTITLEDが船出しだしたのである。1992年以降，1995年の「UNTITLED」の展開までの時期をSPAの萌芽期と位置付けることができるであろう。

2-3 SPA本格化期

しかしながら，SPAにとっては在庫ロスは大きな課題であり，簡単にクリアできるものではなかった。その対応として，次にWP2が登場してくる。1996年以降2000年のWP2展開までの時期は，SPAの本格化期である。1999年は，ワールドにとっての意義深い年である。この99年3月期の売上高比率において，小売事業が卸売事業を超えたのである。1993年3月期には卸売事業の売上高比率は100％であっ

【第5章補論　製造卸による小売業展開に見る取引連動性】

たものが，1999年3月期（1998年度）には50％を割り，2007年3月期には10.7％となったのである(5)。その背後には1997年に，畑崎氏より寺井氏へと社長交代が行われ，また寺井氏の理解者として畑崎氏が社主に就任し，SPAへの流れは確固たるものとなっていたのである。また，1998年に東証二部，1999年には一部へと銘柄変更が行われ，財務体質の強化も必要となってきていた。そういう中で，SPAのさらなる形つまりSPAの精緻化を求めて，WP2を展開していったのである。

　　「…ワールドの強みは，…まず93年に，商品企画・販売戦略・店舗運営のマーチャンダイジング（MD）から始めて，ほぼ完成の域に達した。つまり顧客に近い「川下」の仕組みを構築した。そしてこれをベースに，2000年から在庫管理・製造のサプライチェーン・マネジメント（SCM）という「川上」に取り組み始めた。だから市場の変化が，一気通貫でSCMに反映される。…」

　　　　　　　　　　　　　　（『日経情報ストラテジー』2002年3月24日）

　すなわち，これまでの販売・小売対応中心であったSPAに製造工場や染色工場なども含んだ生産・仕入れ適応の要素を取り入れていったのである。それは，「SPAの週次業務に生産サイクルを同期化する（寺井秀蔵社長）仕組み」（『日経産業新聞』2000年12月21日）であった。小売店頭での週単位サイクルに対して，生産側は春夏と秋冬のシーズン前に生産量が設定される年間4回転であり，それでは在庫や販売機会ロスの発生リスクが残る。これを解消するため川上から川下までの一気通貫を完成させようとしたのである。

　　「…スパークス構想では，6カ月単位だったMDとSCMにおけるサイクルを1週間に大幅に短縮する。「商品の売れ方は土日を中心とする1週間サイクルだから，それに合わせる」（寺井社長）わけだ。…一方のSCMでは，「売れた分だけ作ってすぐに店舗へ納入する体制を整える」（井上隆亮・常務）。そのために毎週月曜日に在庫計画を見直して生産計画を策定し，作った商品は木曜日までに集荷して金曜日に店舗へ納品する。製造のリードタイムは，月曜日から木曜日までの4日間しかない。この短納期に意欲を見せる国内の外部工場や原材料の納入業者を「WP2（ワールド・プロダクション・パートナーズ）」として組織化し，実際の仕組みづくりを続けている。1週間で売れた分だけを確定発注…」

　　　　　　　　　　　　　　（『日経情報ストラテジー』2002年3月24日）

　現代では，例えばZARAが2日〜2週間での企画・製造を行い，ハニーズでは

1ヵ月での企画・製造・納品を実現しているが、ワールドにおいても製造から小売までを1つの企業組織が行うが如くのビジネス・モデルが2000年には構築されたのである。

3 ワールドを取り巻く競争構造

ワールドのSPA展開に際して、市場における競争構造の影響は大きい。大規模卸売業者としてのワールドがどのような競争構造に置かれていたのかを確認しておこう。ワールドのSPAへの展開において、卸売事業の比率が低下し、SPAによる売上高比率が卸売事業のそれを凌駕するようになってきたとはいえ、ワールドが卸売事業者であることは変わらない。ここでは、卸売業次元における競争構造を考察することにする。なお、以下で考察されるアパレル卸売業界の競争構造は、当該年度のトップ12社を対象にしたものである。ワールドにとっての節目となる時点である1986年、1995年、2000年の競争構造を考察するが、3時点でのトップ12社の構成は変化している。したがって、各年度の上位企業により構成される競争構造を考察することになる。

まずは、1986年当時のアパレル卸売業の競争構造である。上記のように1986年は、ワールドが最高の経常利益額を達成した時期である。図5補-3が1986年のトップ12社による競争構造である。上述のように、1986年、1995年、2000年の間に上位12社の構成が若干変化している。また、八木商店やイトキンGのように社名が変更されているものも含まれていることをことわっておく。なお、ここにおける成長率は売上高の対前年比伸び率である。相対マーケット・シェアは、便宜的に各企業の売上高をトップ12社の平均値で除した値を利用した[6]。また、規模を表すものとして、各企業の当該年次の売上高をバブル型の円の面積で表している。

図5補-3から明らかなように、1986年にワールドが最高の経常利益額を達成したとはいえ、業界での売上高順位は第7位であった。当時のアパレル業界では、相対的にプロダクト・ポートフォリオ分析における「金のなる木」の位置に八木商店、レナウン、瀧定、樫山という上位4社が位置付けられていた。また、いわゆる「花形」に位置する企業はなく、ワールド、大西衣料G、三景G、ワコール、イトキンGという「問題児」から「花形」へのシフトを目指す企業群が見られる。その中でも、特にワールドが「問題児」から脱却し、「花形」へ移っていく企業群の筆頭にあったといえよう。

次に1995年である。ワールドにおいては、SPAがスタートし、その萌芽期を迎

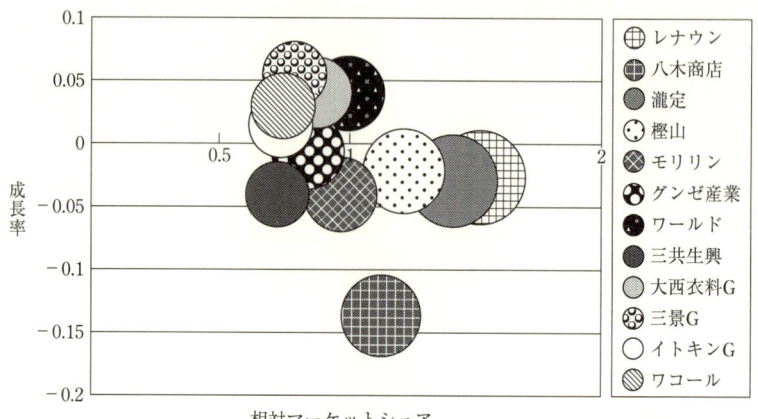

【第 5 章補論　製造卸による小売業展開に見る取引連動性】

図 5 補-3　1986年のトップ12社による競争構造

- レナウン
- 八木商店
- 瀧定
- 樫山
- モリリン
- グンゼ産業
- ワールド
- 三共生興
- 大西衣料G
- 三景G
- イトキンG
- ワコール

出所：日経流通新聞編『流通経済の手引き』日本経済新聞社の当該年度のデータを利用したものである。

えた頃である。図 5 補‐4 に示されているように，レナウン，瀧定，豊島などが1986年に比べて，「金のなる木」の位置へより動いている。ヤギ，ワコール，赤ちゃん本舗，ワールドが，「問題児」から「花形」へより進んだ状況である。特に，ワールドはより成長性を高めてはいるが，相対的市場占有率ではまだまだ脆弱であり，むしろ1986年時点の方がワールド自体としては成長性はあったといえる。SPAへのシフトが進みながらも，まだまだ試行錯誤の時期であったのだ。また，モリリン，田村駒，三陽商会は「負け犬」に近づきつつあり，混沌とした中にも，勝ち組と負け組への区分が起こりつつある状況をイメージできる（図 5 補‐4 を参照されたい）。

そして，2000年には，ワールドは明らかな「花形」企業に位置し，アパレル業界をリードする立場に位置している。その一方で，ファイブフォックス，イトキン，オンワード樫山を除いて，他の企業は相対的には「負け犬」の位置に置かれ，団子状態にある。ワールドがWP2を稼動させ，経営上の優位性を確保してきているのである。さらに，ワールドは1999年 3 月期で小売事業が卸売事業を売上高において超え，SPA事業への傾斜が進んできた。また，同年に専門店の返品制を廃止し，2000年には専門店に対して完全買取制を実施している。ワールドが一人勝ちしつつある中で，アパレル業界全体としての優勝劣敗が明確化されつつある時期であると

いえよう（図5補-5を参照されたい）。

　以上，アパレル卸売業における業界の競争構造の変化を見てきたが，全体の大きな流れとしては，相対的には「問題児」企業から「花形」企業への移行の時期から，団子状態の時期を経て，「花形」企業と「負け犬」企業への二極化への動きがあったといえる。そして，ワールドはその節目節目にSPAへの展開を進め，成功者へ

図5補-4　1995年のトップ12社による競争構造

縦軸：成長率
横軸：相対マーケットシェア

凡例：レナウン／ヤギ／瀧定／オンワード樫山／モリリン／グンゼ産業／ワールド／ワコール／豊島／三陽商会／赤ちゃん本舗／田村駒

出所：日経流通新聞編『流通経済の手引き』日本経済新聞社の当該年度のデータを利用したものである。

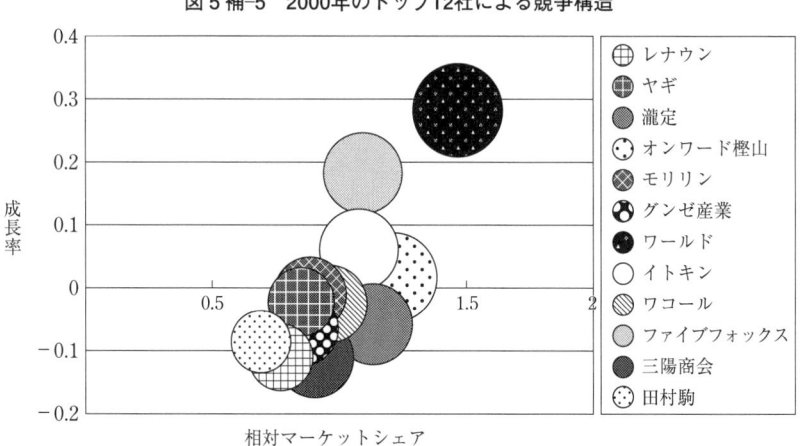

図5補-5　2000年のトップ12社による競争構造

縦軸：成長率
横軸：相対マーケットシェア

凡例：レナウン／ヤギ／瀧定／オンワード樫山／モリリン／グンゼ産業／ワールド／イトキン／ワコール／ファイブフォックス／三陽商会／田村駒

出所：日経流通新聞編『流通経済の手引き』日本経済新聞社の当該年度のデータを利用したものである。

の途を進んでいった。しかしながら、当然試行錯誤の時期には低迷を経験し、それを打破するべく、SPAの完成化を推し進めたのである。

4 ワールドによるSPAの展開特徴と課題

ワールドのSPAへの展開過程を概観するとともに、それを取り巻くアパレル卸売業界の競争構造を見てきた。1993年年度の売上高構成では卸売事業が100％であったものが、その後卸売事業の縮小が始まり、1999年度には50％を切ることになった[7]。以下の図5補-6は、1986年、1995年、2000年のワールドおよびアパレル業界上位3社の変動を示している。業界をリードする上位企業は、1995年のSPAが脚光をあびる頃から大きく成長するが、シェア争奪競争においてはやや群雄割拠する状態への動きを示している。その後、ワールドが本格的なSPAの完成形を構築する頃には、アパレル業界ではやや成長は落ち、勝者と敗者の色分けができる気配を感じる状態へシフトしてきている。ワールドを見てみると、SPA導入時期には業界トップと同様の動きを示しているが、2000年には明らかに上位3社と異なる動きを示している。この時期、ワールドは売上高規模でトップに立っていたため、この年度の上位3社は2から4位のものを利用している。これらから、ワールドは川下から川上へ一貫した本格的なSPAを導入し、取引連動性を高めることにより新たな成長効果が現れてきている時期である。

それでは、最後にワールドにおいて展開されたSPAの諸特徴を確認しておこう。ワールドのSPAへの展開の特徴は、2つの方向性の下で進められてきたことである。第1に、競争力を高めるための効率性追求から高度の取引の連動が求められたということである。それは、卸売業者として返品ロス、販売機会の損失、在庫の不適応に直面してきた。そして、その改善の必要性がワールドには強く認識されていたのということである。それが、寺井氏のSPARCS構想、檜皮氏の海外視察、そして畑崎氏の業務改革宣言と1本の糸に結びつき、効率性を求める一連の方向性に帰結したのがワールドのSPAであったのだ。もともと小規模多数の製造業者と小規模多数の小売業者を大規模な卸売業者であるワールドが連結し、製造卸として仕入適応型取引連動を進めてきていた。それが顧客ニーズへの不適応を起こしていく中で、最終消費市場での様々な取引上のロスを回避することを目指して、顧客適応型取引連動へシフトしてきたといえる。

もう1つの方向性は、顧客への品揃え一括対応志向である。小規模多数の製造業者と小規模多数の小売業者を繋ぐ取引連動を実現していたが、しかし、完全に連動

性が実働化したのではなく，2000年のWP 2導入から，取引がその連動度を高めてきたといえる。これは，図5補-6のプロダクトポートフォリオ分析における「花形」の位置への再移動にあるように，ワールドのWP2導入時期と符合している。もともと卸売事業者であるワールドは，企画開発を進めながら，流通経路上の川上への関与を経験していた。それが正の経験知として内在されていたのである。他方で，川下の小売販売は専門店に依存しながらも小売店舗レベルへの関与は強かった。ワールドは製造現場にコミットしていたが，同様に小売業に対しても店頭の売れ行き確認などを行ってきていたのである。その１つの表れが，「リザ」の出店である。結果的には取引先の反発を強く受けることになるが，すでに小売業へのトライアルは行われていた。また，畑崎氏がヨーロッパ視察後に意識していたトータルコーディネートの進捗は，最終消費者に対して一括して自社製品で対応するという品揃え対応に表れている。それはアパレルに限らず，多様な製品群の取引先へ広げていったことからも想像できる。これは，効率性追求に対して，顧客適応の有効性追求であったのである。

図5補-6　1986年・1995年度・2000年度のワールドおよび上位3社の変動

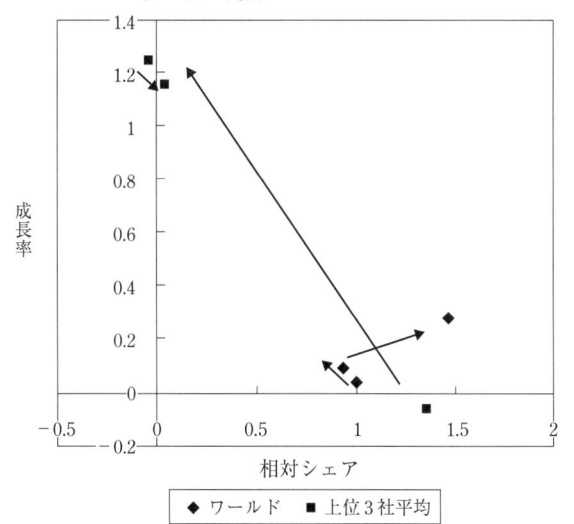

出所：日経流通新聞編『流通経済の手引き』日本経済新聞社および日経MJ（流通新聞）編『流通経済の手引き』日本経済新聞社に所収されている当該年度のデータに基づき，筆者が作成したものである。

【第5章補論　製造卸による小売業展開に見る取引連動性】

　このワールドのSPA展開の方向性を推進した要因として，卸売事業という出自が挙げられる。本来の製造卸としての事業経験を積んでいたが故に，つまり資源蓄積ができていたために，ワールドはSPAの展開に際してまずは川下を整備することに集中できたのだ。もちろん，アパレル製品の1つの特徴である，機能・品質重視よりもデザイン・素材組み合せの重視という傾向は，従来の製造卸としてのワールドにとって，より良い品質というこだわりと対立するものであった。しかし，ワールドはその中でも顧客適応の重要性，つまり小売販売での売れ行きに強い関心を払ってきたのである。つまり，卸売事業者としての経験を有しながらも，川下の小売販売への進出もまた相対的に容易であったのである。これは，これまでにワールドに蓄積されていた仕入取引に関わる経営資源を否定して，新たに販売取引における経営資源蓄積を試みたのではなく，仕入局面における資源を所与のものとして活用しつつ，販売局面における資源とのカップリングを行っていったといえるだろう。

　さらには，販売取引面において経営資源が蓄積されてくると，再度それらを仕入局面での資源と再整合させる試みが行われている。つまり，2000年からは川上のSPAを目指しWP2をスタートさせ，生産と店頭販売の同期化を目指しているのだ。これは，製造卸からスタートしたワールドにとって，川下SPA展開時に比べてより容易な展開であったといえる。すなわち，

　　　「「ユニクロ」のファーストリテイリングは，"川下"の売り場から
　　　"川上"の製造現場までを一貫する製造小売（SPA）の手法で収益を
　　　急拡大している。"川中"のアパレルが従来の製造卸から一歩進んで
　　　川下に踏み出し，SPAに脱皮できないはずはない。…」

　　　　　　　　　　　　　　　　（『日経MJ（流通新聞）』2001年8月2日）

であったのだ。この卸売事業者としての経験から品揃え適応志向と在庫等のロス削減志向とが結び付き，ワールドのSPAは生まれ，展開してきたといえるであろう。

　とはいえ，ワールドのSPAが完成したわけではない。あくまでも限定された商品群・ブランドにおける生産と販売の同期化である。その意味では何らかの契約関係にあり，管理された中での小規模多数の製造業者と，やはり特約関係などにより管理された小規模多数の小売業者を繋ぐ取引連動性であり，仕入適応型から始まったSPAであった。しかし，後に小売業者との取引，すなわち販売取引局面では従来の小売業者との取引から直営での小売販売，すなわち統合化が行われてきている。それは形の上では，組織内部化された販売取引である。高度に取引連動が高まった卸売取引連動性の事例としてワールドのSPAを挙げて考察を加えてきたが，あくまでも限定的な取引連動性であるといえよう。

(1) 組織は，市場環境と相互作用的に変革していくものである。それは，流通組織が多数市場と多数製品の重層的複合化に直面することからの必然である。詳しくは以下を参照されたい。

　　田村正紀・石原武政（1989）『日本の組織［第8巻］　流通と販売の組織』第一法規出版株式会社，pp. 4-5。
(2) 日本におけるSPA事業の代表としてユニクロが挙げられることが多いが，最初のSPA事業者はワールドであるとされている。以下を参照されたい。

　　『日経ビジネス』2001年7月16日。

　　また，SPAの事業モデルとしての詳細については，以下を参照されたい。

　　井上達彦（2001）「スピードアップとアンチ・スピードアップの戦略的統合に向けて―㈱ワールドにおける情報化と製品開発システムの革新―」『国民経済雑誌』第184巻第1号，pp. 35-52。

　　楠木　建・山中章司（2003）「ビジネスケース　ワールド UNTITLED のビジネス・モデル」『一橋ビジネスレビュー』51巻3号，pp. 134-153。

　　藤田　健・石井淳蔵（2000）「ワールドにおける生産と販売の革新」『国民経済雑誌』第182巻第1号，pp. 49-67。
(3) ワールドにおけるSPAの出発は，1993年に誕生した婦人服ブランド「O・Z・O・C」であるといえるが，実験的ブランドとしてスタートしたことから，本章では本格的なSPA開始を1995年の「UNTITLED」に位置付けている。
(4) ワールドにおけるSPAの歴史的展開については以下を参照されたい。

　　西村順二（2009）「製造卸による小売業展開における競争構造の変化：SPAの源流」石原武政・石井淳蔵編（2009）『体系　変革期にある流通　第1巻　小売業イノベーションと業態開発』中央経済社。
(5) 『日本繊維新聞』2007年7月23日，『大阪読売新聞』1999年8月21日，『日経産業新聞』2000年12月21日を参照されたい。
(6) 通常の相対的市場占有率は，トップ企業との対比で見られるが，ここでは分析データの制約上，トップ12社の平均値を利用したものである。
(7) 1998年度の売上高に占めるSPA事業比率は44.9%であったものが，寺井氏の社長就任後の2001年度には71.9%にまで増大している。詳しくは以下を参照されたい。

　　『日経ビジネス』2001年7月16日。

第6章　卸売業における「業態」概念と小売業態変化

1　問題の所在

　卸売業あるいは卸売業者の業態展開において，近年「業態卸」という言葉が見られるようになってきた[1]。ここで意味されている業態卸とは，ある特定の小売業態に対して特化した卸売業者のことを表している。例えば，コンビニエンスストアに対応しその小売業態に特化した卸売業者，ドラッグストアに対応しその小売業態に特化した卸売業者，そして食料品スーパーに対応しその小売業態に特化した卸売業者などである。多様な形態・業態をもつ小売業者に対して，その中のある特定の小売業態に特化し，それに対して一括的に商品を納入するなどの小売業態特定的な卸売業者が業態卸と呼ばれるものである。これはいわゆる業種を超えた業種横断的な品揃え形成を行い，当該小売業者の構成商品を一括して納入するという仕入・販売業務上の業態卸化と，特定小売業態への専門的な物流機能などいくつかの流通機能を専らに担当するという流通機能上の業態卸化の2つに区分される。もちろん現実的には，この2つの業態卸化は必ずしも相互排他的ではなく，両方を併せ持つ卸売業者が存在し得ることはいうまでもないことである。

　また他方で，「卸売業者の業態」という場合，すなわち「卸売業態」という場合，特定の小売業者への対応はもちろんではあるが，それ以上に他の卸売業者に対して差別的優位性を得るため，また競争上の優位性を得るために卸売業者自身から仕掛けていく革新的なビジネスモデルの展開が一般的なものである。いわゆる代表的な卸売業態としては，現金問屋，キャッシュ＆キャリー（卸売業者），ホールセールクラブ，ボランタリーチェーン主宰卸売業者，産地問屋，卸売団地，情報武装型卸売業者，卸・小売業者，さらにはメーカーの販売会社，

物流業務に優れた卸売業者やリテール・サポート業務に優れた卸売業者なども卸売業態の1つであると考えられる。この卸売業態を想定する場合，そこにはやはり2つの方向の業態化が含まれている。すなわち，1つは卸売機能の強化であり，もう1つは流通経路における垂直的段階上の他段階への進出である。前者の卸売機能の強化に向けての卸売業態化は，さらに特定機能への特化型と複数の機能を担当するフル機能型に大きくは区分されるだろう。さらに後者の流通経路上の垂直的段階拡張を志向する卸売業態化は，直営小売店を開発し営んでいく，つまり川下の小売部門へ進出していく卸売業態化と，PB商品の開発を行うなどの川上の製造業部門へ進出していく卸売業態化に大きくは区分されるだろう。

さて，これら業態卸と呼ばれるものであれ，卸売業態と呼ばれるものであれ，そもそも卸売業における業態とは何を表しているのだろうか。これらは，小売業態と同様に論じることができる流通業における1つの業務形態として捉えることができるのであろうか，そしてまた捉えてよいのであろうか。さらに，卸売業における業態は，どのような枠組みの中で生まれてくるのであろうか。また，卸売業における業態を変化させる要因は何なのであろうか。これらの疑問に答えるための予備的な整理を試みることが本章の主たる目的となってくる。なお，ここでは直接的な卸売業態を取り上げて分析するというよりは，むしろ業種に基づく卸売業者を考察対象とする。しかしながら，業界の主要な卸売業者を取り上げることによって，次章への予備的な研究としてのインプリケーションを導出できるものと考える。

2　小売業における業態と卸売業における業態

ここでは，業態についての先行研究が多数ある小売業における業態について考察することから始めよう。小売業における業態は，典型的には取扱商品の集合体から構成される業種という垣根をも越えた新たなる小売業者の登場により，革新的な実体としての小売業者そのものを表すものとして捉えられている。も

ちろん，小売業における業態を如何に捕捉するかについての研究や，小売業態の変化を新しいものが古いものに取って代わっていく，あるいはその可能性をもって登場してくるという意味での進化のプロセスとして捉えていこうとする研究などの研究蓄積を見ることができる[2]。以下，これら小売業態とその変化についての代表的な見解を見てみよう。大きくは，小売経営に関わる革新的な技術をもって小売業態の中身と見るものと，小売ミックスの構成要素・編成パターンによってそれをすなわち小売業態と見るものである。これら代表的な小売業態の捉え方を確認することにより，卸売業における業態の考察に対するインプリケーションを抽出したい。

2-1 小売経営技術の移転

まず，小売経営に関わる諸技術とその移転可能性に着目し，それをもって小売の形態（業態）[3]に言及しているのが鈴木（1980）の研究である。鈴木（1980）は，小売業における小売経営技術に焦点をあて，国際的にも国内的にも技術移転ないしは技術伝播の観点から，小売店舗の形態すなわち小売業態・形態が発展していくことを指摘している。ここでの小売経営技術とは，個別小売企業の経営戦略の決定と遂行において必要となる知識・判断・行動として捉えられている。そして，それは個別企業の経営戦略において具現化されるものであるが故に，小売店舗のある特定の形態も小売経営技術の1つと見なされているのである。そして小売経営技術の移転には次の3つの方法があるとされている。すなわち，第1に，A企業・店舗からB企業・店舗に人材が移行するものである。つまり小売経営技術の取得者が，AからBへ移ることによって，小売経営技術が移転されるのである。第2に，B企業・店舗の従業員がA企業・店舗から小売経営技術を受容するものである。これは小売業が店舗などを公開し，広く消費者等に情報伝達することによって促進されるものである。そして第3に，仲介者・第三者による移転の媒介である。当事者であるA企業・店舗そしてB企業・店舗とは異なる外部の立場からA企業・店舗を調査・分析し，B企業・店舗へその小売経営技術を伝えていくのである[4]。

しかしながら、これら3つのアプローチはいずれにせよ、あくまでも小売経営技術の移転の一環としての小売形態の展開を示しているものであり、もともと何故小売経営技術の移転が起こるのか、つまり小売形態の展開が何故起るのかについて言及することを意図されたものではない。

ここで着目すべきは、その移転が生じてくる受容上の諸条件について言及されている点である。すなわち、以下のような諸条件が整ってはじめて、小売経営技術の移転が有効に実行されるというのである。まず、当該企業が対応しようとしている経営環境の諸要因とそれらの変化に対応することができる技術であるかどうかということが第1の条件である。つまり、対象消費者の欲求とその変化、競争企業との競争上の差別的優位性から見た当該技術へのフィッティングがうまくいくのかどうかということである。次に、当該小売経営技術が、特定の小売企業に適したものであるかどうかである。これは、単純に業種や規模だけでは適合技術を判断できないということである。個別の経営目標や経営資源と、導入・移転技術との整合性が重要であり、それらを求めての小売経営技術の移転なのである。そして第3に、小売経営技術相互間の整合性が必要とされるということである。小売経営技術間でのシナジー効果を発揮するような形で、小売経営技術が導入・移転されることが重要となってくるのである。

これら受容条件の中で、後者の2つについては卸売業における卸売経営技術、さらには形態（業態）を考える場合にでも援用され得る受容条件である。しかしながら、最初の条件については、小売業に固有の問題であると考えられる。つまり卸売業においても、もちろん最終消費者を想定することは必要ではあるが、卸売業者にとっての直接的な取引相手は小売業者であり、製造業者である。または、卸売業段階は垂直的に多段階へ分化しやすい傾向をもつが故に、取引相手は他の卸売業者になってくる。

さらに、石原（1999）の研究を見てみよう。ここでも商品の取り扱い技術に着目し、これをもって小売業態を捉えようとする試みが行われている。それは単なる商品取り扱い技術にとどまらず、小売業の経営技術にまで及ぶ場合もあるとしている。つまり、本来的に多様な商品はそれぞれに固有の取り扱い技術

を求める。それらが商業という売買の集中プロセスを経由して,秩序だった品揃え物に形成されていく場合,これらの商品取り扱い技術の異質性が一定の限界(臨界点)を超えると,売買の集中の原理,つまり多数の売買が集中することによる需要と供給のマッチング容易化に技術的な制約を課すことになる。そして複数の新しい技術が関連しあい,それが新たなる小売経営を構想させる時に,それらが技術の臨界点を動揺させて新しい小売経営を支える技術となっていく。そして新しいコンセプトの下で新しい技術に支えられた小売業が生まれてくる。この新しいコンセプトと技術の総体が業態なのである[5]。このように小売経営技術を捉えていくと,小売経営を卸売経営と読み替えても大きな差異は見られない。その意味では,小売業態というよりも卸売業態を含んだ包括的な流通業態と見ることもできるものである。

2-2 小売ミックスの構成

第2の小売業態を捉える視点は,小売ミックスの構成要素・編成パターンによって小売業態を識別するというものであり,一般的に小売業態の分類として認知されているものである。そこでは取扱商品の品揃えによって業態分類が行われる。そして,その商品構成に適した小売流通ミックスによっても,また業態のタイプ分けが行われている。価格の高低,品揃えの深・浅と広・狭,付加サービス,店舗運営などが組み合されて1つの形態・業態を構成していくのである。これらは程度の差はあれ,結局のところ最終消費者のライフ・スタイルや購買行動への適応・部分的適応であり,あるいは消費者に対して利便性を新たに提供できる故に表れてくるものである。

これら小売業態の展開を見ていくと,それが小売経営技術ベースでの業態であれ,小売流通ミックスベースでの業態であれ,常に最終消費者への販売を行っているということが前提である点で,最終的に消費者に対する訴求が最も重要になってくる。現代のような多様な属性をもち,個性化の激しい消費者を対象にしている以上,一小売店舗あるいは一小売企業で対応できるようにより広範な品揃えやより広範な小売流通機能を志向するか,あるいは複数の多様な小

売業態を展開することによって，総合的にこれら消費者に対応しようとすることが求められる。あるいは，特定の顧客・消費者セグメントへの訴求に限定し，専門的な品揃え・特定流通機能遂行（特定流通サービスの提供）を志向した小売業態展開もあり得る。

それでは，これら小売業態における諸特性が卸売業における業態，そして業態展開においても問題となってくるといえるのだろうか。答えは部分的には問題であり，部分的には問題ではないということになってくる。それは，卸売業態も小売業態と同様に生産部門と消費部門の間に介在する点で，同じ流通業態だからである。さらに，相対的な程度の差がある問題というよりも，本質的に異なる問題もあるといえるだろう。卸売業態を考える場合にも，商品取り扱い技術，さらには店舗運営や企業経営にまで反映される経営技術は重要である。また，提供される流通機能のミックスという点でも，小売業と同様に流通機関の1つとして機能しているが故に，卸売流通ミックスなるものは重要になってくる。商品取り扱い技術の内容や流通機能ミックスの内容は，小売業態の場合と異なってくることは当然のことである。しかし，これらの内容に差があるとしても，流通機関としての固有の役割は大きくは変わることはない。

そして，むしろ大きく異なってくる点は，取引相手，さらには取引関係である。上述のように小売業態を考える場合，通常の取引相手は仕入れ面では卸売業者，販売面では最終消費者である。この最終消費者への対応が，小売業態の展開においては，最も重要なことであった。消費者のライフ・スタイルの変化への適応や多様な利便性を訴求する形で，業態展開が進んできた。しかしながら，卸売業態を考える場合には通常仕入面での取引相手は，製造業者そして卸売業である。また販売面での取引相手は，小売業者そして卸売業者である。販売面では，小売業態のように多様・個別な適応は，必ずしも求められてこなかった。むしろ効率的な取引遂行が求められてきたのである。もちろん，最近になっての業態卸への志向は，さらにこれを進めかつ間接的ではあるが最終消費者への適応志向も包含された形で現れてきているといえるだろう[6]。しかしながら，卸売業態・またその展開を考える場合，小売業態のそれと比べると，こ

の取引関係の相違性が重要となってくるということは,原則的にはいえるであろう。

3　小売段階と生産段階に挟まれた卸売段階上の業態

　では,次に流通経路上の垂直的な取引関係に焦点をあてた卸売業の業態展開を見てみよう。一般的に卸売業者を分類・区分する場合,取扱商品別に卸売業者を集合化した業種別の卸売業者が主流であった。それは卸売業者の果たすべき役割に由来するものでもある。卸売業者は生産段階と消費段階の中間に介在し,小売業者と連携して,両段階の需給整合を行う。生産段階では,多様な財の大量生産,見込み生産に伴う流通在庫の必要性,経済の発展による産業財関連部門の発達による迂回流通の必要性があるが故に,卸売流通の果たす役割が大きかったのである。また小売流通段階では,財やサービスの種類,量,そしてそれらの組み合せの持続的な増大,それに伴う品揃え活動の複雑化に対して,卸売流通が役割を果たす必要性があり,卸売業者が流通段階に介在してきたのである[7]。そうなると,小売業者の業態化の動きのような消費者からの影響よりは,むしろ生産段階からの影響をより強く受けることになってくる。それは,流通経路において卸売業者は生産段階とは直接的に対応しているからである。そして,商品の取り扱い上の技術や操作性が,生産段階に適合したものとならざるを得なくなり,また規模の経済性を求めて同質的な商品取り扱いに傾倒していったのである。一方小売流通段階に対しては,最終消費者に向けての品揃えの適合化等がさらに小売段階において再度行われる機会があるが故に,生産段階向けほどの適応を必要としてこなかった。つまり,仕入面での対応の必要性から,製造業の業種への適応が卸売業者の戦略的な重要課題であり,それ故に卸売業者は業種特定的な属性を有することとなったのである。しかしながら,大手スーパーマーケットに代表される大規模小売業者やチェーンストアに代表される組織型小売業者の登場により,振り子は反対に振られることになった。大規模小売業者の圧倒的な販売力・販売量を前にして,卸売業者は主力取引先

として大規模小売業者等を想定せざるを得ない。そこでは，最終消費者の生活スタイルにあわせた，大規模小売業者のフルライン型品揃えに適応することが重要となってきたということである。販売面での対応からの大規模小売商適応，これが必要になってきたのである。主に生産段階に適応していた卸売業者が，小売段階への適応を志向し，その戦略を変えたことによって，業態別流通チャネル編成プロセスの中で，卸売業者もある特定の小売業態に特化した卸売業，つまり業態卸への転換を図らざるを得なくなってきたのである。

以上のことから，卸売業における業態を考える場合のいくつかの視点を導き出すことができる。第1に，需給マッチングから，取引における仕入局面と販売局面のリンクをめざす業態化である。卸売業にとって，本来は仕入取引先の属性よりも仕入商品の品揃えが大切であり，仕入取引に基づいてある種の品揃えを形成して販売取引先に適応していくものである。そのことにより需要と供給のマッチングを遂行することが，卸売業者の役割であった。最近の卸売業者に見られる業態卸化への動きも，基本的には品揃えにおける小売業者への包括的適応を志向するものである。しかしながら，現実的には網羅的・包括的な品揃えを形成しての適応化は困難性を伴うがために，代替的選択肢として流通機能特化型での対応を志向した卸売業態が見られたのである。卸売業者は本来的には需要と供給のマッチングとバランスをとること，すなわち仕入取引と販売取引の適合・連動をめざす。それが，多様な制約条件により，仕入重視の需給マッチングと販売重視の需給マッチングをいわゆるアコーディオンのように繰り返すことにより適応化してきたのである。そして，そのプロセスにおいて卸売業者の業態化への動きが表出してきたのである。

第2に，供給・需要刺激を目指す業態化である。卸売業者は需要曲線と供給曲線の均衡点を求めてその役割を遂行する。それは，結局のところ需要と供給のマッチングである。完全な需給マッチングは，現実の多様な制約条件により，真の均衡点から離れた仮の均衡点として，例えば下記図6-1の第一象限以外に位置することとなる。

ここで，需要曲線を移動させる，または供給曲線を移動させることにより，

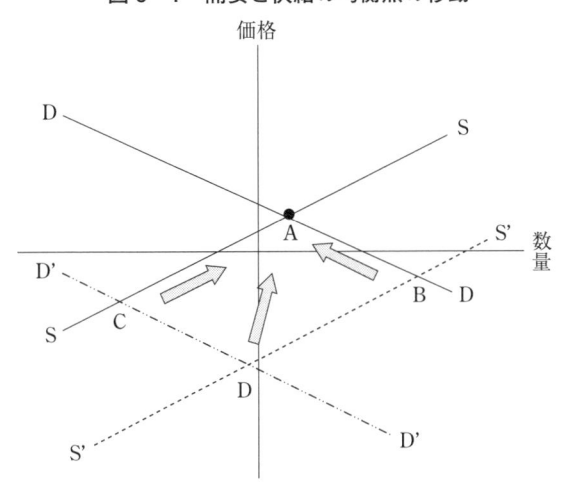

図6-1 需要と供給の均衡点の移動

非現実的であった均衡点を第一象限へ移動させることができると考える[8]。図6-1にあるように，供給曲線 S′—S′ と需要曲線 D—D の均衡点（B点）が供給曲線 S—S への移動により第一象限に現れる（A点）こととなる。また，供給曲線 S—S と需要曲線 D′—D′ の均衡点（C点）が，需要曲線 D—D への移動によりやはり第一象限に現れてくる（A点）。さらに，供給曲線 S′—S′ と需要曲線 D′—D′ の均衡点（D点）にあったものが，両曲線の移動により S—S と D—D の均衡点として第一象限に現れてくる（A点）。つまり，需要と供給のマッチングを実現できるのである。卸売業者は，この供給曲線そして需要曲線の移動を促す役割を果たしていると考えることができる。流通機能特化型の卸売業者，つまり情報武装型卸売業者や物流機能重視型の卸売業者などは，その特定の流通機能を遂行することにより仕入先や販売先に対して刺激を与え，需要と供給の時間的ズレや空間的ズレを修正することにより，供給曲線または需要曲線を移動させることができるのである。そして，需要と供給のマッチングを実現する。このような効果をもたらす業態化が，卸売段階における卸売業態の姿であると考えられる。なお小売業とは異なり，卸売業の場合は取引相手に対して個別対応でなく，全体的に対応することが可能である。そのことによっ

てリスクヘッジは可能になってくるし，総量としてのマッチングも可能となってくる。それ故，需要と供給のマッチングが小売業に比べて実現しやすいのであり，また仕入面での適応から販売面への適応への変化は，供給曲線をコントロールすることから需要曲線をコントロールすることに変化してきたことの表れと理解できるであろう。

　ここで，第１の仕入取引と販売取引のバランス[9]を目指す業態化であれ，第２の需要と供給のマッチングを目指す業態化であれ　仕入面または販売面での取引関係が継続化，固定化されやすいことに言及しておかねばならない。それは，小売段階が個人消費者を取引先とする，それとは異なり，卸売段階は組織を取引先とすること，品揃えにおける規模の経済が求められること，そしてある流通機能への特化によりそのための設備投資が必要とされ，取引が固定的とならざるを得ないこと等によるものである[10]。もちろん製品自体や製品取り扱い技術の標準化が進み，またグローバルな仕入が可能になってきたことに基づく仕入の広範化・広域化等により，すべての取引関係が必ずしも継続化・固定化に向かっているわけではないことは当然のことではある。しかしながら，卸売段階においては継続的・固定的な取引関係がまだまだ見られることは，総じて否定できないことであろう。

4　時系列で見た卸売企業の変動

　卸売業の業態化への動きが，需要と供給をマッチングさせる品揃え形成に反映される仕入取引と販売取引の連動化，そして需要と供給のマッチングを志向した主体的な流通機能特化の二面をもった動きであることを見てきた。このうち主に前者が最近の業態卸と呼ばれる業態化への動きを表すものであるということができるであろうし，主に後者はこれまでの卸売業者の業態化といわれる業態化への動きを表すものであるだろう。しかし，いずれにせよ，卸売業における業態化への動きは，需要面である小売業者と供給面である生産者との関係からは自由になれないことも明らかである。それでは，卸売業者の業態化への

動きは，小売業者や生産業者の動きと本当に連動しているのだろうか。何らかの関係の上に置かれているのであろうか。若干の資料を基に考察してみよう。以下では，日経流通新聞による「日本の卸売業調査」および「商業統計表」の「業態別統計編（小売業）」のデータを使用する。また，生産段階の影響については別の機会に譲るものとし，以下では，専ら小売段階の影響に焦点をあてて見ていくものとする。

　以下の表6-1および表6-2は，卸売企業の売上高ランキングである。ここにあるように，1997年から2001年の5年間での卸売企業の売上高ランキングでは，上位10位までの構成は，ほとんど変わっていない。1998年10月にアズウェルは昭和薬品を合併し，日本商事から社名変更を行っている。また2000年4月にクラヤ薬品，三星堂，そして東京医薬品の3社合併によりクラヤ三星堂が誕生している。これらの合併等に伴う企業名称変更等を含んだ上で，順位の変動は若干あるにしても，ランキング構成上の大きな変更は見られない。さらに11位から20位までを見ても，上位10社ほどの固定化の程度ではないにしろ，それでも同様にランキング構成上の大きな変更は見られない。

　ところが，これら2001年から1997年の5年の動向と10年前である1991年の状況とを比較してみると，構成上の違いが若干見えてくる。まず，玩具，文具・紙・事務機，繊維の取り扱い卸売業者が減少している。その一方で，食品，医薬品，書籍を取り扱う卸売業者が相変わらずランキングの上位を占めている。明らかに業種という観点から見た場合の卸売企業の成長・衰退を見ることはできる。しかし，業態としての変動の動きは明示的には見えてこない。食品，医薬品，書籍についてはこの10年間同じような企業群が上位を占めている。これは，1つには新たなる業態を有した卸売企業の参入はあまり見られず，または新業態が参入してきたとしても上位企業群に対して大きな影響を及ぼすほどには成長しておらず，むしろ合併や経営統合等の動きによる規模拡大が先行してきたということであろう。しかし，もう1つの流れは食料品卸売業者を代表に，小売業態への業態卸化の動きや，各種流通機能特化の動き（リテール・サポートや物流高度化等）があるということである。それは，ここに挙がっているよ

表 6-1 卸売企業売上高ランキング上位20社の推移（1）[11]

(単位：百万円)

	2001年度		2000年度		1999年度	
1位	クラヤ三星堂（医薬品）	1,116,754	国分（食品）	1,021,487	国分（食品）	964,061
2位	国分（食品）	1,083,512	クラヤ三星堂（医薬品）	965,348	スズケン（医薬品）	828,191
3位	スズケン（医薬品）	917,786	スズケン（医薬品）	865,681	日本出版販売（書籍等）	762,998
4位	日本出版販売（書籍等）	744,167	日本出版販売（書籍等）	761,051	雪印アクセス（食品）	743,043
5位	雪印アクセス（食品）	684,786	トーハン（書籍等）	700,140	トーハン（書籍等）	738,417
6位	トーハン（書籍等）	678,863	雪印アクセス（食品）	661,027	菱食（食品）	625,688
7位	菱食（食品）	676,153	菱食（食品）	634,425	クラヤ薬品（医薬品）	543,125
8位	伊藤忠食品（食品）	478,418	伊藤忠食品（食品）	484,244	明治屋（食品）	490,029
9位	アズウェル（医薬品）	467,883	明治屋（食品）	481,227	伊藤忠食品（食品）	468,025
10位	明治屋（食品）	464,816	アズウェル（医薬品）	407,936	日本酒類販売（食品）	385,355
11位	加藤産業（食品）	407,671	加藤産業（食品）	386,935	加藤産業（食品）	369,053
12位	日本酒類販売（食品）	396,751	日本酒類販売（食品）	385,871	アズウェル（医薬品）	354,308
13位	福神（医薬品）	393,827	福神（医薬品）	351,240	福神（医薬品）	318,621
14位	東邦薬品（医薬品）	380,447	東邦薬品（医薬品）	344,907	東邦薬品（医薬品）	316,511
15位	旭食品（食品）	326,328	旭食品（食品）	314,842	旭食品（食品）	292,908
16位	パルタック（洗剤・化粧品）	289,555	パルタック（洗剤・化粧品）	284,880	三星堂（薬品）	272,359
17位	ソフトバンク・コマース（書籍等）	275,407	オオモリ薬品（医薬品）	242,219	パルタック（洗剤・化粧品）	269,658
18位	西野商事（食品）	246,227	ヤマエ久野（食品）	223,414	オオモリ薬品（医薬品）	227,135
19位	バイタルネット（医薬品）	227,883	西野商事（食品）	213,291	ヤマエ久野（食品）	219,964
20位	ヤマエ久野（食品）	220,812	ケーエスケー（医薬品）	203,925	スターゼン（食品）	203,128

表 6-2 卸売企業売上高ランキング上位20社の推移 (2)

(単位：百万円)

	1998年度		1997年度		1991年度	
1位	国分（食品）	907,304	国分（食品）	858,363	国分（食品）	731,385
2位	日本出版販売（書籍等）	791,406	日本出版販売（書籍等）	815,747	トーハン（書籍等）	638,745
3位	スズケン（医薬品）	783,968	トーハン（書籍等）	785,310	日本出版販売（書籍等）	605,515
4位	トーハン（書籍等）	768,783	雪印アクセス（食品）	700,946	任天堂（玩具）	507,500
5位	雪印アクセス（食品）	712,945	スズケン（医薬品）	640,264	明治屋（食品）	495,108
6位	菱食（食品）	613,956	菱食（食品）	601,555	日本紙パルプ商事（文具・紙等）	460,316
7位	明治屋（食品）	492,730	明治屋（食品）	501,545	菱食（食品）	459,625
8位	クラヤ薬品（医薬品）	491,051	クラヤ薬品（医薬品）	452,513	スズケン（医薬品）	457,211
9位	伊藤忠食品（食品）	464,105	伊藤忠食品（食品）	447,319	日本酒類販売（食品）	383,679
10位	日本酒類販売（食品）	373,994	日本酒類販売（食品）	367,463	松下鈴木（食品）	286,000
11位	加藤産業（食品）	355,848	加藤産業（食品）	335,880	小網（食品）	268,040
12位	東邦薬品（医薬品）	289,101	福神（医薬品）	272,242	大永紙通商（文具・紙・等）	261,787
13位	福神（医薬品）	284,851	三星堂（医薬品）	265,965	クラヤ薬品（医薬品）	244,796
14位	旭食品（食品）	283,080	東邦薬品（医薬品）	264,736	加藤産業（食品）	238,709
15位	アズウェル（医薬品）	272,532	旭食品（食品）	260,984	レナウン（繊維）	228,181
16位	三星堂（医薬品）	269,910	小網（食品）	259,657	瀧定（繊維）	221,666
17位	小網（食品）	260,516	三友食品（食品）	216,626	サンミック通商（文具・紙・事務機）	221,418
18位	三友食品（食品）	236,552	パルタック（洗剤・化粧品）	216,618	三星堂（医薬品）	217,956
19位	パルタック（洗剤・化粧品）	222,923	ヤマエ久野（食品）	207,225	セガ・エンタープライズ（玩具）	213,317
20位	ヤマエ久野（食品）	213,387	日本商事（医薬品）	207,054	オンワード樫山（繊維）	213,098

うな上位の卸売業者が実現してきていることでもある。

そこで,次にもう少し長いレンジで卸売企業の動きと小売業態の動きについて見てみたい。小売業態別に見た商店数の推移は,以下の表6-3にあるように1985年から1999年にかけて,専門スーパー,コンビニエンスストア,その他のスーパー,そして百貨店・総合スーパー・その他の小売店が相対的に商店数を伸ばしてきている。他方では,専門店と中心店(取扱商品において衣・食・住にわたる商品がそれぞれ小売販売額の50%以上かつ90%未満の小売専門店)においては,減少傾向が見られる。専門店と中心店の合計を見ると,1985年で94.7%,1988年で93.9%,1991年で91.5%,1994年で90.5%,1997年で86.4%と減少し続け,1999年には少し回復して89.1%になっているが,大きくは減少傾向を示してきた。

表6-3 小売業態別商店数の推移

(単位:%)

	専門スーパー	コンビニエンスストア	その他のスーパー	専門店	中心店	百貨店・総合スーパー・その他の小売店
1985年	0.4	1.8	3.7	61.7	32.7	0.2
1988年	0.4	2.1	3.3	62.2	31.7	0.2
1991年	1.3	1.5	4.5	62.8	28.7	1.2
1994年	1.7	1.9	5.7	62	28.5	0.3
1997年	2.3	2.6	8.5	59.2	27.2	0.3
1999年	2.5	2.8	6.1	65.4	22.7	0.4

注:構成比の算定上,年度において合計が必ずしも100%に一致しないものもある。
出所:当該年次の『商業統計表』より作成。

この小売業態における変化に合わせて,はたして卸売業における業態変化も生じてきているのであろうか。卸売業における卸売企業売上高のランキング構成を改めて見ておこう。下の図6-2は,1985年から1999年にかけての,6時点における卸売企業の売上高上位の順位変動を示している(1985年度については,業種ごとのデータ(売上高順位)より,抽出して作成したものを利用してい

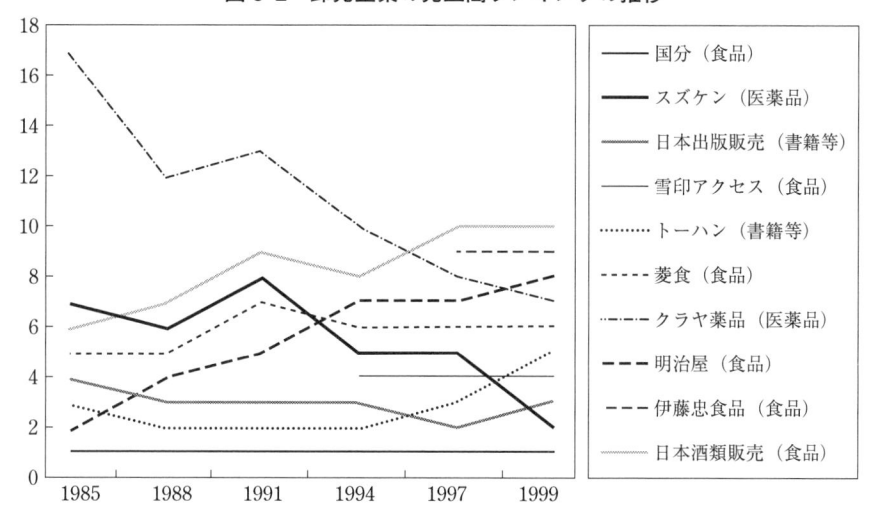

図6-2　卸売企業の売上高ランキングの推移

凡例:
- 国分（食品）
- スズケン（医薬品）
- 日本出版販売（書籍等）
- 雪印アクセス（食品）
- トーハン（書籍等）
- 菱食（食品）
- クラヤ薬品（医薬品）
- 明治屋（食品）
- 伊藤忠食品（食品）
- 日本酒類販売（食品）

る）。国分が15年にわたって，6時点とも常に1位を占めている。さらに，日本出版販売とトーハン（東京出版販売）も上位を示している。スズケンや菱食も，この長い期間にわたり高い位置を占めている。明治屋と日本酒類販売は相変わらず高い位置を占めているが，やや減少傾向にある。上記5－10年の比較で見てきた玩具，文具・紙・事務機，繊維の取り扱い卸売業者が減少している一方で，食品，医薬品，書籍を取り扱う卸売業者が相変わらずランキングの上位を占めていた傾向は，1985年から1999年で見ても同じ動きを示している。

次に，もう少し小売業態の中での増加・減少の傾向を見ておこう。1985年から1999年にかけての小売業売上高上位200社に占める業態別に見た構成割合では，以下の図6-3にあるように，スーパーマーケット，コンビニエンスストア，そして百貨店が減少傾向を示している。他方，専門店は増加傾向を示し，生活協同組合は堅調な数字を示している。これは，上記小売業態別商店数の推移（表6-3を参照されたい）と異なる傾向を示している。小売商店数で見た場合，コンビニエンスストア，百貨店やスーパーマーケットが相対的に商店数を伸ばし，専門店や中心店は減少傾向を示している。しかし，売上高上位での構

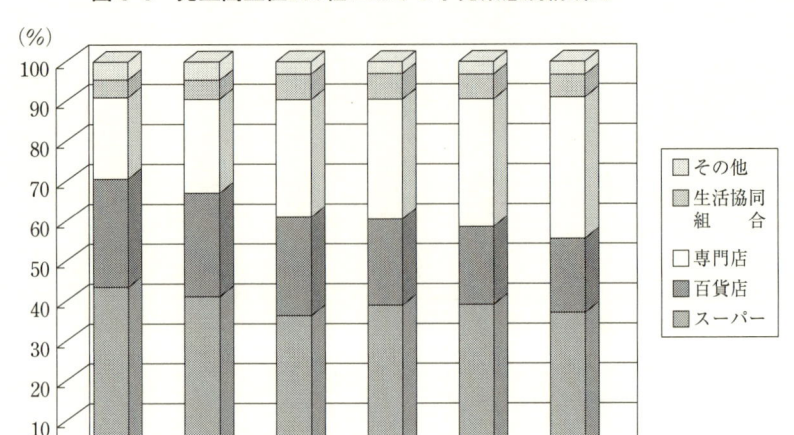

図6-3 売上高上位200社における小売業態別構成比

出所:当該年次の『商業統計表』より作成。

成比で見た場合，スーパーマーケット，コンビニエンスストア，そして百貨店が減少傾向を示し，専門店は増加傾向を示しているのである。つまり，商店数での推移と業態別売上高上位構成比の推移では，相反する傾向を示しているのである。小売業段階ではコンビニエンスストア，スーパーマーケット，百貨店は商店数を増やし，売上高上位構成比では減少してきている。これらは，個別の店舗として小規模分散化してきているといってよいだろう。他方，中心店を含んだ専門店また生活協同組合は，商店数を減らしてきているが，売上高上位構成比では増加ないしは堅調な動きを示している。つまり，店舗として大規模集中化してきているといえるのである。

小売業段階の変動は，業態間で小規模分散化と大規模集中化の動きとして捉えられたが，これを個別企業の売上高ランキングから見てみると以下の図6-4にあるように，上位10位までの小売企業は大きく変動していない。またスーパーマーケットや百貨店を中心に，安定的な動きを示している。卸売業段階では，玩具，文具・紙・事務機，繊維の取り扱い卸売業者が減少している。その一方で，食品，医薬品，書籍を取り扱う卸売業者が相変わらずランキングの上

位を占めていた傾向は、この小売企業の売上高ランキングにも反映されている。つまり、食品や書籍を取り扱う卸売企業が上位を占めているのは、その販売先であるスーパーマーケットやコンビニエンスストアが安定的に上位を占めているためである。また、医薬品や家電品などを取り扱う小売企業は、量販店等の専門店化が多く見られる。これら専門店は、売上高では多店舗展開しているスーパーマーケットなどには及ばないが、徐々に拡大成長してきている。それは、営業利益の推移を見てみると明らかである。以下の図6-5は、小売企業の営業利益額上位20社の業態別割合を時系列で示したものである。上位20位に含まれる小売企業の業態は、専門店やコンビニエンスストアが増え、スーパーマーケットや百貨店は減少してきている。これより、小売業態の中で専門店が成長してきていることが分かる。この小売業段階での専門店拡大への動きに対して、卸売企業もまた小売専門店に多く見られる医薬品や書籍などを取り扱う卸売企業が伸びてきているのである。

ここまで小売業段階の動きとあわせて、卸売業段階の動きを見てきた。特定の流通機能特化型であれ、流通段階での品揃えの包括的対応型であれ、どちら

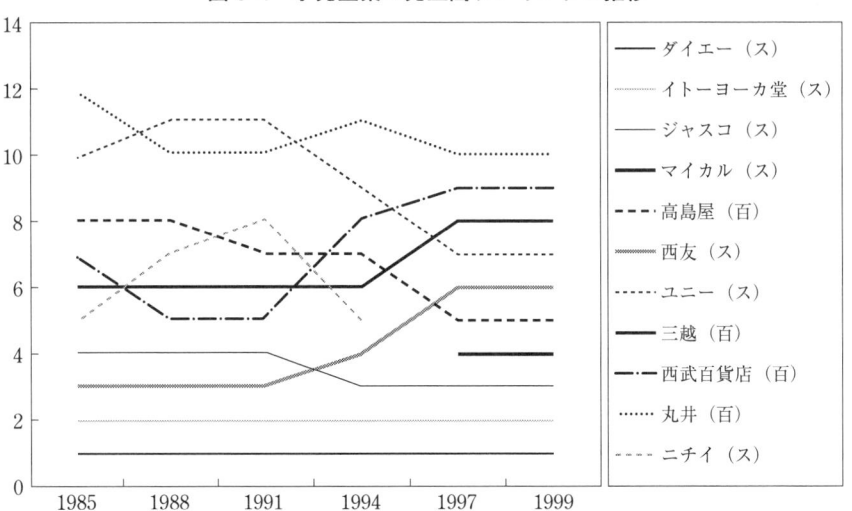

図6-4 小売企業の売上高ランキングの推移

168　第6章　卸売業における「業態」概念と小売業態変化

図6-5　小売業における営業利益トップ20企業の業態構成の推移

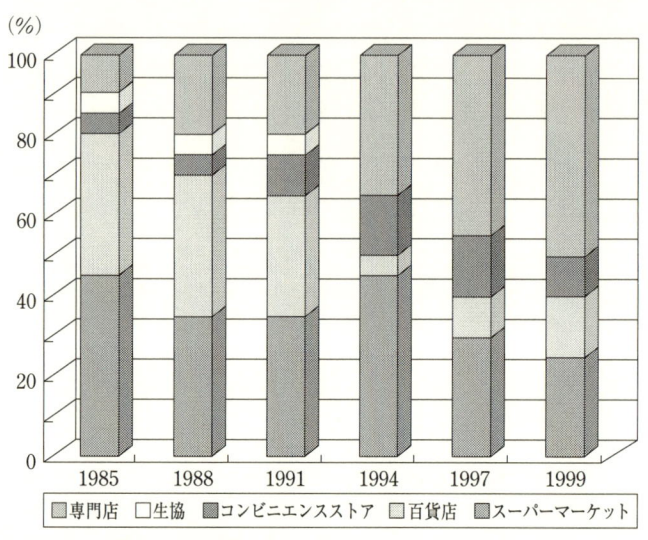

凡例：専門店　生協　コンビニエンスストア　百貨店　スーパーマーケット

出所：当該年次の『商業統計表』より作成。

を目指す業態化が卸売業段階で進もうと，卸業段階における業態化の動きは，まだまだ業種先行であるといわざるを得ない。現状では，個別の企業が流通機能上特化している状態が主な形であると考えられる。しかしながら，卸売業段階での上位企業構成の長年にわたる安定性から見て，まだ業界構造を揺り動かすほどの大きな影響力を有するには至っていなし，むしろ合併や経営統合による格差拡大への動きが先行している状況であるといえる。

5　結びにかえて

　以上，卸売業における様々な業態を含む主要卸売業者について見てきた。最後に，本章での議論のまとめと残された課題について言及しておこう。
　卸売業者のもつ本来の商業者としての，また中間流通段階としての役割から，需要と供給のマッチングということがその業態革新・業態開発の中心的な部分であることは，否めない。そのことを前提とした上で，卸売業においては業態

化の動きとして,現状では2つの方向が見られた。すなわち,需要と供給のマッチングを実現していくために,個別には取引のタイミング,取扱商品の量,取扱商品の品揃え,物流システム,決済システムなどにおいての需給マッチングが志向されている。それらは結局のところ,部分的または全体的な流通機能に特化したマッチング対応を行うという1つの次元と,仕入取引と販売取引を連動させる部分的または全体的な品揃えマッチング対応というもう1つの次元をもつ。本章で見てきた卸売企業の現状から見て,以下の表6-4にあるように部分的な流通機能対応型での業態化と,全体的な品揃えの対応を目指す業態卸が,卸売業の業態化の主な動きであるといえるだろう。今後は,専門店の増大に対応した品揃えの特定領域での専門化(品揃えの深耕化),そして中心的小売業態としてのスーパーマーケットやコンビニエンスストアの安定的な推移に対応した流通機能の全体的対応化(フルライン機能化)も,卸売業における業態化の展開方向の1つとして現れてくるだろう。

また,品揃え対応上の業態化,すなわち業態卸への志向は,卸売段階における販売取引重視と仕入取引重視の繰り返しを含んでいる。この販売取引重視―仕入取引重視―販売取引重視―仕入取引重視…の繰り返しプロセスの中で,業態化への動きが生じてきているのである。このプロセスにおいて,両取引面のどちらかを固定するという形か,そうでないなら仕入と販売のバランスを恒常的にとっていくことが必要となってくる。例えば,取引の固定化は最初に述べた業態卸化への動きであったり,さらにはいわゆる卸売業態の中での流通経路上の垂直的段階への進出という動きと考えられるだろう。また,卸売業者の本来の役割は仕入取引と販売取引のどちらにもフリーな状態で両取引のバランスをとる,つまり取引を連動させていくことが求められる。結局のところ,「仕

表6-4 卸売業における業態化分類

主たる属性次元	部分対応	全体対応
流通機能対応	卸売業態	フルライン機能化
品揃え対応	品揃え深耕化	業態卸

入取引と販売取引のシーソー」の動きが，業態化を説明する1つの大きな要因となってくるであろう。

さて，残された課題は多いが，ここでは基本的な問題を挙げておきたい。第1に，さらなる長い歴史的な考察が必要であるということである。本章では，10—15年後のレンジでの考察を加えたが，さらに長い期間にわたる考察が必要である。需要と供給のマッチングを，より効率的・効果的に遂行することができる技術革新・経営革新が生まれてくるのは，小売業段階に先行されていて，まだまだ卸売業段階では大規模集約化の動きが主流である。具体的な業態化の動向が，卸売業の構造に影響を及ぼすところにまでは至っていない。卸売業段階が生産段階や小売業段階の両面を見ながら変化対応をせざるを得ないからには，生産段階と小売業段階の変化から始まり，それが卸売業段階の変化にまで影響を及ぼすまでの期間は相対的に短いものではないのである。

第2に，卸売業態間のシフト・変化について言及できていないことである。ある業態が発生することをいうと同時に，それが変化するのはなぜかについても説明が必要となってくる。しかし，本章ではある業態の発生の可能性を示唆したにとどまっている。今後さらに業態変化についてのメカニズムを分析していくことが必要なのである。

第3に，ミクロレベルでの個別卸売企業の業態化の動きを十分に捉えられていないことである。本章では二次データを利用して考察を試みた。しかし個別卸売企業のレベルでは積極的な業態化への動きが見られないわけではない。これらの個別の動向を捉えるには個別のケースごとの企業研究が必要になってくるだろう。

（1）ここ数年の間で日用雑貨品や食料品において，これらを扱う日本の卸売業者に，これまでの「業種卸」から「業態卸」への動きが積極的に模索されている。
『日経流通新聞』2001年10月4日。
『日経MJ』2002年8月6日，8月13日，8月20日，8月22日。
（2）小売業態についての研究蓄積は，多数見られる。例えば，以下を参照されたい。
石原武政（1999）「小売業における業種と業態」『流通研究』第2巻第2号，pp. 1-14。

石原武政（2000）『商業組織の内部編成』千倉書房。
　　小川　進（1993）「小売商業形態変化研究の現状と課題」『研究年報』39号，pp. 219-241。
　　佐藤　肇（1974）『日本の流通機構』有斐閣。
　　矢作敏行（1997）『小売イノベーションの源泉』日本経済新聞社。
　　Holander, S.C. (1966), "Notes on the Retailing Accordion", *Journal of Retailing*, Vol. 42 No. 2, pp. 24-40.
　　Izraeli, D. (1973), "A Refined Approach to the Wheel of Retailing", *European Journal of Marketing*, Vol. 7 No. 3, pp. 70-74.
　　McNair, M. P. and E.G. May (1976), *The Evolution of Retail Institutions in the United States*, Marketing Science Institute.
　　Nielsen, O. (1966), "Development in Retailing", in M. Kjaer-Hansen (ed.), *Retailing in Danish Theory of Marketing*, North Holland, pp. 101-115.
（3）小売業における業態と小売業における形態については，明確には区分されるべきものである。しかしながら，本章ではとりあえずは業態を1つの具現化された流通機能，流通技術，ビジネス・モデルとして考察を進めている。その意味では，業態は形態の1つであり，具体的に流通経路上に現れてくるものとしたい。
（4）小売経営技術を単なる技術のレベルにとどめていない。それらを戦略遂行上の知識，判断，行動までをも含むものとした上で，それらを移転する上での操作性を考えた小売経営技術が考察されている。その上で，小売業の形態も小売経営技術の1つの表れであるとしている。
　　鈴木安昭（1980）「小売業の経営技術の移転」『季刊 消費と流通』第4巻第1号，日本経済新聞社 pp. 11-16。
　　鈴木安昭（2001）『日本の商業問題』有斐閣，pp. 271-278。
（5）詳しくは，以下の文献を参照されたい。
　　石原武政（1999）「小売業における業種と業態」『流通研究』第2巻第2号，pp. 1-14。
（6）例えば，業態卸への転換を全面的に押し出しているパルタックでは，顧客満足の最大化と物流コストの最小化を企業目標としている。パルタックのホームページによれば，
　　「パルタックは，美と健康商品を中心に日常生活に欠かせない生活必需品を全国3万数千店のドラッグストア，コンビニエンスストアをはじめ，スーパーマーケット・ホームセンター等の小売業様を通じて一般生活者にお届けしています。市場やマーケットの動きを的確に摑み，顧客満足の最大化と物流コストの最小化をモットーに，卓越したマーチャンダイジングと最新のテクノロジーを駆使したロジスティクスをもって期待される卸売業を目指し活動しております。カテゴリーに精通した知識，売り場を熟知したマーチャンダイジング・ノウハウの提供，そして高度なサプライチェーンマネジメント技術の開発支援など，ご販売店様を強力にサポートしています。」「営業スタッフはマーチャンダイザー：多種多様な商品を取り扱う卸商社として，我々は販売代理業ではなく，お得意様の購買代理業になりたいと願って

います。リテールソルーションビジネスを事業定義に掲げたパルタックの営業スタッフは、一人ひとりマーチャンダイザーであるべきと考えます。効率的かつ効果的な店頭マーチャンダイジングは我々に最も期待される任務であり、責務と考えます。マーチャンダイジングの一例として、商品政策—商品構成—売り場構成—棚割という提案の流れをご紹介します。」

と、包括的な品揃えによる小売業差への適応と、物流機能、さらにはリテールサポート機能に特化した小売業者への適応の両面を志向した業態化を目指している。詳しくは、パルタックのホームページ（http://www.paltac.co.jp）を参照されたい。

（7）矢作敏行（1996）『現代流通—理論とケースで学ぶ』有斐閣，pp. 209-211およびpp. 214-216を参照されたい。

（8）もちろん、これは概念図としての提示であり、第一象限と他の3つの象限に均衡点が現れることに本質的な差異があるということではない。卸売業者が仕入先や販売先への働きかけを行うことにより、供給曲線や需要曲線を移動させることができる可能性に言及したものである。

（9）仕入取引と販売取引のバランスとは、その取引変化において仕入面と販売面において連動して生じてくることを意味する。詳しくは、以下を参照されたい。

　　西村順二（2001）「我が国流通機構の卸売段階における仕入れ取引と販売取引の変化」『中小企業季報』No. 2, pp. 9-18。

　　西村順二（2002）「卸売業者の取引選別と流通チャネル変化」『流通情報』No. 402, pp. 4-12。

（10）卸売業における取引関係が小売業に比べて継続化されやすい傾向をもつことについては、その取引相手が個人ベースではなく、組織ベースであるため相対的に継続化されやすいことが専らの理由として挙げられている。以下を参照されたい。

　　高嶋克義（2002）『現代商業学』有斐閣，pp. 228-231。

（11）表6-1、表6-2、図6-2、図6-4は、下の資料に基づき作成されたものである。

　　日本経済新聞社編（1986）『流通経済の手引き—1987年版—』日本経済新聞社。
　　日本経済新聞社編（1989）『流通経済の手引き—1990年版—』日本経済新聞社。
　　日本経済新聞社編（1992）『流通経済の手引き—1993年版—』日本経済新聞社。
　　日本経済新聞社編（1995）『流通経済の手引き—1996年版—』日本経済新聞社。
　　日本経済新聞社編（1998）『流通経済の手引き—1999年版—』日本経済新聞社。
　　日本経済新聞社編（2000）『流通経済の手引き—2001年版—』日本経済新聞社。

第7章　卸売業態視点に基づく
　　　　日本型流通機構における取引連鎖の特徴

1　問題の所在

　マクドナルドやトイザらス等に始まり，コストコ，スターバックス，IKEA，ZARA，そしてH&Mなどのグローバル小売業者の日本市場参入が，ここ数年で一段と進んできている。彼らは，原則的には日本の既存卸売業者を積極的に利用することはなく，日本市場にも他国で導入している自身の流通モデルを導入することが多い。それは，一般的に日本の流通機構が複雑，不明瞭かつ不透明であり，それを利用するには自社の市場戦略との摺り合わせが必要となるため，日本の流通機構の慣例的システムに身を置くことには困難性が高く，回避したいと思っているからである。そして，この日本の流通機構の不透明さは，日本的取引慣行と呼ばれる取引関係，そしてその多くは特に卸売段階の複雑性に起因するものと思われている。日本の卸売段階は，通常は流通経路上で複数段階に分割される。例えば，産地卸売段階，仲継卸売段階，そして消費地卸売段階などである。これら分割された垂直的段階は，それぞれに取引関係を構築していく。しかしながら，時にはこれら取引関係は同一企業グループ内において構築される。また，垂直的に統合・管理しようとする企業との間で構築される。それは，卸売段階が多段階化すればするほど，不確実性や取引コストはそれだけ高くなってくると考えられているからである。他方で，中小零細規模の流通業者が多数存在し，これらは従来の市場取引に基礎を置く多段階流通の中で取引を遂行していることも大きな事実である。

　この日本の流通市場における多様な取引関係の存在こそが，多くの場合にグローバル小売業者が日本の卸売業者を活用せずに，自身の流通システムあるいはグローバル標準化された流通システムを日本市場へ持ち込む理由である。日

本市場への参入の初期段階では、グローバル小売業者は日本特定的な卸売システムを利用することを回避して、自身の流通システム、流通取引慣行、そしてビジネス様式を活用することになるのである。

取引費用論に基づくいくつかの研究によれば、多くの企業にとって国際市場・グローバル市場への参入様式の選択に際しての最大の関心事項は、最も効率的なガバナンス形態、つまり最小コスト解の獲得であるとされている[1]。したがって、多くの場合にグローバル小売業者は、供給業者との直接取引を望むのである。彼らにとっては、長くそして多段階の流通経路は取引活動における不確実性と高コストにつながると理解されているのである。

しかしながら、これらのグローバル小売企業のすべてが、日本市場において自己の流通取引モードに執着し続けて成功してきたわけではない。グローバル小売企業は、時には取引パターンの変更を余儀なくされたり、日本の卸売業者を活用することを考慮せざるを得なかった場合もある。例えば、最終的には日本市場からの撤退を余儀なくされたが、日本市場に参入した当時のカルフールは、日本市場において明らかにその戦略を変質させたのである。つまり、通常カルフールは異国の新市場へ参入する場合には、当然グローバル標準化戦略をとることになる。しかしながら、日本におけるカルフールは、それを実現することができなかった。参入当初は、これまでのグローバル調達システムを踏襲することを志向していたが、結局は日本の流通業者への依存を回避できなかったのである。

　　「…カルフールの特徴は、メーカーとの直接取引による低価格の実現と、倉庫型の巨大店舗と大規模な駐車場を備えた郊外型店舗で、食料品や生活用品を大量に低価格で販売する点にある。日本のスーパーは商品の多くを問屋から仕入れているが、カルフールは、商品の55％をメーカーから直接仕入れるほか、自社開発商品も多く販売することで、価格を抑える考えだ。…」

　　　　　　　　　　　　　　　（『読売新聞』2000年10月21日）

　　「…店頭では生鮮食料品、日用雑貨品、衣料品、家電製品など幅

広い商品を販売する予定で，特に生鮮食料品には力を入れる。低価格を打ち出すためメーカーとの直接取引に取り組むほか，インターネットを活用した国際的な消費財調達組織グローバル・ネット・エクスチェンジ（GNX）の日本法人にも出資して，効率的な仕入れルートを確保する。…。」

(『日本経済新聞』2000年10月21日）

　カルフールが日本市場へ参入するに際しての上記の記述にあるように，カルフールは日本市場への参入の当初には，他の諸国においてと同じようにグローバル戦略をとることを志向していた。しかしながら，最終的には日本では戦略変更をせざるを得なかったのである。日本市場での新店舗の出店準備において，日本における現地卸売業者を経由した商品仕入を行わざるを得なかったのである。もう少し各種雑誌・新聞における記述を追って見てみよう。

「…日本では問屋経由が商取引の常識であるのを承知で，カルフールは日本でもメーカーとの直接取引を模索した。カルフールにとっては，メーカーとの直取引が基本だからだ。「とにかく直取引をしなければ取引をしないという内容だった」（日用雑貨メーカーの担当者）。ただその後，カルフールはこの要求を取り下げている。店舗数が少ない現状ではメーカーにとって直取引のメリットが少ないこと，また大手商社との物流システム構築の計画が頓挫したことが理由だった。…結局，加工食品や日用雑貨などは，問屋経由で仕入れる形で落ち着いた。

　ただ，問屋経由の場合でもメーカーの出荷価格や，商品原価の開示を一貫して求めるカルフール流に変化はない。商品の適正な原価を把握したうえで仕入れ価格を決定するやり方だ。…店舗数さえ拡大すれば，再びメーカーとの直取引を要求してくるのは確実。…。」

(『週刊 東洋経済』2000年12月9日）

「カルフール・ジャパン㈱の加工食品部門の責任者，フレデリッ

ク・エチエンブレッド・グローサリー部門シニアマネジャーは…一方，加工食品部門の売り上げの柱は，やはりトップブランドを中心としたNBだという。NBに対する消費者の低価格志向は根強く，これに対応し商圏内の他店舗より平均5－7％程度，通常価格を引き下げている。低価格実現のために，回転率の高い商品や販促企画による大量販売などを組み込んで販売効率を向上させている。また国際的なネット市場，グローバル・ネット・エクスチェンジの日本事業に参画するなど，仕入れ構造の合理化にも取組むが，同氏は日本の中間流通機能を高く評価し，NBに関しては卸仕入れを維持する姿勢を示した。」

（『日本食糧新聞』2001年6月22日）

「…日本人の青果へのこだわりに対応して，店づくりを変化させている点を強調する。…日本に参入した当初は，世界各地の店舗と同様，青果売り場は店舗の奥だった。「日本人は生鮮三品を毎日買う習慣がある。しかも鮮度や品質の要求が高い」（植木マネジャー）と，生鮮品を重視する日本人への適応を進めている。

農産物の仕入れは市場調達が中心だ。参入当初意欲を見せていた産地との直取引は一部にとどまる。明石店でもホウレンソウやシュンギクなど同市特産の軟弱野菜を「地場野菜」コーナーで大々的に売り出すが，地元の卸売市場を通じて手当てしている。…。」

（『日本農業新聞』2004年1月24日）

これらの記述にあるように，カルフールのような主要なグローバル小売業者が，日本市場において日本の卸売業者を部分的においてであれ，あるいはすべてにおいてであれ，結局のところは何故利用しなければならなかったのだろうか。標準化した流通戦略を日本市場では，何故展開できなかったのであろうか。これこそが，本章を出発させるきっかけとなった素朴な疑問である。逆にいうならば，日本の卸売業システムと日本の卸売業者はグローバル小売業者にとっ

て現実的に必要とされてきているのだろうか，また重要視されてきているのだろうか。本章においては，上記の諸疑問に対するインプリケーションを得ることができるという理由で，いくつかの卸売業態の間の差異を利用して，取引関係の変化と取引相手のスイッチングという観点から日本の卸売業システムと日本の卸売業者の特徴と，グローバル流通企業が日本における卸売業を必要とするその意味を考察するものとする。それは，またグローバル小売業者の海外市場参入戦略に対するいくつかのインプリケーションを提供してくれるものであり，日本的な卸売部門の動態を理解する手がかりとなり得るものであると考えられるからである。

2 研究の焦点

2-1 卸売業における取引のリンケージ

　流通チャネルは多様な構造を有するものである。それは，端的には以下の理由による。すなわち，一般的には消費財においては製造業者と消費者の間に流通業・流通業者が介在することになる。また，産業財においては原材料・部品製造業者と原材料・部品の消費者（産業使用者）である完成品製造業者との間に流通業・流通業者が介在することとなる。したがって，消費財流通・産業財流通のいずれにせよ，当然のことながら流通業者は製造業者と消費者の両者からの影響を受けやすい立場に置かれることになる。経済社会が発展するにつれて分業化が進展し，製造業者と消費者の間のこの垂直的な関係においても段階分化が生じることになる。垂直的な段階分化が生じたからといって，流通業者は製造業者と消費者・小売業者の影響から自由になることができないことに変わりはない。そして，この複数段階に分化された流通段階も結果的には取引によって繋がれ，流通業者を介する取引連鎖により，流通チャネルが構成されることになる。そして，流通チャネルは多様な形態をとることとなる。

　ここで，流通チャネルは基本的にはいくつかの取引の連鎖から構成されると

いう点が重要である。つまり，取引の積み重ね，そしてそれらの連鎖があってはじめて流通経路・流通チャネルたり得るのである。そして，また多様な流通チャネルが存在するとしても，それらを構成する各取引の視点にまで立ち戻ることは可能であるということでもある。本章においては，取引および取引関係に焦点があてられるが，そこではある種の取引のリンケージが想定されている。典型的な伝統的卸売業者においては，通常卸売業者は製造業者や他の卸売業者からの仕入・購買行動をとり，そしてまた他の卸売業者や小売業者に対する販売行動をとる。そして，仕入取引と販売取引が卸売業者を介して連鎖することになる。この時，卸売業者は，基本的には在庫管理の観点から取引費用の削減を求めて，仕入取引と販売取引を同期化させることを目指すが，仕入取引相手と販売取引相手の間で，タイミング，製品の取り揃え量とその質，そして取引契約の中身を完全に一致させることは困難である。それ故に，これらの対応上の危険分散・回避という意味で個々の取引の費用上の負荷はあるにせよ，複数の取引を自由裁量の範囲で構築し，連鎖させているのである。もちろん，流通チャネルは単なる生産物の継起的段階，生産物流通のフローの軌跡，売買連鎖自体ではない。生産者のチャネル政策と流通・商業組織のそれへの対応の相互作用とそのダイナミズムとして，捉えられるべきである。また，流通段階の単位として流通システムを構成している生産者や消費者，そして卸売業者，小売業者等の家計や企業による何らかの意思決定により，流通活動すなわち取引活動が実行され，それにより多様な中間段階が形成されていくものである[2]。

　この仕入段階と販売段階の取引適合は卸売業者に固有の役割であるが故に，彼らはできるかぎりその適合を実現すべく努力をし，そしてこのことから競合する卸売業者に対する差別的優位性を確保しようとする。これが，これまでの各章で考察されてきている卸売取引関係における取引の連動性である。そしてその結果，流通チャネル上に取引連鎖が形成されることになる。

　さて，通常は仕入取引と販売取引は，タイミング上完全に同期化することはないと考えられる。したがって，両取引の連動は時間的な差異，すなわちタイム・ラグを伴っている。近年では，大規模小売業者への販売取引が先行し，そ

して主要な製造業者との仕入取引がそれに続くという傾向が見られる[3]。しかし，卸売業者にとっては本来はできるだけ近い時点での両取引の実現が望ましい。卸売取引において，迅速かつ円滑に仕入と販売をマッチングさせることが，卸売業者にとっての理想状態である。ここで，通常はいくつかの要因によりそれは阻害されることとなる。これらの阻害要因は，仕入取引と販売取引の連動を妨げるものであり，内的阻害要因と外的阻害要因からなるものである。仕入取引と販売取引の連動を阻害する要因がもともと存在し，それは通常抑え込まれている。しかしながら，取引相手の空間的分布の拡大や製品に対する技術革新等の何らかの理由によりそれらが顕在化し，連動性を阻害するように働くのである。つまり，阻害要因は本来的に取引当事者・取引組織内および取引を取り巻く環境の中に存在する。通常，仕入取引と販売取引はスムーズに結び付けられ，実行されている。しかし一方の取引に変化が生じた場合，その阻害要因が顕在化するが故に，もう一方の取引との結び付きが遅れたり，停止させられたりするのである（以下の表7-1を参照されたい）[4]。内的阻害要因は，組織スラック，取り扱い製品の種類，製品の革新，取引当事者の人的資源等を指す。外的阻害要因は，取引関係，契約内容，取引相手へのパワーバランス，消費者選好，製造業・小売業段階の競争構造，卸売段階の競争構造，そして業界組合のような制度的条件等である。

表7-1　卸売取引連動性の阻害要因

組織内阻害要因	組織スラック 取り扱い製品の種類 製品の革新 人的要因
組織外阻害要因	契約形態 取引先パワー関係 消費者の志向 製造・小売段階の競争構造 卸売段階の競争構造 業界組合などの制度的条件

なお，阻害する範囲から見て完全に阻害する，ある程度阻害する，全く阻害しない，そして阻害するタイミングから見て即時に阻害する，徐々にまた時間をおいて阻害するなどの連動性阻害の程度や阻害のタイプは多様に考えられるが，ここでは阻害するか，しないかの二項対立で論じられる。

以上のように卸売段階における取引の連動性が想定されるが，その連動する内容やもたらされる効果は多様である。卸売業者が同期化させる内容は，取引の各要素に還元することが可能であるが，本章ではそれを品揃えのマッチングだけにとどまらず，多様な取引認識要素を想定して考察を進めるものとする。また，日本における卸売業者のデータが分析対象となる。基本的には，第2章で提示されている取引連動性のタイプにおける，小規模多数の製造業者と小規模多数の小売業者を繋ぐ卸売業者を想定している。この卸売業者を業態に基づき区分して，取引の連動性を考察することになる。

2-2 卸売業の業態変化

これまでに，卸売業における業態を積極的に議論することは，あまり見られなかった。いくつかの研究において，例えば卸売業者主宰のボランタリーチェーンや，ホールセールクラブ等の特定卸売業態についての考察は行われているが，それは卸売業態一般の議論というよりは，個別業態の事例研究が主であった。しかし，卸売業者もまた生存をかけて，業態の革新に取り組むものである。この卸売業態の特徴を，取引の連動関係の中で考察し，それを通して取引の連動性を説明することの一助とすることが本章の1つの目的である。本章においては，取引関係の変化の動態とそのプロセスに焦点があてられている。それを取引の連動性として捕捉しようとしている。つまり，卸売取引関係の動態について考察を加え，それらからグローバル小売企業が日本市場へ参入する際にある種の障壁と見なされている日本における卸売業の取引特異性を考察することが，もう1つの目的である。そのために卸売業者の取引関係の変化について，仕入取引と販売取引の連動という観点から，そこにおける卸売業態の関わりを見ていく。取引連鎖の中に位置する卸売業者を，その連鎖故の業態として区分

し，卸売業態の特徴やその展開において取引関係の変化を考察するのである[5]。なお，本章では，卸売業態の1つのタイプ分けとして，直取引卸，元卸，そして最終卸が考察されることになる。

3 卸売業態変化への影響要因

3-1 卸売業態の視点

卸売業態を考察するに際して，第1に注意すべきは，それを取り巻く諸要因は取引関係の外部要因と内部要因に区別されるべきであるということである。これら諸要因は，小売業態に見られるものといくぶん異なってくる。内部要因は，形成される品揃えの広さと深さ，取引先に基づく仕入・販売取引空間・地域，取引先とのパワー関係，取引相手の多様性・限定性，PB製品なども含んだ新製品開発技術等である。外部要因は，社会的要因，技術的要因，人口動態的要因，経済的要因，そして政治的要因等所与のものである。外部要因は，小売業態においても適用される要因であるが，内部要因が卸売業態固有の課題を提示し，それらへの解決策として卸売業態が展開されているといえるだろう。

この内部要因に着目すると，卸売業態においては，取引および取引関係が浮かび上がってくる。それは，見方を変えれば取引上の適応性である。小売業者のように，最終消費者が一方の取引相手として固定されているのではない。その点で取引相手の両面が，特に言及されることになる。つまり，小売業態ではなく特に卸売業態を考察するにおいては，仕入取引と販売取引の両面への内部・外部要因の影響が1つの重要点となってくるのである。

第2に注意すべきは，卸売業態の変化の内容と関連性である。あるタイプの卸売業態と他のタイプの卸売業態の区別は可能であるが，それだけでは一方の卸売業態から他方の卸売業態への変化は捉えられない。ボランタリーチェーン，ホールセールクラブ，多品種少量物流業者，そして高度情報武装型卸売業者等は1つの卸売業態として区別されるが，ある業態から他の業態へのシフトはど

のようにして生じるのであろうか。技術的な革新であれ，流通ミックスの新しい編成であれ，それは最終的には仕入取引とは販売取引に資する形での業態変化でなければならない。そこが，小売業態と異なる点である。重要なのは，卸売業者にとって仕入取引のパートナーは，製造業者など少なくとも流通チャネルの川上に位置する取引業者であり，販売取引のパートナーは，小売業者など少なくとも流通チャネルの川下に位置する取引業者であるということである。この文脈に卸売業者は置かれているということを認識してはじめて，取引連鎖そしてその取引関係の動態の中に卸売業態の変化のプロセスを捕捉することができるといえるだろう。

3-2　卸売業と小売業における業態の区別

小売業態に対する基本的なアプローチに従うと，環境論そしてコンフリクト論が一般的には論じられてきた[6]。各理論の詳細は別稿に譲るとして，環境論においては小売業における変化は制度体や組織の活動に基づくある所与の環境内での展開の機能であるとされている。循環論では，小売業態は規則的な方法・方向において変化するとされている。そして初期パターンの繰り返し・再現により特徴付けられるとするものである。コンフリクト論では，新しい小売様式や小売業タイプが認識されると，そこに現れてくる制度体や組織の間でのコンフリクトが発生し，そのコンフリクトへの適応・解消のプロセスの中で新たな小売業態がその位置を得ることになるというものである。さらには，統合理論や革新論が考察されるが，そもそも小売業態と卸売業態ではその変化を説明するにあたっての問題の設定が異なっているといえるだろう。それは第1に，卸売業態を考えるならば，アメニティ次元は小売業態におけるそれと同じくらい有効であるとは言い難いということである。小売業態展開では，消費者の購買行動プロセスの中で自己に適した商品選択できる選択自由幅である購買アメニティと購買行動における経済的効率性の間には一般的なトレードオフ関係が存在し，この購買アメニティと経済効率性の価値の組合せからなる購買全体の等価値線上に展開される[7]。しかし，小売業態とは異なり，卸売業態は第一義

3 卸売業態変化への影響要因　183

的には購買アメニティに吸引されて展開するものではないのである。

　第2に，卸売業態の展開では空間の制約が特別な要因とはならないということである。小売業において取引空間・取引地域は元来制約を受けるものであり，重要な要因である。それは取引相手である消費者の空間分布に依存せざるを得ないからである。商圏の制約を直接的に受けるということである。しかし，卸売業者にとっては取引空間・取引地域の制約は小売業に比べて相対的に大きくなく，必ずしも特別な要因ではない。また，例えば多品種少量物流を実現する高度物流卸売業者という業態等では，重視すべきは卸売機能の内部化・統合化・ジョイント化の問題であり[8]，小売業に比べて外部組織との取引関係上の連携等によりこの空間的制約への対応は取りやすいといえる。

　上記の視点に基づくと，取引に基づく卸売業態の動向は，以下の表7-2のように位置付けることができよう。すなわち，製造業者と小売業者への適応の方向性で表出するということである。まず伝統的な卸売業者は，既存の通常の典型的な卸売業者である。品揃え次元において，ある種の範囲内，すなわち業種内品揃えでの適応化を図ってきた。その上で，流通機能次元での適応化を図る方向へシフトする。それは取引関係をベースにした上での求められる機能への特化した卸売業態である。さらに，流通機能へのコミットメントではなく，品揃えのさらなる専門化を目指す専門卸売業者へのシフトも登場する。業態卸は品揃え次元における部分ではなく全体への拡張適応へシフトを目指す。流通機能次元では，基本的には資源投下した上での対応・適応であるため，流通機

表7-2　卸売業態の展開

			流通機能次元		
			部分対応	拡張対応	
				深化対応	全体対応
品揃え次元	部分対応		伝統的卸売業者	各卸売業態	―
	拡張対応	深化対応	専門卸売業者	―	―
		全体対応	業態卸	―	―

能次元での拡張対応までは実現しにくいのが現実である。なお，品揃えの部分適応および全体適応は，取引関係にある小売業態や製造業者への品揃え上の相対的な適応であることをことわっておこう。

上述の既存研究の視点においては，本章における考察視点は循環論とコンフリクト論に近いといえる。ただし，循環論のように新規参入の卸売業者についてではなく，既存の卸売業者にあっても業態展開をしていくことに本章では関心が置かれる。また，コンフリクト論のように事後的な説明ではなく，動態の方向性を検討することに関心が置かれている。さらに，仕入次元で見た場合に仕入局面での製造業者・卸売業者の品揃えと，販売局面での卸売業者・小売者の品揃えは区別されるべきである。その上で以下の考察を進めていきたい。第1に，品揃え次元に着目すると，仕入・販売取引両面を即時に，そして全面的に適合化させることは困難である。それ故に仕入取引か販売取引のどちらかの局面での適合化を優先せざるを得ない。それが卸売段階において段階の分化として現れてきたともいえる。いわゆる生産地点に近いところに分化した産地問屋，消費地に近いところへ分化した消費地問屋，そしてそれらの中間で仲継ぎの役割に分化した仲継問屋等である。後述するように，これらを卸売業態のタイプと位置付けて考察を加える。第2に，これらの卸売業態において品揃えから見た取引連動上の仕入重視・依存型と販売重視・依存型の存在を確認したい。そして第3に，日本的な流通機構においては，全体として卸売業者は仕入取引と販売取引のどちらかへまるでシーソーのように重点を移しながら卸売業態が展開してきていることを考察したい。

4 卸売業における仕入取引と販売取引に関する調査とその結果

以下では，大阪府および兵庫県下に本社を置く卸売業者3,000社を対象に，2001年に実施されたアンケート調査において回収された577社の有効データに基づき分析を加えるものとする。なお，アンケート調査概要やデータの詳細に

4 卸売業における仕入取引と販売取引に関する調査とその結果　185

ついては，すでに第5章で言及されている。サンプル卸売業者の属性は，製造業者や海外からの仕入を行い，小売業者や業務用需要者（産業財使用者）への販売を行う卸売業者が多数であり，業種と組織規模においては分散的な構成となっている。したがって，ある種の標準的な卸売業者としての分析に耐え得るデータと考えられよう。

　また，データ構成の制約上伝統的な卸売業者として「直取引卸」が，生産地卸売業者・産地問屋として「元卸」が，消費地卸売業者・消費地問屋として「最終卸」が，3つのタイプの主要な卸売業者の代表として分析されることとなる[9]。なお，卸売業者から仕入れ，卸売業者へ販売を行う「中間卸」については，データの少なさと本章の問題設定上の直接的な考察対象の範囲外であることから，ここでは考察しないものとする。

　さて，卸売業者に関する上記データは，2つのステップで分析される。第1に，因子分析用に操作変数が設定される。因子分析においては，仕入取引と販売取引が区別され，卸売業者が各取引をどのように認識しているのかということが確認される。第2に，直取引卸，元卸，そして最終卸という卸売業態の観点から考察される。そして，仕入取引と販売取引における最も効果的な要因の相関関係が考察される。以下の表7-3と表7-4が変数の定義である。

4-1　卸売業者の取引関係認識

　上記変数に基づく因子分析の結果，以下の表7-5から仕入取引においては3つの因子が抽出された。因子パターンと因子負荷量から，協力や同調化に関連した変数の因子負荷量が大きい第1因子が浮かび上がってくる。第1因子は，長期的パートナーシップ性，システム化協力性，信頼性，サポート支援性，経営理念共有性，そして対応性からなる。このことは継続的な長期取引関係によって同一組織に近い擬似組織を表しているといえよう。したがって，第1因子は「理念・組織同調化」を表しているといえる。

　第2因子において大きな因子負荷量を有する変数は，価格支配性，ブランドパワー性，そしてスイッチング困難性である。第2因子は，共同での研究開発

表7-3 供給業者との仕入取引関係の認識

変 数 名	操作上の定義
経営理念共有性	「仕入先は貴社の経営理念を理解してくれている。」への5点尺度評価
長期的パートナーシップ性	「仕入先は貴社を長期的な取引パートナーとして認識している。」への5点尺度評価
信 頼 性	「仕入先が提供している情報とアドバイスは信頼できる。」への5点尺度評価
対 応 性	「仕入先は多少無理な注文であってもそれに応じてくれる。」への5点尺度評価
システム協力性	「仕入先は貴社の各種のシステム化に対して協力している。」への5点尺度評価
サポート支援性	「仕入先は情勢変化に応じてきめ細やかな支援をしてくれる。」への5点尺度評価
資本的・人的結合性	「仕入先とは資本的・人的結びつきがある。」への5点尺度評価
利幅補償性	「仕入先は貴社の妥当な利幅の確保に配慮や補償をしてくれる。」への5点尺度評価
スイッチング困難性	「仕入先の転換が困難なために，現在の取引関係を維持している。」への5点尺度評価
ブランド・パワー性	「仕入先のブランド力や品揃えが貴社にとって不可欠である。」への5点尺度評価
価格支配性	「仕入先の言い値どおりに仕入れ価格が決まる。」への5点尺度評価
ライバル性	「仕入先は貴社が競合している同業者とも強い結びつきがある。」への5点尺度評価

などの協力体制の姿は見られず，むしろ取引関係に依存した「依存化」を表しているといえよう。

第3因子としては，利幅保証や人的・資金的結合の因子負荷量が大きい。またライバル性に対してはマイナスの因子負荷量が示されている。第1因子の同調化に近いが，これは人的・金銭的な繋がりを基盤にしたものである。したがって，第3因子は「人的・資金的同調化」と呼ぶことができるものである。

表7-6に示されているように，販売取引においては第1因子は仕入取引における変数と同様に，長期的パートナーシップシップ性，信頼性，経営理念共有性が大きな因子負荷量を示している。この点では仕入取引と同じく「理念・

表 7-4　販売先との販売取引関係の認識

変　数　名	操作上の定義
経営理念共有性	「販売先は貴社の経営理念を理解してくれている。」への5点尺度評価
長期的パートナーシップ性	「販売先は貴社を長期的な取引パートナーとして認識している。」への5点尺度評価
信　頼　性	「販売先が提供している情報・アドバイスを貴社は信用している。」への5点尺度評価
対　応　性	「貴社は販売先からの多少の無理な注文に応じている。」への5点尺度評価
システム協力性	「販売先とは各種のシステム化で協力しあっている。」への5点尺度評価
弾力的サポート性	「市場情勢の変化に応じて，販売先との取引条件を弾力的に変更している。」への5点尺度評価
資本的・人的結合性	「販売先とは資本的・人的結びつきがある。」への5点尺度評価
利幅補償性	「販売先は貴社の妥当な利幅の確保に配慮してくれる。」への5点尺度評価
スイッチング困難性	「販売先の転換や新規開拓が困難であるがために，現在の取引関係を維持している。」への5点尺度評価
ブランドパワー性	「販売先が有力企業であるために，また販売先からの製品がブランド力があるがために販売先は貴社にとって不可欠である。」への5点尺度評価
価格支配性	「販売先に対して貴社は価格交渉力をもっている。」への5点尺度評価
ライバル性	「販売先は貴社が競合している同業者とも強い結びつきがある。」への5点尺度評価

組織同調化」を表しているといえる。しかしながら，価格支配性変数も大きな因子負荷量を示し，スイッチイング困難性変数ではマイナスを示している。販売取引面では，取引先との同調化を図りながらも取引相手の拘束や価格面での拘束的な関係を内在しているといえる。

　第2因子においては，資本的・人的結合性，利幅保証性，システム化協力性と弾力的サポート性が大きな因子負荷量を示している。人的にも資金的にも関係強化が図られているということであり，第2因子を「人的・資金的同調化」と呼ぶことができる。

表7-5 仕入取引認識面での因子分析結果：バリマックス回転後の因子負荷量

因子名 変数名	第1因子 理念・ 組織同調化	第2因子 依存化	第3因子 人的・ 資金的同調化	共通度
長期的パートナーシップ性	0.736			0.550
システム化協力性	0.718			0.541
信頼性	0.695			0.517
サポート支援性	0.682			0.546
経営理念共有性	0.675			0.502
対応性	0.593			0.389
価格支配性		0.846		0.735
ブランドパワー性		0.478		0.293
スイッチング困難性		0.317		0.112
利幅保証性			0.623	0.565
資本的・人的結合性			0.544	0.420
ライバル性			−0.404	0.178
固有値	4.042	1.745	1.181	
寄与率	33.685	14.544	9.853	
累積寄与率	33.685	48.229	58.082	

第3因子については，ブランドパワー性，対応性，そしてライバル性の各変数が大きな因子負荷量を示している。これらは，競争対応上の差別的優位性を求めた関係強化といえるだろう。したがって，第3因子を「競争優位性」因子と考えてよいだろう。

以上の因子分析の結果から，卸売業者全体での姿として，仕入取引と販売取引の両面に直面して，理念上の同調化・同一組織化を志向する傾向にあるといえる。また人的・資金的な結合への志向も見られた。ただし，仕入面では依存化の傾向も見られる。他方で，販売面では競争対応上の関係構築が志向されていることも明らかになった。

4−2 直取引卸の取引関係認識

次に，直取引卸，元卸，最終卸の各卸売業態別にさらに分析を加えてみよう。

表7-6　販売取引認識面での因子分析結果：バリマックス回転後の因子負荷量

因子名 変数名	第1因子 理念・ 組織同調化	第2因子 人的・ 資金的同調化	第3因子 競争優位性	共通度
長期的パートナーシップ性	0.748			0.655
信頼性	0.745			0.589
経営理念共有性	0.618			0.519
価格支配性	0.391			0.199
スイッチング困難性	-0.348			0.189
資本的・人的結合性		0.586		0.345
利幅保証性		0.575		0.408
システム化協力性		0.369		0.232
弾力的サポート性		0.310		0.220
ブランドパワー性			0.671	0.484
対応性			0.454	0.220
ライバル性			0.271	0.083
固有値	3.182	1.480	1.256	
寄与率	26.518	12.336	10.469	
累積寄与率	26.518	38.854	49.323	

直取引卸の場合，仕入取引に関しては卸売業者全体の分析結果と同じ内容を示している（表7-7を参照されたい）。第1因子は，「理念・組織同調化」，第2因子は取引関係に依存した「依存化」，そして第3因子としては，「人的・資金的同調化」と呼ぶことができるものである。

販売取引局面では，表7-8に見られるように，第1因子では長期的パートナーシップ性，信頼性，経営理念共有性，価格支配性，マイナス数値のスイッチング困難性とほぼ卸売業者全体と同じ変数の因子負荷量が大きい。そして，さらにシステム化協力性と弾力的サポート性が追加されている。「理念・組織同調化」が，眼に見える形でさらに進んだものといえるだろう。第2因子では，ブランドパワー性，対応性，そしてライバル性変数が高い因子負荷量を示している。卸売業全体の販売取引面での第3因子，つまり「競争優位性」因子であり，同じ変数構成となっている。第3因子においては，資本的・人的結合性変

190　第7章　卸売業態視点に基づく日本型流通機構における取引連鎖の特徴

表7-7　直取引卸の仕入取引認識面での因子分析結果：バリマックス回転後の因子負荷量

因子名 変数名	第1因子 理念・ 組織同調化	第2因子 依存化	第3因子 人的・ 資金的同調化	共通度
システム協力性	0.723			0.556
信頼性	0.718			0.557
長期的パートナーシップ性	0.717			0.534
経営理念共有性	0.682			0.515
サポート支援性	0.618			0.510
対応性	0.588			0.399
価格支配性		0.796		0.656
ブランドパワー性		0.494		0.307
スイッチング困難性		0.315		0.110
利幅保証性			0.750	0.674
資本的・人的結合性			0.447	0.318
ライバル性			−0.344	0.141
固有値	3.943	1.780	1.166	
寄与率	32.855	14.831	9.717	
累積寄与率	32.855	47.686	57.403	

数と利幅保証性変数の2つのみが挙げられている。卸売業全体における販売取引認識の因子分析では，この2つの変数にさらに，システム化協力性と弾力サポート性が加わっていた。直取引卸においては，より明確に「人的・資金的同調化」が進んでいるといえるだろう。

4-3　元卸の取引関係認識

　元卸の取引関係認識では，仕入取引において抽出された第1因子は，サポート支援性，経営理念共有性，長期的パートナーシップ性，システム化協力性，信頼性，そして利幅保証性という変数からなる。卸売業全体や直取引卸での仕入取引第1因子と比べて，対応性変数ではなく利幅保証性変数が含まれている。継続的・長期的取引関係に基づく同調化傾向は同じであるが，元卸は仕入相手

表7-8 直取引卸の販売取引認識面での因子分析結果：バリマックス回転後の因子負荷量

因子名 変数名	第1因子 理念・組織同調化	第2因子 競争優位性	第3因子 人的・資金的同調化	共通度
長期的パートナーシップ性	0.797			0.649
信頼性	0.760			0.590
経営理念共有性	0.658			0.497
価格支配性	0.473			0.240
システム化協力性	0.364			0.240
弾力的サポート性	0.336			0.138
スイッチング困難性	−0.318			0.222
ブランドパワー性		0.640		0.441
対応性		0.551		0.314
ライバル性		0.320		0.113
資本的・人的結合性			0.621	0.396
利幅保証性			0.494	0.409
固有値	3.231	1.558	1.301	
寄与率	26.921	12.987	10.838	
累積寄与率	26.921	39.908	50.746	

との関係ではより現実的な同調化を求めているといえる。したがって，「全面的同調化」因子と呼んでよいであろう。第2因子は，価格支配性変数とブランドパワー性変数の因子負荷量が多く，取引相手との依存的従属関係に基づく「被支配化」因子といえる。第3因子では，マイナス数値でのライバル性と資本的・人的結合性という変数の因子負荷量が大きくなっている。「人的・資金的同調化」と呼べよう。また，第4因子としては，対応性変数とスイッチング困難性変数からなる因子が抽出された。いわゆる取引相手への依存性が高くなるものであり，「依存化」因子といえよう。仕入取引面では，ほぼ卸売業者全体や直取引卸と同じような構成となっている。

ところが，元卸における販売取引認識では卸売業者全体や直取引卸とは異なる認識が見られる。第1因子はシステム化協力性，弾力的サポート性，そして

資本的・人的結合性という変数から構成され、現実的な取引関与関係が志向されている。その点では、まさしく「人的・資金的同調化」因子といえるだろう。第2因子は、信頼性、利幅保証性、対応性変数の因子負荷量が大きく、裏付けのある、すなわち利幅保証の下での信頼関係構築であり、「確実信頼化」因子といってよいものである。第3因子は、経営理念共有性、長期的パートナーシップ性、そしてライバル性変数からなり、「理念・組織同調化」因子である。第4因子は、ブランドパワー性、スイッチング困難性、そして価格支配性の各変数の因子負荷量が大きい。さらにブランドパワー性とスイッチング困難性はマイナスである。これらから、第4因子は「依存化」因子であるといえるだろう。

　元卸においては、直取引卸とは販売取引先の属性の違いから、特に販売取引

表7-9　元卸の仕入れ取引認識面での因子分析結果：バリマックス回転後の因子負荷量

因子名	第1因子	第2因子	第3因子	第4因子	共通度
変数名	全面的同調化	被支配化	人的・資金的同調化	依存化	
サポート支援性	0.801				0.583
経営理念共有性	0.757				0.597
長期的パートナーシップ性	0.747				0.627
システム化協力性	0.723				0.566
信頼性	0.681				0.512
利幅保証性	0.531				0.550
価格支配性		0.813			0.453
ブランドパワー性		0.671			0.421
ライバル性			−0.716		0.256
資本的・人的結合性			0.448		0.375
対応性				0.640	0.401
スイッチング困難性				0.504	0.238
固有値	4.208	1.863	1.263	1.126	
寄与率	35.065	15.524	10.522	9.381	
累積寄与率	35.065	50.589	61.111	70.492	

4 卸売業における仕入取引と販売取引に関する調査とその結果　193

表7-10　元卸の販売取引認識面での因子分析結果：バリマックス回転後の因子負荷量

因子名 変数名	第1因子 人的・資金的同調化	第2因子 確実信頼化	第3因子 理念・組織同調化	第4因子 依存化	共通度
システム化協力性	0.716				0.406
弾力的サポート性	0.704				0.438
資本的・人的結合性	0.471				0.290
信頼性		0.842			0.494
利幅保証性		0.529			0.392
対応性		0.372			0.143
経営理念共有性			0.637		0.463
長期的パートナーシップ性			0.583		0.551
ライバル性			0.262		0.108
ブランドパワー性				−0.487	0.280
スイッチング困難性				−0.433	0.135
価格支配性				0.341	0.250
固有値	3.242	1.510	1.332	1.144	
寄与率	27.017	12.581	11.097	9.533	
累積寄与率	27.017	39.598	50.695	60.228	

において長期的・継続的な同調化傾向を取引関係に求めるのはもとより，それにとどまらない。これを現実化するための関係構築が優先されているのである。

4-4　最終卸の取引関係認識

　最終卸における仕入れ取引関係の認識を見てみると，第1因子では，サポート支援性，対応性，システム化協力性，長期的パートナーシップ性，利幅保証性，経営理念共有性，そして信頼性変数が大きな因子負荷量を示している（表7-11を参照されたい）。卸売業全体そして直取引の仕入取引認識における第1因子とほぼ同じ変数構成である。ただし，利幅保証性変数が含まれる。「理念・組織的同調化」因子が想定できる。第2因子では，価格支配性，スイッチング困難性，ブランドパワー性，そしてライバル性という変数構成からなる。

表7-11 最終卸の仕入取引認識面での因子分析結果:バリマックス回転後の因子負荷量

因子名 変数名	第1因子 理念・ 組織同調化	第2因子 依存化	第3因子 人的・ 資金的同調化	共通度
サポート支援性	0.779			0.641
対応性	0.729			0.589
システム化協力性	0.726			0.545
長期的パートナーシップ性	0.708			0.617
利幅保証性	0.707			0.679
経営理念共有性	0.672			0.537
信頼性	0.624			0.520
価格支配性		0.860		0.539
スイッチング困難性		0.502		0.356
ブランドパワー性		0.457		0.346
ライバル性		0.334		0.187
資本的・人的結合性			0.875	0.479
固有値	4.484	1.848	1.049	
寄与率	37.367	15.400	8.739	
累積寄与率	37.367	52.767	61.506	

これは他の卸売業態と同様に「依存化」因子と呼べるものである。そして,第3因子は,単独の資本的・人的結合性変数のみからなる。「人的・資金的同調化」因子と考えてよいだろう。

最終卸の販売取引認識では,表7-12にあるように,第1因子に長期的パートナーシップ性,経営理念共有性,利幅保証性,信頼性,価格支配性,そして資本的・人的結合性という変数が,大きな因子負荷量を示して含まれている。「全面的同調化」因子と呼べるものである。第2因子については,ブランドパワー性と対応性という2つの変数が大きな因子負荷量を示している。これは,「依存化」因子と考えられるだろう。第3因子は,変数としてスイッチング困難性と弾力的サポート性から構成される。取引先からの離脱困難であるが,それを前提に共同作業化を行うある種の「共闘化」因子と考えられる。そして,

表7-12 最終卸の販売取引認識面での因子分析結果：バリマックス回転後の因子負荷量

因 子 名	第1因子	第2因子	第3因子	第4因子	共 通 度
変 数 名	全面的同調化	依存化	共闘化	弾力的自由対応	
長期的パートナーシップ性	0.790				0.636
経営理念共有性	0.735				0.659
利幅保証性	0.667				0.365
信 頼 性	0.617				0.566
価格支配性	0.470				0.246
資本的・人的結合性	0.380				0.153
ブランドパワー性		0.619			0.264
対 応 性		0.552			0.250
スイッチング困難性			0.756		0.267
弾力的サポート性			0.479		0.199
ライバル性				0.456	0.129
システム化協力性				0.453	0.220
固 有 値	3.319	1.685	1.407	1.060	
寄 与 率	27.660	14.042	11.725	8.836	
累積寄与率	27.660	41.702	53.427	62.263	

第4因子としてライバル性変数とシステム化協力性変数というある種の相矛盾する取引関係が認識されている。その内容から，「弾力的自由対応」因子と呼べるものであろう。

最終卸は卸売業者から仕入れ，小売業者へ販売をする。したがって，直取引卸とは仕入取引先が明らかに異なっている。しかしながら，ほぼ同じような取引認識となっている。むしろ，販売取引において単なる同調化にとどまらず，従属的関係と弾力的な対応関係も認識され，直取引卸に比べ不安定な状態にあるといことがいえるだろう。

5　卸売業態に基づく取引認識

　上記3つの卸売業態のそれぞれについて，仕入取引と販売取引の認識における因子がいくつか抽出された。そして，仕入先が同じ属性をもつ直取引卸と元卸の仕入取引認識，そして販売先が同じ属性をもつ直取引卸と最終卸の販売取引認識を比較してみたが，それぞれの卸売業態の取引相手による差異が，それぞれの取引認識と関連していることは確認できなかった。取引認識の変数構成上は，卸売業態に基づく仕入取引と販売取引の認識に差異はなく，むしろ各卸売業態における仕入取引と販売取引を1つのセットとして見てみると，以下のように判断できよう。

　すなわち，本書においてこれまで典型的な考察対象としてきた卸売業者に極めて近い直取引卸では，仕入取引と販売取引に対する認識が，両者ともに同じように同一の組織であるかのような擬似同一組織認識の下に行われている。そして次に，販売取引においては，より競争的な認識をもっている。つまり，仕入取引と販売取引が同一認識に基づき，連動関係をとりやすい状況であり，かつ販売面では小売業者という消費者により近いところに位置する取引相手であるため，競争による売上高・利益などの向上の可能性が直接的に出やすいということである。

　製造業者から仕入れ，卸売業者に販売する元卸においては，まず仕入取引では支配的な全面的同一組織化を意識している。その一方で，販売取引では契約や資金に基づく連携の意識が，強く認識されている。したがって，仕入取引と販売取引の認識は異なる様相を呈していて，両取引の連動は直取引に比べて起こりにくい状況に置かれているといえよう。なお，仕入取引では直取引卸と同じ製造業者を相手に，同様の依存化の認識も見られる。しかし，販売取引相手は直取引卸とは異なり，再販売業者である他の卸売業者であり，ここではより一層の組織的連携の認識が見られる。

　卸売業者から仕入れ，小売業者へ販売する最終卸は，仕入取引においても販

売取引においてもその認識は近い。連動しやすい擬似同一組織化傾向をもった認識である。ただし，販売取引においては，小売業者を取引対象としているため，同一組織化に向かいながらも，互いに牽制しあう共闘と離脱の柔軟な競争対応の認識も見られた。

　これらの傾向をより明示的に確認するため，各卸売業態の仕入と販売の両取引に関して，その中の最大の寄与率である第1因子に従い，それらの相関関係を見てみた。以下の表は，相関分析の結果である。各表は，仕入取引認識における第1因子と販売取引認識における第1因子のそれぞれの因子得点に基づく。第1に，直取引卸の仕入取引認識における第1因子である「理念・組織同調化」と，販売取引認識における第1因子である「理念・組織同調化」の間には，有意な正の相関関係が見られた（表7-13を参照されたい）。

　次に，元卸の仕入取引認識における第1因子である「全面的同調化」と，販

表7-13　直取引卸における仕入取引・販売取引の因子の相関

		仕入取引因子1	販売取引因子1
仕入取引因子1	Pearsonの相関係数 有意確立（両側） N	1 — 355	0.361** 0.000 350
販売取引因子1	Pearsonの相関係数 有意確立（両側） N	0.361** 0.000 350	1 — 353

**相関係数は1％水準で有意（両側）。

表7-14　元卸における仕入取引・販売取引の因子の相関

		仕入取引因子1	販売取引因子1
仕入取引因子1	Pearsonの相関係数 有意確立（両側） N	1 — 83	0.142 0.203 82
販売取引因子1	Pearsonの相関係数 有意確立（両側） N	0.142 0.203 82	1 — 82

表7-15　最終卸における仕入取引・販売取引の因子の相関

		仕入取引因子1	販売取引因子1
仕入取引因子1	Pearsonの相関係数 有意確立（両側） N	1 — 83	0.368** 0.001 83
販売取引因子1	Pearsonの相関係数 有意確立（両側） N	0.368** 0.001 83	1 — 83

**相関係数は1％水準で有意（両側）。

売取引認識における第1因子である「人的・資金的同調化」の間には，有意な相関関係が見られなかった（表7-14を参照されたい）。

そして，最終卸では仕入取引認識における第1因子である「理念・組織同調化」と，販売取引認識における第1因子である「全面的同調化」の間には，有意な正の相関関係が見られた（表7-15を参照されたい）。

6　結びにかえて

以上のような考察からいくつかの理論的インプリケーションと実務的インプリケーションに言及しておきたい。理論的インプリケーションについては，仕入取引と販売取引の二種類の取引観点から，取引ベースの視点に基づく卸売業態の相違を捉えることが可能であるということである。それぞれの卸売業態において，仕入取引と販売取引に対する認識が近いことが，取引の連動を起こしやすい。もちろん，直取引卸，元卸，そして最終卸という卸売業態間には取引認識の相違があるが，それは流通チャネルにおいてどの段階に位置するのかということによるというよりは，むしろ仕入取引と販売取引の連動のあり方による相違であるということがいえる。そして，取引関係の変化を捉えることは可能であり，チャネル構造の変化を説明するための基本概念，取引の連動性を導入することはそれなりに有効であるといえよう。なお，特に仕入取引の相手による差異よりは，販売取引相手による差異の方が，取引連動にとっては相対的

には重要である様相を呈している。販売取引における小売業者という，消費動向により反応的な相手を取引相手としている卸売業態に，取引連動が起こりやすいということである。

実務的インプリケーションとしては，日本の卸売業者は仕入取引では供給業者に対して全体的に同調化する取引関係へ進みやすい。販売取引では，現実的な同調化へ進むが，他方で競合的でありながら，その中での協力化を求める関係へ進む部分もあるということである。卸売業者の取引行動は，流通チャネルにおける段階よりはむしろ業態，さらにいうと仕入取引と販売取引の連動に依存するといえるのである。

そして残された課題は，以下の通りである。すなわち，卸売業態の変化を記述することは可能であるが，取引に基づく取引の連鎖という考え方によって取引の変化を説明することだけでは十分ではない。本章では3つの卸売業態を考察した。これらはすべての卸売業態を表しているわけではなく，あくまでも1つの卸売業態の捉え方に基づくものである。卸売業態の定義づけも含めて，他の具体的な卸売業態の業態変化プロセスとその内容，そしてそれを仕入取引と販売取引の連動の面からの考察が必要である。どのような制度的な条件が，どのようなプロセスで，仕入取引と販売取引のシーソーのような連動を引き起こしているのか，長い期間での検討も必要であろう。以下の章では，具体的な卸売企業を分析対象として挙げ，これらの課題への手がかりを検討してみたい。

（1）以下を参照されたい。
　　Brouthers, K.D., L.E. Brouthers, and S. Werner (2003), "Transaction Cost-enhanced Entry Mode Choices and Firm Performance", *Strategic Management Journal*, Vol. 24 No. 12, pp. 1239-1248.
　　Shelanski, H.A. and Klein, P.G. (1995), "Empirical Research on Transaction Cost Economics: A Review and Assessment", *Journal of Law, Economics and Organization*, Vol. 11 No. 2, pp. 335-361.
（2）詳しくは，以下を参照されたい。
　　風呂　勉（1968）『マーケティング・チャネル行動論』千倉書房, pp. 3-14。
　　鈴木安昭（2001）「第4章 流通段階の形成」『日本の商業問題』有斐閣, pp. 75-87。

（3）取引の連動性概念については，以下を参照されたい。
　　　西村順二（2002）「卸売業者の取引選別と流通チャネル変化」『流通情報』No. 402, pp. 4-12。
　　　西村順二（2003）「卸売業における「業態」概念と業態変化」『季刊 マーケティングジャーナル』第89号（Vol. 23 No. 2), pp 34-47。
（4）以下を参照されたい。ここではより広がりをもった視点で見ている。
　　　西村順二（2004）「第7章 卸売取引の連動性から見た取引関係の変化経路」田中正郎・中田善啓・西村順二編（2004）『マーケティング理論の深化』千倉書房, pp. 177-192。
（5）小売業態に関するいくつかの視点は，第6章において考察されている。ここでは，2つのポイントに限定し，改めて確認しておこう。

　　卸売業者の業態展開を考察する上で，次の2つのポイントを確認しておくことは重要である。つまり，小売業態に共通する側面と卸売業態に固有の側面である。まず，小売業態と卸売業態に共通する点である。小売業態に関するいくつかの既存研究では，小売業態は最終的に小売流通ミックスと経営上の小売技術革新に収斂される。小売業段階においては，小売業態や小売の形態は小売流通機能のある種の組み合せタイプを表したものであり，この組み合せが小売流通ミックスと呼ばれる。小売流通ミックスは，立地，品揃え，価格，販売促進そして店舗の雰囲気などからなる。これは，卸売業態にもあてはめることができる。つまり卸売業態もまた，品揃え，物的流通，金融機能，電子注文システム，小売支援等の卸売流通ミックスからなるとも考えることができるのである。また小売業の経営上の技術革新は，主に小売段階のプロセス革新である。それは，鈴木（1980）の研究で提示されている小売の経営技術や石原（1989）の研究で指摘されている製品扱い技術である。小売段階における技術革新は，他の企業組織にも移築・移転可能な運営上の技術という属性が強い。その点でも，卸売業態という形での新技術移築・移転の可能性は，卸売業においても同様なのである。

　　もう1つ，小売業態とは異なる卸売業態固有の側面を確認しておこう。それは，再販売を行う他の卸売業者や小売業者との取引関係を結ぶということである。卸売業者は，最終消費者ではなく再販売業者と取引をする。したがって，卸売業態展開にとっての最重要課題は，最終消費者への適応ではなく，再販売業者との取引関係の構築・維持となる。これが明らかに小売業態とは異なる点である。

（6）小売業における業態研究については，以下を参照されたい。
　　　Brown, S. (1987), "Institutional Change in Retailing : A Review and Synthesis", *European Journal of Marketing*, Vol. 21 No. 6, pp. 3-36.
　　　石原武政（1999）「小売業における業種と業態」『流通研究』第2巻第2号, pp. 1-14。
　　　坂川雄司（1998）「企業間異質性を起点とした業態革新」『商学討究』pp. 201-225。
　　　高嶋克義（2003）「小売業態革新の分析枠組み」『国民経済雑誌』第187巻第2号, pp. 69-83。
（7）以下の嶋口（1984）の研究においては，小売業態の展開において，これまでのように

単なる記述にとどまらず，戦略的視点からその動態が考察され，戦略的方向が示されている。詳しくは以下を参照されたい。

　　嶋口充輝（1984）『戦略的マーケティングの論理』誠文堂新光社，pp. 91-113。
（8）以下を参照されたい。
　　矢作敏行（1994）『コンビニエンス・ストア・システムの革新性』日本経済新聞社，pp. 185-217, pp. 323-358。
（9）ここでは便宜上の卸売業態区分が行われる。それぞれの卸売業者は，経済産業省の商業統計表に従い，以下のように定義されている。また，そのタイプ別立地場所は以下の表7-16に示されている。
　　直取引卸＝メーカーまたは国外から仕入れ，小売業者または業務用需要者に販売する
　　元卸＝メーカーまたは国外から仕入れ，卸売業者に販売する
　　中間卸＝卸売業者から仕入れ，卸売業者に販売する
　　最終卸＝卸売業者から仕入れ，小売業者，産業用需要者または国外に販売する

表7-16　卸売業者のタイプと立地場所

	大阪府	兵庫県	無回答	合計（％）
直取引卸	211	127	23	361（62.6）
元　　卸	55	28	3	86（14.9）
中 間 卸	5	5	0	10（1.7）
最 終 卸	34	51	3	88（15.3）
無 回 答	17	12	3	32（5.5）
合　　計	322	223	32	577（100）

第8章　中小卸売企業において
　　　　業態の展開をもたらす取引の連動性
　　　――チップワンストップの事例に基づき――

1　問題の所在

　近年，外生的な競争要因の変化の中で，それに呼応して卸売流通段階での競争そのものも変化してきている。卸売流通段階における競争の次元は，以下の3つを想定できる。第1に同一卸売流通段階での水平的競争，第2に卸売流通機能の奪い合い，さらには最終的には卸売業者排除（流通チャネルの中抜き現象）に見られる製造業者や小売業者などとの流通チャネル上の垂直的競争，そして第3に製造業者や小売業者との組織化によるチャネル・システム間競争が考えられる。これらの多様な競争を卸売流通段階の水平的次元で見ると，卸売業者は吸収・合併や業務提携等による大規模化・統合化・集中化と取引の広域化への動きを志向し，また垂直的次元で見ると従来の流通系列化とは異なる製配販統合，戦略的パートナーシップ，そして戦略的提携などの新しいチャネル・システムの構築が進んできているといえる。さらにもう1つ，水平的次元と垂直的次元を包含する形で，新たなる卸売業態の展開を進めることにより競争に打ち勝つという方向も見られる（以下の表8-1を参照されたい）。
　本章では，特にこの第3の業態展開に着目する。水平的次元での集中化・統

表8-1　卸売段階の競争対応

競争次元	競争対応策
水平的競争	小規模・分散から大規模・集中へシフト，そして取引の広域化
垂直的競争	固定的関係から戦略的な弾力性のある提携関係へシフト
水平・垂直的競争	業態の展開・変化

合化は，単純に規模の経済を求めた大規模化という姿だけではなく，取扱商品の拡大によるフルライン型卸売業者，また地域の固有のニーズへの対応だけに特化していたものが，全国的なニーズをも対象にした総合卸売業者へと，ある種の卸売業態の転換を図っている姿として捉えることができる。そこには当然，仕入先業者の変動と販売先業者の変動が伴われる。また，垂直的な次元での流通段階間競争や流通チャネル組織化，そしてチャネル組織間競争も，水平的次元での競争と同様に，卸売業者にその業態の変動をもたらす。つまり，卸売流通段階の川下に位置する小売業者が，変化が激しくまた多様性を有する最終消費者への適応を図るために多様な業態展開を行う結果，多様な小売業態が生み出されてきた[1]。これに呼応するように，卸売業者もまた，それら販売先である小売業者の業態展開・変化に対応するために，従来の卸売業態では対応できず，自らも様々な卸売業態の展開を進めてきている場合もある。同様に卸売流通段階の川上では，製造業者による戦略的提携や製配販統合などが進行し，それへの対応として卸売業者は合従連衡を図ったり，業態展開・再構築を進めている。そして，それらは当然ながら卸売業者にとって流通段階上の川上である仕入先との取引関係の変動をもたらすことになるだろう。

　結局のところ，3つの次元のいずれの競争においても，卸売業態の展開や変化は競争対応の1つの現象形態として表われてくるといえる[2]。また，その卸売業態の展開には，仕入取引と販売取引次元での変化対応が求められるといってよいだろう。本章における研究目的は，前章に続き卸売流通段階の垂直的取引関係に着目し，そこにおいて行われる仕入取引と販売取引に焦点をあて，これら両取引が卸売流通段階ではそれぞれ独立に行われず，何らかの連動関係をもち，そのことにより，卸売業者は何らかの影響を受けながら，卸売業態を展開していくということを明らかにすることである。そして，それにより卸売業態の変化や新たなる展開への理論的説明の枠組みを導出するための洞察を進めることを目指すものである。

　なお，本章における基本的なスタンスは，産業における競争構造が変化した時に，生き残りをかけて卸売業者は仕入取引と販売取引の連動性を高めていく

と考える。そして，そのことが卸売業態の業態変化をもたらすのである。状況変化に対応する卸売業者の行動論として，取引の連動性を検討したい。これが，本章の大きな視点であるといえる。

2　取引の連動性概念の整理

　上述のように卸売業者がその業態を展開していく際には，仕入取引・販売取引との関連付けは避けて通れない。すなわち，卸売業者にとっての仕入取引関係や販売取引関係は，取引要因として卸売業態の展開に大きな影響をもたらすのである。また，仕入取引関係と販売取引関係を新たに構築していくこと自体が，新業態開発・展開そのものにつながっていく場合もあろう。ここでは，まず卸売業態の展開に影響を及ぼす仕入・販売取引について，その変化メカニズムを説明する１つの枠組みである「取引の連動性概念」について概観しておきたい。

　第２章をはじめ，これまで各章における考察を通して一貫してこの取引の連動性の考え方を見てきた。改めて確認しておこう。卸売業者を一方の取引相手とした仕入取引と販売取引は，それぞれに単独で起こるものではなく，最終的には何らかの連動関係に置かれる。それは，卸売業者が置かれる流通チャネル上のポジションが常に再販売を伴うものであるからである。卸売業者の取引活動は仕入だけでは完結せず，販売が現実化してこそ完結する。その意味で，卸売段階における仕入取引と販売取引には連動関係が存在すると考えられるのである。すなわち，ここでは取引の連動性を，１つの卸売企業組織内において仕入取引と販売取引が相互依存的に影響しあって変化していく関係であると見る。そして，卸売流通段階における仕入取引と販売取引は原則的には連動関係にあるが，内的・外的阻害要因が表れ，仕入取引と販売取引がスムーズに連動することが，それらによって妨げられていることが多いと考えるのである[3]。卸売業態の展開・変化は，この阻害要因をクリアし，取引連動性をスムーズに実現させる方向で展開されるのである。

さて，この取引の連動性については，やはりすでに指摘されてきたようにいくつかの注意すべき諸側面が考えられる。第1に，取引が連動する場合の連動の中身・内容である。取引における何が連動しているのかを提示しておく必要がある。それは，取引相手，契約，品揃え（商品構成），在庫など，多様に考えられるが，本章では，取引相手と品揃えの次元での連動を想定して論を進めるものとする。それは，卸売業態の展開において，その変化を最も端的に表しているのが，この2つの項目であるからだ。相対的に見て，この2つの項目視点から検討することにより，取引の変化をより捉えやすいと考えたい。

　次に，この取引の連動性には，それをスムーズに生じさせる条件が存在すると考えられる。すなわち，企業組織の規模，そしてそこで取り扱われる製品・品揃えの属性などによって，連動性が阻害される程度が異なってくると考えられる。他の条件を一定とすると，一般的には組織内の意思決定の迅速性・効率性という観点から，中小規模の企業組織は仕入取引と販売取引をより連動しやすく，また産業財を扱う場合には仕入取引と販売取引の継続性や取り扱い製品の技術集約性からという観点から見て取引の連動性は起こりやすいといえるだろう。

　第3に，垂直的マーケティングシステム，流通系列化，さらには販売会社などは，この取引連動性の1つの表象形態であると考えられる。これらの取引関係の諸タイプから，仕入重視型と販売重視型の取引関係のシーソーの展開を見ることができる。つまり歴史的視点や中長期のダイナミズムから見ると，この仕入重視と販売重視の軸足の変化という枠組みの中で，取引の連動性を捉えることができるのである。

　第4に，取引の連動性には量的な意味での連動と質的な意味での連動が考えられる。量的な連動性は，仕入取引相手先数と販売取引相手数の変化，仕入相手と販売相手の変化，そして当該取引における仕入高（数量・金額）と販売高（数量と金額）の変化などによって捉えられる。また，質的な連動性は，取引相手を容易に変更できる取引スイッチングの柔軟性や品揃え物構成などで捉えることができる。この質的な連動性は，取引相手の選択の自由度・売買の社会性

(風呂 1968) というよりは，むしろ製造業者と小売業者の両段階からの関与により，卸売商人としての社会性が阻害され，それを突破するために連動性を高めようとしている，という合目的的行動から生み出されるものであると考えられよう。

そして，最後に仕入取引と販売取引の先導性・先行性を挙げることができる。仕入取引と販売取引が連動するとしても，両者が瞬時に起こることは現実的にはあり得ない。両取引には，その発生においてタイムラグが必ず存在する。まずは仕入取引が先行し，その後販売取引が進行する仕入取引先行型と，販売取引がはじめにありきで，それにより仕入取引が行われる受注仕入れのような販売取引先行型の2つが考えられよう[4]。

上述のように想定される取引の連動性について，具体的な事例を取り上げて検討したい。以下では，事例研究の対象として取り上げられる特定の卸売企業が，はたして仕入取引と販売取引を連動させているのか。もしも連動させているのであれば，何故当該卸売企業は連動に成功しているのか。また，連動の阻害要因をどのようにして抑え込んでいるのかについて検討するものとする。

3　チップワンストップの事例研究

3-1　チップワンストップの企業概要

ここでは，チップワンストップの事例を取り上げることにより，卸売流通段階における卸売業者の業態の1つのあり方を検討する。そして当該卸売業態の仕入取引と販売取引に着目し，仕入取引と販売取引の関連性が高い，さらにはこの2つの取引が連動していることを明らかにしたい。チップワンストップは産業財流通における卸売業者であるが，取引連動性の考え方の拡張として産業財卸業者における取引を考察するものである。なお，以下の考察は，チップワンストップへのインタビュー調査[5]および2次データに基づき，進められる。

まず，チップワンストップ（以下，C1Sとする）の企業概要から確認してお

こう[6]。C1Sは，2001年2月に設立されている。当初の資本金は4億3,500万円であり，Entrepia Inc.，㈱図研，オムロンロジスティッククリエイツ㈱，日商岩井㈱，加賀電子㈱，そしてイービストレード㈱が主要株主として関わっている。その事業は，インターネットによる半導体・電子部品の販売であり，それは特に産業財使用者へのB to B取引である。C1Sの特徴的な業務内容は，以下の通りである。すなわち，

(1) 設計・試作用部品の一括購買の代行業務
(2) 比較的少量で多品種である部品の継続的な購買代行業務
(3) 廃止品・品薄品などの緊急調達代行業務

である。

　これらの業務を，C1Sは短期間に遂行する，つまり生産者から仕入，産業財使用者などへの納入を迅速に行うのである。その納期は短く設定され，在庫品の場合には，48時間での納入を行っている。このような仕入と販売のマッチングを実現するには，広範囲に及ぶ在庫管理が不可欠となってくる。C1Sは，現在約600万点に上る半導体・電子部品のデータベース（部品型番，技術情報，在庫・価格情報等）を構築し，在庫情報という形での管理を重要視している。そのためC1Sの仕入先は，単純に広範囲に広がりを見せているだけではなく，自らは迅速な在庫情報のフィードバックを実現するためのシステム導入を志向し，そのために，㈱図研やアメリカのTotal Parts Plus社と提携し，多様な半導体部品情報のデータベースを構築している[7]。C1Sの滑り出しは好調であった。

> 「日商岩井グループ三社および図研，オムロン，加賀電子の計六社の出資を仰ぎ，スタートしたが，さらに先ごろ大手半導体商社の丸文も資本参画した。デバイスの電子商取引サイトの出資メンバーとしては最高クラスと自負している。」
>
> 　　　　　　　　　　　　　　（『半導体産業新聞』2001年5月23日）

　売上高と経常利益から見ても，2008年の世界的な金融危機の影響があるとはいえ，以下の図8-1および図8-2の売上高推移と経常利益推移にあるように，

3 チップワンストップの事例研究　209

図 8-1　C1S の創業よりの売上高の推移

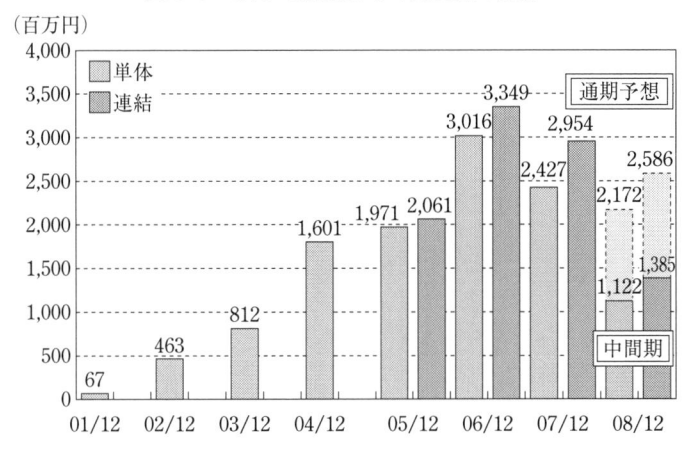

(百万円)

年期	単体/連結	金額
01/12	単体	67
02/12	単体	463
03/12	単体	812
04/12	単体	1,601
05/12	単体	1,971
05/12	連結	2,061
06/12	単体	3,016
06/12	連結	3,349
07/12	単体	2,427
07/12	連結	2,954（通期予想）
08/12 中間期	単体	1,122
08/12 中間期	連結	1,385
08/12 通期予想	単体	2,172
08/12 通期予想	連結	2,586

出所：C1S のホームページより抜粋（2008年11月12日アクセス）。
　なお，上記図において，2001年12月期から2004年12月期までは単体の数値，2005年12月期より連結決算ベースでの数値である。

図 8-2　C1S の創業よりの経常利益額の推移

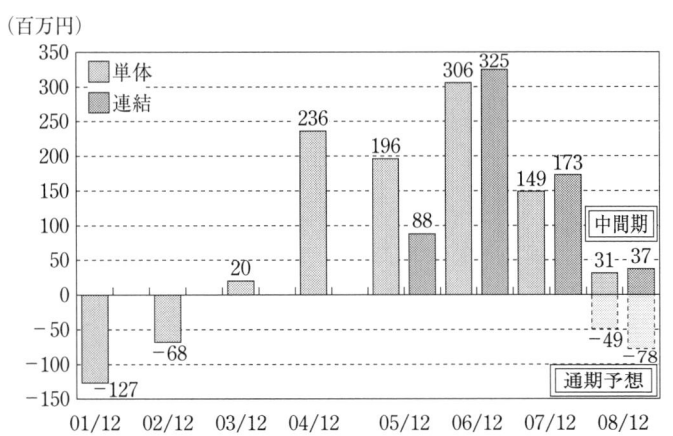

(百万円)

年期	単体/連結	金額
01/12	単体	−127
02/12	単体	−68
03/12	単体	20
04/12	単体	236
05/12	単体	196
05/12	連結	88
06/12	単体	306
06/12	連結	325
07/12	単体	149
07/12	連結	173
08/12 中間期	単体	31
08/12 中間期	連結	37
08/12 通期予想	単体	−49
08/12 通期予想	連結	−78

出所：C1S のホームページより抜粋（2008年11月12日アクセス）。
　なお，上記図において，2001年12月期から2004年12月期までは単体の数値，2005年12月期より連結決算ベースでの数値である。

C1Sはほぼ成長軌道に乗っているといえる（C1Sのホームページより抜粋）。

3-2 チップワンストップの事業

上述のようにC1Sは，電子機器メーカー，特に設計・開発部門および購買部門という技術性や専門性の高い部署に対し，特殊性・緊急性の高い半導体や電子デバイス（設計品や試作品，突然の故障部品等）をインターネットを通じて販売していることに，大きな強みをもつ。それらを実現するためには，いくつかの関連業務が必要になってくる。第1に，多品種・少量ニーズへの対応として，品揃えにおける深さと広さという点での在庫の充実が必要になってくる。第2に，製造業者のタイプや電子デバイスの種類に関係なく，一括・短期の納入への対応として，物流の充実も必要になってくる。さらに第3に，これら2つを弾力的に行うために，顧客対応すなわちマーケティング適応が必要になってくる。C1Sにおいては，その業態は以下のように明示されている。すなわち，

> 「電子デバイスの生産中止，仕様の変更，互換品や補完品の存在，有害物質情報等に関する情報の伝達，電子デバイスメーカー，電子デバイス商社及び電子機器メーカーに対してのインターネットによるマーケティング活動と購買業務の効率化に関するソフトウェアでの問題解決の提供」

（C1Sのホームページより抜粋・加筆）

である。そして，大きくは電子デバイス事業とコンテンツ事業に分類されることになる。

C1Sによると，電子デバイス事業は，半導体や電子デバイスの設計，開発，試作を行い，小口量産と緊急調達というニーズに対応するものである。それは，以下により実現される。すなわち，納期・価格・数量において顧客対応を図り，600万品種以上の部品型番・技術情報・在庫・価格に関するデータベースの整備，700社以上に及ぶ製造業者や特約サプライヤーとの取引関係構築，そして電子機器製造業者の設計部門へのセグメンテーションである。

さらに，コンテンツ事業は，部品情報のコンテンツデータベースの有料ライセンス販売である。それは，Total Parts Plus 社の生産中心・代替品・有害物質情報データベースと，Part Miner 社の CAPS データシート・パラメータデータベースの活用によって実現されている。つまり，C1S においては，その競争上の差別的優位性の源泉は，広範な仕入・購買流通経路網の構築と製造業者との特約取引関係の締結という川上流通経路へのコミットメント，そして質と量の両面において豊富でありかつ充実した製品および製品品揃え情報の入手である。それは，単純に製品数や取引先数情報だけではなく，製品の製造中止情報や個別情報を含んだものである。これらにより，C1S においては，仕入と販売のマッチングが迅速かつ正確に行われているのである。

3-3　半導体産業の現状と特徴

では，このような C1S による事業展開が行われている半導体産業はどのような特性を有しているのだろうか。以下で概観しておこう。半導体産業自体は1970年代より急成長し，1980年代後半には成長率が鈍化してきた。その動向を代表取締役社長高乗正行氏の言葉に従い，確認しておこう。

> 「自動車とエレクトロニクス産業全体で20数兆円に上る市場であるのに対して，半導体，電子部品とプリント基板の国内消費で5〜6兆円規模に上り，半導体は『産業の米』と呼べる市場規模をもっている。日本での外国の半導体使用は（つまり外国製半導体市場シェアは），日系半導体商社が活躍し，1980年代までは10%程度であった。しかし，1990年代の日米半導体交渉以降，外国系半導体商社が強くなり，今や40%以上のシェアに上っている。」
> 「1990年代は各自に1台のPC保有ではなかった。しかし，今や1人に1台保有の時代であり，この10年で当然半導体市場も倍になった。」
> 「世界で2,000億ドル以上の半導体市場が存在し，非常に大きな市場ではあるが，成長性は落ちてきている。それは，設備投資のサ

イクルに従うため，4年と10年のシリコンサイクルが存在しているからでもある。」

（高乗正行社長談）

下記の表8-2のように，半導体産業は，アジア地区を除けば，世界市場全体を見ても，日本市場を見てもここ5年は大きな成長というよりも，むしろ成熟あるいは停滞の時期に入ったと見られる。では，何故C1Sはこの時期に市

表8-2　地域別販売高と対前年成長率

（単位：百万ドル）

年	日本	アジア他	アメリカ	ヨーロッパ	全体	対前年比成長率（％）
1990	19,563	6,912	14,454	9,599	50,519	3.6
1991	20,935	8,181	15,376	10,115	54,607	8.1
1992	19,396	10,588	18,411	11,470	59,865	9.6
1993	23,798	14,168	24,744	14,599	77,310	29.1
1994	29,406	19,174	33,562	19,736	101,879	31.8
1995	39,667	29,540	46,999	28,199	144,404	41.7
1996	34,175	27,550	42,679	27,562	131,966	-8.6
1997	32,079	30,184	45,851	29,089	137,203	4.0
1998	25,921	28,853	41,432	29,406	125,612	-8.4
1999	32,835	37,184	47,478	31,881	149,379	18.9
2000	46,749	51,264	64,071	42,309	204,394	36.8
2001	33,148	39,820	35,778	30,216	138,963	-32.0
2002	30,494	51,156	31,275	27,788	140,713	1.3
2003	38,942	62,843	32,331	32,310	166,426	18.3
2004	45,757	88,781	39,065	39,424	213,027	28.0
2005	44,082	103,391	40,736	39,275	227,484	6.8
2006	46,418	116,482	44,912	39,904	247,716	8.9
2007	48,845	123,492	42,336	40,971	255,645	3.2

出所：各年次の世界半導体市場統計（WSTS WORLD SEMICONDUCTOR TRADE STATISTICS）に基づき，筆者が作成したものである。

場参入してきたのだろうか。また，このような市場環境の中でC1Sはすでに見たように飛躍的な成長を遂げている。それは，何故だろうか。その理由の1つに，半導体業界の水平的分業化の動きを挙げることができる。以下では，その動きを考察してみることにしたい。

3-4 半導体業界における垂直的統合から水平的分業への変化

　一般的には半導体の大量生産体制には，以下のような3つのステージが含まれる[8]。すなわち，第1にシステム回路を設計すること（システム設計），第2に素子設計とプロセス技術間の整合性をとりながらデバイスの構造・形状そしてその加工方法を決定する製造プロセスの構築（デバイスの開発），そして第3に構築された製造プロセスに基づいてデバイスを量産すること（デバイス製造）である。しかし，近年このような製造段階の3つのステージが2段階化へ向かいつつある。すなわち，回路やデバイスの構造がある程度標準化していくと，企業間の競争力の差異はプロセス段階での技術水準に依存することになる。また，プロセス技術自体が誰にでも入手可能な標準化されたものになっていくと，今度は企業間の競争力差異は回路設計からデバイス設計にかけての設計力に依存することになる。設計と製造のどちらかが規格化されていくと，半導体産業は二極化構造に向かうことになるのである（以下の図8-3を参照）。

　これまでのような単なる製造・物流機能の水平的分業だけではなく，開発・試作機能についても水平的分業化が進行していく。そのことにより，半導体製造メーカーは，自社による垂直的統合体制から水平的分業体制を活用することへのシフトが，大きな経営課題となってきている。それは，以下のような環境変化からも，ますます進められることになる。つまり，第1の環境変化は，顧客の購買形態の変化である。集中購買による規模の経済を求める，その一方で取り扱い部品が広範囲に拡散し，少量多品種への対応が重要となってきている。つまり，キーパーツ（カスタム／技術支援），周辺回路用部品，コモディティ部品など，それぞれ個別の顧客対応が必要となってきているのである。第2に，システム化による効率化という変化である。インターネットの普及などにより，

図8-3　半導体デバイスの設計から量産まで

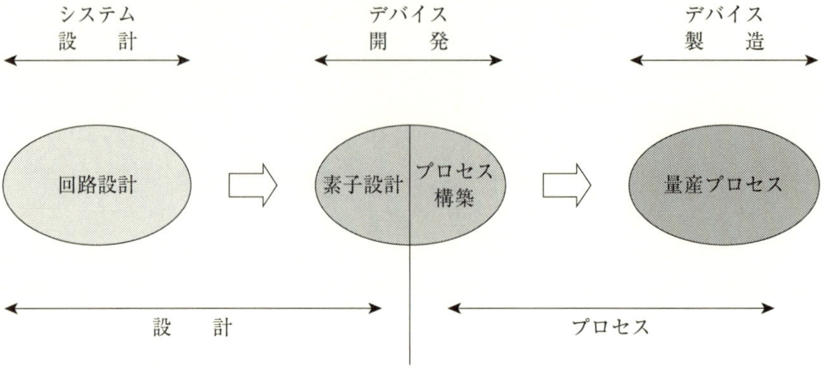

```
  システム              デバイス              デバイス
   設　計               開　発                製　造
 ←――――→           ←――――→           ←――――→

                      ┌──────┬──────┐
   ┌──────┐           │      │プロセス│           ┌──────┐
   │回路設計│ ⇒       │素子設計│ 構築  │ ⇒       │量産プロセス│
   └──────┘           │      │      │           └──────┘
                      └──────┴──────┘

 ←――――――――――――――→           ←――――――――――――――→
         設　計                         プロセス
```

出所：藤村修三『半導体立国ふたたび』日刊工業新聞社，2000年，p.44。

　製造段階から販売段階までの製品の流れにスピード化が求められるようになってきた。そして，ビジネス展開のグローバル化に伴い，設計と生産もまたグローバル化が求められるようになってきた。それに伴い，製造部門の分離，あるいは分社化も進んできている。C1S も，また以下のようにそれらへの対応を求められたのである。

> 「以前は，半導体メーカーや半導体商社は電子機器メーカーの企画開発部門へ営業をかけて，一本釣り（効率性）すればよかったが，電子機器製造業界の水平的分業も進み，それでは駄目になってきた。投網（技術と収益性）のようにアクセスすべきである。」
> 「いつでも交換できるものが部品ではない。キーパーツ，周辺，コモディティと異なり，販売もそれを考えて動くべきである。」
>
> 　　　　　　　　　　　　　　　　　　　　（高乗正行社長談）

　現実的には，この製造業段階の水平的分業化へのシフトが，半導体の流通機構にも影響を及ぼしてきているといえる。製造業段階の変化に伴い，包括的・全体的な対応と個別対応の両立を流通段階も求められるようになってきたのである。以下の図8-4にあるように，日本の半導体商社は，現在大手の一次代理店卸売業者が約10社，一次代理店卸売業者・大手外国製半導体商社が約20─

30社，二次代理店卸売業者以下の独立系半導体商社が約1,000社からなっている。当然のことではあるが，特定の製造業者段階との強い結び付きは，大手の一次代理店が強く，二次代理店以下の独立系半導体商社は特定製造業者との結び付きは希薄である。また，販売先との関係は上記上位2グループは継続的関係ではあるが，下位グループはスポット的関係となってくることが多い。流通経路は，「製造業者→一次卸売業者→二次卸売業者→国内ユーザー」というルート（約30%），「製造業者→国内ユーザー」というルート（約25%），そして「製造業者から直接輸出」というルート（約20%）から構成されている。なお，大口需要家へは直販，そして製造業者の技術支援を要する製品はユーザーへの直販，そして汎用ICは商社を経由することが多い[9]。卸売業者は，製造業者系卸売業者，独立系卸売業者，そして外資系卸売業者に大別される。全体的・包括的対応という面では，一次代理店卸売業者やその系列にある二次代理店卸売業者が取引関係を築いているが，個別対応という面では十分にサポートできる卸売業者は少なく，そこにC1Sのビジネス機会があったのである（図8-4を参照されたい）。なお，この図8-4における実線の矢印は，国内メーカーからの製品の流れ，破線の矢印は海外メーカーからの製品の流れを表している。

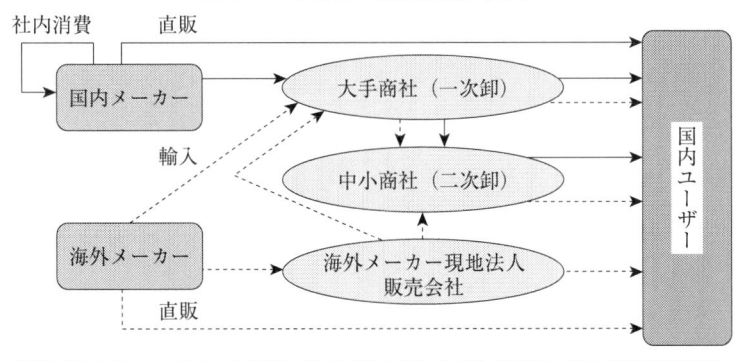

図8-4　半導体の流通経路（国内）

出所：C1Sに対するヒアリング調査と『業種別業界情報《下巻》'95年版』（株）経営情報出版社，平成7年，に基づき，筆者が作成したものである。

4 チップワンストップのビジネス展開の特徴と取引の連動性

C1Sのビジネス展開において，その特徴は大手商社によって占められている一次卸売業の領域（継続的な大量製品の購買代理業およびカスタム製品の購買代理業）と，小規模卸売業者・小売業者の事業領域（スポット的で不確定な少量製品の購買代行業）との中間領域を担当しているということである。C1Sの事業は以下の通りである。

> 「小売と卸売の組合せであり，顧客の求めているあらゆる製造業者の製品の少量・多頻度・多品種調達代行業である。」

（高乗正行社長談）

そのためには，企業組織内における技術者ユーザーに対する開発購買，そして購買担当ユーザーに対する少量・多品種・継続調達と緊急調達を請け負うというようにセグメントを明確化し，B to B の領域に B to C の顧客対応のマーケティング手法を導入することによって，差別化を図ったものである。それは，半導体製品のライフ・サイクルの観点からも，以下の図8-5にあるようにC1Sの目指すセグメントを明確化することができる。

大手一次代理店卸売業者が担当する大口量産取引においては，多くの場合カスタム製品でさえも試作段階から量産段階，そして保守段階まで国内製造業者および大口ユーザーとの継続的取引関係が構築されている。また，中規模の二次代理店卸売業者は量産という段階では，やはり大手一次代理店卸売業者の系列下に入り，準大口のユーザーや特定製造業者との取引上の結び付きは強い。C1Sは，さらに規模の小さい小ロットの量産に対応することを目的としている。さらには，その試作と保守の段階，さらには中規模・準大口量産での試作と保守の段階への対応をセグメントとしている。

> 「試作→量産→保守という電子機器製品のライフサイクルを考えて，U字部分の半導体・電子部品の調達ニーズを担当するのがチップワンストップである。試作・保守のマーケットが大切であ

4　チップワンストップのビジネス展開の特徴と取引の連動性　217

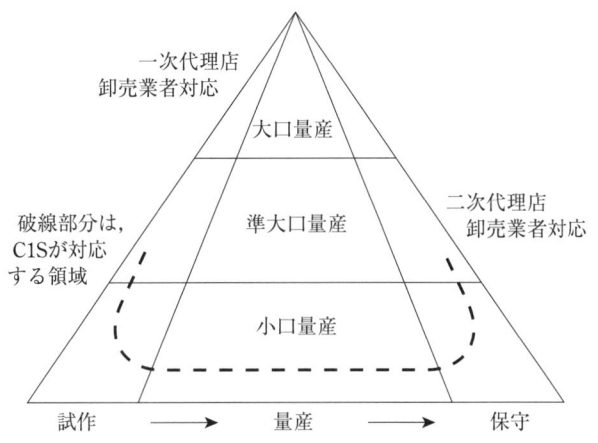

図8-5　チップワンストップの事業セグメント

```
                    △
                  一次代理店
                  卸売業者対応
                    大口量産
   破線部分は，          準大口量産         二次代理店
   C1Sが対応                           卸売業者対応
   する領域
                    小口量産

         試作    →    量産    →    保守
```

出所：以下のC1Sの資料を加筆修正したものである。
　　　高乗正行『株式会社チップワンストップ―半導体・電子部品の新しい流通の仕組み構築―』2004年。

り，ここでのシェアが高い。半導体，電子部品のみならず，中小ロット製造の電子機器のプロダクト・ライフ・サイクルはそれほど短くなく，安定的な市場化してきている。」

「急激に成長する時は，スピードと資本力によって成功が決まるが，チップワンストップが狙っている市場は安定市場である。安定的に成長する強大な市場である。また，電子機器の大量生産は中国などアジアへ地理的移動が起こっており，反対に設計，開発や保守は技術者の存在する日本でより件数が拡大してきている。」

（高乗正行社長談）

　では，C1Sの事例に見る取引連動性は，どのように考えることができるのだろうか。すでに述べたように，取引の連動性を考えるためにいくつかの側面を想定できる。第1に取引連動の中身，第2に取引連動をスムーズに実現する条件，第3に取引連動における仕入重視と販売重視のウエイト，第4に取引連動性の定量面と定性面，そして第5に連動のタイムラグの存在である。これらの観点から見て，C1Sにおける取引連動は，B to B を B to C へ取引モードを

変更させ、品揃えにおける定量面での全体的適応と定性面での取引関係スイッチングの容易性を実現し、そして販売先行型を志向した取引の連動性を生み出したことにより、新たなる卸売業態の展開を可能にしたといえるだろう。

第1の取引連動の中身については、多品種の在庫に基づく個別品揃えへの差別的適応ということである。C1Sは、半導体デバイスの中でもボリュームゾーンの製品というよりは、むしろ開発品や試作品、さらには緊急品に特化し、市場全体の成長性とは独立した製品領域を目指したのであり、以下に述べられているように差別化を図りやすかったのである。

> 「提携メーカーとの間で約5万点、自社で約1万点の在庫を擁している。半導体は一物百価であり、値段は多様である。ユーザーである大手家電メーカー必ずしも最安値で購入しているわけではない。」

> 「スピードと一括性が訴求点であり、価格ではない。仕入先の相手数はIT化により地方卸よりも大幅に多く、C1Sは集中化・一括化している。」

（高乗正行社長談）

なお、現在のC1Sは600万品種以上に上る部品型番・技術情報・在庫・価格データベースを基礎に、700社以上の部品メーカーやサプライヤー特約店との協力関係を構築している。

第2の取引連動の促進・阻害条件としては、製品の特性が挙げられる。C1Sは、単価が高く、多品種少量が求められる製品群に特化していったということである。以下を見てみよう。

> 「スケールメリットは、関係ない商品特性をもっている。つまり、製品を海外から輸入する場合は、船便は塩で商品が傷み、駄目になる。輸送は飛行機による航空便のみである。たとえ小さなチップ1つでも。だから、半導体は密度単価が金や銀と同じで高い製品である。」

（高乗正行社長談）

つまり，C1Sが置かれているのは高密度の産業財を扱い，それによる流通経路が系列関係を維持しているという状況であった。このことが，取引の連動性を促した。つまり，開発品・試作品・緊急品とはいえ，それでも産業財というカテゴリー内では，標準化された製品を提供することが可能である。しかも流通経路上役割分担化が進行していて，新たなる流通チャネルの構築への抵抗が少なかったのである。

第3に，連動における仕入重視と販売重視の視点包含が挙げられる。これについては，C1Sでは明らかに販売重視の顧客適応型であるといえよう。企業の開発部門や企画部門の個別のユーザーへの対応を前提として，会員制による製品提供が行われている。2004年12月現在で約14,000名の会員をユーザーとして擁している。これら会員に対して，消費財のマーケティング手法を援用し，1対1の対応を図っているのである。ヴァーチャルな品揃えは準備されてはいるが，仕入適応を前提とするのではなく，あくまでも顧客適応から始まる取引関係ということである。

第4に，取引連動の定量面と定性面である。ユーザーのニーズへの個別対応を志向する上で100％の品揃えが求められるが，C1Sではインターネットを活用して約5～6万点の製品在庫を有し，かつ新たなる検索情報システムを導入して，網羅的な対応を模索している。その意味では，品揃えの定量的な面での連動性は高いといえる。また定性的な面では，本来半導体製品市場では系列関係が厳として存在し，「仕入先はスイッチングしにくい。それが逆に参入障壁となっている。」(高乗正行社長談) その中にあって，C1Sは付随的な業務・サービスも含めて，仕入先および販売先の変更の容易性を実現したといえよう。

そして，第5に，連動のタイムラグの存在である。これは，品揃え面において多品種少量という販売先への対応から，仕入取引を連動させているということ，また販売面での迅速な納入希望に対する仕入面での連動を，リアル在庫とバーチャル在庫の多大な保有量を通して実現させるということで表される販売先行の顧客適応型取引連動を構築したのである。

C1Sにおける取引の連動性は，連動性の諸側面の中でも，特にタイムラグ

表8-3 チップワンストップにおける卸売業態変化の態様

	定量面		定性面	
	全体適応	部分適応	全体適応	部分適応
仕入先行型	既　存			既　存
販売先行型		C1S	C1S	

出所：筆者作成。

面と定量・定性面から見て，さらには定量・定性面の下位領域として全体対応と部分対応を含めると，以下のように位置付けることができるだろう。そして，それは以下のC1Sの戦略的訴求点からの相互補完関係から，1つのビジネスモデルとして形成されたものであるといえるだろう。すなわち，①半導体・電子部品調達の緊急そして少量の購買における代行代理店，②約600万件にのぼる電子部品カタログを用意し，ワンストップショッピングを実現する，③インターネットで注文を受け，グローバル調達し，迅速に納入する，④ネット営業の担当者を置き，会員制に基づく技術者向けのアプローチをとることによるBtoBではなく，BtoCのような対応を行うということである。

結局のところ，C1Sの事例からいえることは，このような連動性の諸側面の組み合わせにより，仕入取引と販売取引の連動性を高め，そのことによって業態の展開が生じてきているということである。したがって，連動性諸側面の組み合せ方により，業態は変化していくと考えることができよう（上記表8-3を参照されたい）。

5　結びにかえて

C1Sの事例から取引の連動性を考察してきたが，最後に残された課題に言及しておこう。まず，定量的側面における連動性と定性的側面における連動性には，さらに下位分類として全体的連動と部分的連動を考慮することの可能性が指摘された。しかし，それらが定量・定性の下位分類基準となり得るかどう

かは，まだ議論の余地があるだろう。その際の定量・定性，全体・部分の分類については明確な内容確定が必要となってくるのである。

第2に，連動性諸側面の包含関係，順序関係や上位・下位関係の整理が必要とされる。例えば，連動する取引内容は，定量面と定性面の問題とも強く結び付いてくる。これら諸側面が独立ではなく，ある関係に置かれていることも分析を進めていく上で考慮しなければならない。

第3に，本章では5つの諸側面から取引の連動性を捉えてきたが，C1Sの事例だけにとどまらず，複数の事例を考察して取引の連動性を分析することにより，モデルとしての精緻化が進んでいくだろう。

そして第4に，ここで提示された業態の展開を説明しようとするモデルで，既存の卸売業態の展開を説明できるのかどうかということである。これについても，今後進めていかねばならない問題である。

（1）すでに第7章でも言及されているが，小売業態に関する研究蓄積は豊富であり，これまでに多数の先行研究が見られる。そこでは一般的には，小売業態は企業形態，取扱商品の種類（業種）・品揃え，そして企業体次元・店舗次元・運営次元での経営上の革新的な技術の3つの視点によって，違いが認識される。いわゆる伝統的小売商，専門店，百貨店，スーパーマーケット（総合スーパーマーケット・専門スーパーマーケット），コンビニエンスストア，ディスカウントストア，小売チェーンストア，小売ボランタリーチェーン，フランチャイズチェーン等が，典型的な小売業態として挙げられている。

そして，その変化が起こる説明枠組みとして，小売の輪仮説（Wheel of Retailing），真空地帯論（Vacuum Theory），フォード仮説（Ford Effects），小売アコーディオン理論（Retail Accordion），小売ライフサイクル論（Retail Life Cycle），弁証法的仮説（Dialectic Hypothesis），そして危機・変革モデル（適応モデル）（Crisis-Change Model）等が展開されてきた。詳しくは，以下の文献を参照されたい。

　Brown, S. (1987), "Institutional Change in Retailing : A Review and Synthesis", *European Journal of Marketing*, Vol. 21 No. 6, pp. 3-36.

（2）もちろん，卸売業態をどのように定義するかによって異なるので，一概にいえるものではない。しかしながら，ここではビジネスモデルも業態と同義と考え，企業組織が何らかの革新的な変化を加えることもまた業態変化として考えるものとする。

（3）取引の連動性概念については，詳しくは以下の文献を参照されたい。

　西村順二（2003）「卸売業における「業態」概念と業態変化」『季刊 マーケティングジャーナル』第89号（Vol. 23 No. 2), pp 34-47.

西村順二（2004）「第7章 卸売取引の連動性からみた取引関係の変化経路」田中正郎，中田善啓，西村順二編著『マーケティング理論の深化』千倉書房，pp. 177-192。
（4）以下を参照されたい。
西村順二（2002）「卸売業者の取引選別と流通チャネル変化」『流通情報』No. 402, pp. 4-12。
（5）インタビュー調査は以下のように実施された。なお，インタビュイーの職位については，インタビュー日時現在のものである。
　　　日　時： 2004年1月12日 午前10：00—12：00
　　　場　所： チップワンストップ 本社 会議室
　　　面談者： 代表取締役 社長 髙乘正行 氏
　　　　　　　管理部 部長 梅木哲也 氏
　　　　　　　営業一部 副部長 梶川拓也 氏
（6）チップワンストップの会社概要については，以下の通りである。
　　　設 立 年： 2001年2月9日
　　　資 本 金： 9億2,217万8千円
　　　従業員数： 41名（2004年12月現在）
　　　所 在 地： 横浜市都筑区茅ヶ崎中央32−11
　　　業　　務： 半導体・電子部品の小口・短納期販売
（7）以下を参照されたい。
『電波新聞』2001年8月21日。
『日経産業新聞』2002年6月3日。
（8）以下の文献を参照されたい。
藤村修三『半導体立国ふたたび』日刊工業新聞社，2000年，pp. 43-49。
（9）チップワンストップに対するヒアリング調査と『業種別業界情報《下巻》'95年版』㈱経営情報出版社，平成7年，pp. 204−205に基づく。

第9章　取引関係構築の歴史的展開
──明治屋の創業期に見る卸売取引関係構築の歴史的初期条件──

1　問題の所在

　日本的取引慣行が議論されるようになって久しい。そこでは，取引慣行自体に考察の眼が向けられ，それら取引慣行が何を表し，どのような特徴を有し，いかなる問題を含んでいるのかということに対して多くの研究努力が投下されてきた。しかしながら，これら日本に特異といわれる取引慣行が何故生成されてきたのか，またどのようにして発展してきたのかということについては，あまり論じられることがなかった。あるいは，「日本的風土」（文化的，社会的背景）という大きな制度基盤に依存するものとして無差別に扱われてきたきらいがあるといえるだろう。それは，1つには非常に個別的な事例であり，それらを個々の事象として取り上げ，そこから一般的な取引形成過程を導き出していくことに困難性・複雑性が伴っているためである。また，さらにはそこには取引に関わる主体の人間関係など属人的な要素が包含されるが故に，デリケートな取り扱いが求められたからである。

　本章は，まさにこの問題に焦点をあてるものである。ここでの研究視点は以下に置かれる。まず，単なる年代記あるいは歴史というよりも，特定の制度における個別事例の時系列の研究という捉え方に立脚する。すなわち，単一の企業組織を考察対象にしているが，時間的に見て異なる事例になり得ると考えるのである。ケースをパネル化して考察することの研究上の有効性については議論の余地があるだろうが，本章においては独立した考察対象として検討を加えることとする[1]。また，本研究では歴史的な初期条件に着目する。それは，「歴史的初期条件は，一般に経済制度の生成過程を条件付ける一要因ではあり

得ても，その後の展開をすべて決定付けるほどのものではないはずである。」[2]という捉え方を検討することにより考察される。さらに，明治屋という特定企業組織をその制度的文脈において捉えて，その展開過程を探る。ここでは「ある一定条件のもとで，ある一定の取引関係が形成される。」という因果関係が重要であり，どのような条件を有するのかという，その内容の評価については中立として進めていくものとする。

以上のような研究の視点に立ち，本章においては次のことを目的とする。第1に，取引関係の展開過程を正確に記述することである。取引関係構築のプロセス，特に取引関係の形成期に焦点をあて，企業組織がどのようにして取引を始め，どのようにしてそれを維持してきたのかを明らかにしたい。特に，ここで論じられる明治屋の業務は本来卸売業者としてのそれであり，ある卸売業者の取引関係構築のプロセスとして観察される。なお，分析の単位は一企業の行動レベルとされる。第2に，これら取引関係構築のプロセス検討により，チャネル形成期における流通企業のチャネル選択行動の一側面を描くことができるのか，その可能性を探りたい。そして第3に，卸売業と小売業の制度的相違を明示的に取り組みたい。従来，製造業との関係や比較において，商業あるいは流通という言葉の中に明示的に卸売業と小売業を区別することなく取り扱われることが多かった。本章では，明治屋を考察対象として取り上げているが，明治屋の本来の業務は卸売業から始まっており，小売業務専門の企業組織の取引関係構築プロセスとは異なってくることは明らかである。

2 明治屋の事業展開の歴史[3]

それでは，明治屋の事業展開を確認することから始めたい。明治屋の創業は創設者の磯野 計によるものであり，創業の契機は磯野 計のロンドン留学にまで遡る。1880年（明治13年）から，磯野 計は三菱会社の給費生として英国に留学する機会を得た。彼はグラスゴーやサザンプトン等の港町で，客船や貨物船の往来，そして船舶納入業の現状に遭遇し，船舶納入や食料品・雑貨品等の

輸出入事業に帰国後取り組む考えをもち始めていた。

　1884年（明治17年），郵便汽船三菱会社の発注による横浜丸の日本への回航にあたり，磯野 計は事務長に就任する。同年6月28日にロンドンを出発した後，2ヵ月間の帰国の途において，磯野 計は各国の港で船員用の食料品や船舶用諸物資の買い付けを担当することになる。ここにおいて，彼は船舶への納入実務を経験することになる。そしてこの経験により，明治屋創業への意思固めが行われることになる。同年8月19日に横浜に帰港後，10月27日に郵便汽船三菱に正式入社する。郵便汽船三菱において神戸支社事務職に就任し，神戸港桟橋での荷受け現場監督事務を担当する。そして，1885年（明治18年）5月4日に郵便汽船三菱を辞職し，いよいよ食料品関係の事業に取り組むことになる。

2-1　明治屋の創業期

　明治屋の創業期は3つの期間に分けられる。第1段階は，1885年（明治18年）5月より9月の創業準備期である。この時期，磯野 計は郵便汽船三菱に対し，同社が共同運輸会社と合同して日本郵船を設立するのを機に，留学の資金援助を受けた際に留学生選考に関わっていた三菱会社の社長岩崎彌之助の支援を受けて，日本郵船船舶への納入権を外国人から移譲するよう要請した。創業の第2段階は，1885年（明治18年）10月から1886年（明治19年）1月にかけての時期である。この時期は，創業準備を終えた前期創業期と位置付けられる。郵便汽船三菱会社と共同運輸会社が合同して日本郵船会社が1885年（明治18年）9月29日に創立され，これを契機に磯野 計は同社の船舶への雑貨納入権を獲得し，同年10月に横浜万代町において明治屋を創業したのである。そして，第3段階は，後期創業期と呼ぶことができる時期である。1886年（明治19年）2月に「明治屋」の屋号を使用することになる。船舶納入業そして西洋酒類，食料品，タバコ，食器等の直輸入業を主に行い，事業として軌道に乗り出すことになる。

2-2 事業の展開方向：船舶納入業，輸入業ならびに卸・小売業

後期創業期に入り，明治屋は船舶納入業と直輸入業中心の事業展開を進めてきたが，その後卸・小売業へと事業拡大を図っていった。当時の雑誌や新聞等の掲載広告には，明治屋の営業内容が次のようなものとして掲示されている。1888年（明治21年）の広告には，「総合輸入商，食料品商，船舶納入業（日本郵船との契約店）」，そして「英国製煉瓦製造ならびに製紙機械取次ぎ販売」と記載されている。1891年（明治24年）には，「総合輸入販売業（鉄材・機械・器具・食料品・酒類商）」，そしてはじめて「卸・小売業」と明示し，ここではジャパン・ブルワリーの代理店と平野ミネラルウォーターの代理店となっているのである。

2-3 創業期の多角化戦略

創業者磯野 計のビジネス観は，彼にとって明治屋の事業は一事業に過ぎないという考え方に立っていた。つまり，明治屋以外の事業展開欲を有していたことになる。そして，当時の日本経済は日清戦争後の好景気を経験し，日本国政府は殖産興業政策を推進していた。これら諸環境を背景に，磯野 計もまた自己のビジネス観を具体化すべく，先駆的な多角的事業経営へ乗り出していった。

まず，輸入商社磯野商会の設立が挙げられる。1894年（明治27年），横浜弁天通り3丁目に，明治屋とは別に明治屋輸出入店（磯野商会）を設立した。磯野 計は，この会社により鉄鋼や機械類の輸入販売に着手することになる。さらに翌年（明治28年）には英国へ渡り，日本郵船総支配人と同社のシップチャンドラーという関係にあるA.R.ブラウンに相談し，グラスゴーに H. ISONO & Co.を設置し，明治屋輸出入店（磯野商会）の海外拠点第1号としたのである。日本への輸出に関する一般業務について，A.R.ブラウン・マックファーレン商会との間に契約を締結することになるが，この契約では個人的な人間関係を重視した取り決めが行われている。ロンドンでの留学生活や船舶への雑貨

納入等の経験から，磯野 計は輸入業務等の事業展開において，企業組織体の暖簾などの経営資源を重要視しつつ，人的関係の中での取引関係構築の重要性にも着目していたのである[4]。

事業展開はさらに進み，天然鉱泉三ツ矢平野水の製造・販売を手がけている。1884年（明治17年）に，三菱商会が宮内省より引き受けた銀山（兵庫県多田村平野）から天然鉱水を採取する権利を獲得している。その後，1888年（明治21年）に，磯野 計の学友大久保利和の書生，川久保久行らに製造を一任し，翌年明治屋が瓶詰めにして販売することにしている。これはプライベート・ブランド（以下PB商品）や自主ブランド製品への関与の端緒の1つといえる。卸売業者・輸入業者である磯野 計にとっては，その後自主ブランド商品やPB商品への関わりが企業行動の中で1つの重要な位置を占めることになる。その布石が，すでにこの時期に見られたのである。

また，磯野 計はゴム事業の開発も行っている。1895年（明治28年）から1896年（明治29年）にかけて，ゴム事業の可能性に着目し，英国のゴム製造工場に関する情報収集を始めている。彼の死後，二代目社長米井源次郎が1900年（明治33年）に合資会社明治護謨製造所（その後の明治ゴム化成）を設立し，ゴム製品の製造を開始している。磯野商会は販売を担当し，その総代理店となっている。なお，その他にも製糖会社（日本精糖株式会社）の設立への協力や損害保険代理店の経営なども多角的事業展開として挙げられる。

2-4 取扱商品の拡大と会社組織確立の時代

次に，取扱商品を拡張し，会社としての組織化を図る時期を見てみる。1887年（明治30年）に創業者の磯野 計初代社長が急逝する。創業後すぐに明治屋へ入社し，磯野 計の片腕として活躍した米井源次郎が2代目社長に就任することになる。彼は，磯野 計の遠縁にあたり，磯野 計の一人娘磯野菊子の後見人であった。彼は，磯野 計の経営方針に忠実に従い，明治屋としては創業者当時と何ら変わることはなかった。当然，経営路線を変更することはなく，取扱商品の拡大，そしてそのアプローチも同じものであった。

明治末期の明治屋の主な取扱商品は，以下のようなものであった。1909年（明治42年）には，信州産イチゴジャムを販売。明治44年には「MYジャム」の名称をつけ，特約販売を実現する。これが，明治屋自社ブランドのルーツである。明治屋は，創業以来取引上扱い慣れた英国のシービー社のジャムを手本にして，長野県の塩川伊一郎氏と協力して指導改良を重ねた結果，MY印ジャムを製品化したのである。

1902年（明治35年）に市販された小岩井バターは，地元への販売を除いて，その他地域へは明治屋が一手販売を行った（盛岡は谷口，仙台は早川の二商店が特約店であった）。そもそも，小岩井農場は小野義貞（日本鉄道副社長），岩崎彌之助，井上 勝（鉄道局長）の3人の先覚者の共同事業として，1891年（明治24年）に田畑開発と植林により設立されたものである。1899年（明治32年）には事業不振のため解散し，岩崎久彌の個人事業として営まれてきたものである。

1907年（明治40年）には，リプトン紅茶がはじめて国内に輸入されると，明治屋は最も早く積極的な広告・宣伝を行っている。

なお，1899年には，東京市赤坂区溜池で森永太一郎が製菓工場（現在の森永製菓）を創業すると，明治屋は原料チョコレートを森永に供給し，さらに製品（森永チョコレート）を明治屋が特約店として販売している。その他，布引タンサン，シャンペンサイダーについても一手販売権を獲得している。また日本ハム製「マルエス印ハム」の代理店契約，ダイヤモンド印シャンペンサイダーとオレンジサイダーの一手販売権，日の出ソースの特約販売権を獲得している。さらに酒類に関しても，1909年（明治42年）には東京支店で清酒「櫻正宗」瓶詰めの，静岡以東での特約販売を開始している。1913年（大正2年）には，横浜本店で清酒「白鶴」瓶詰めの取り扱いを開始している。洋酒についても，1906年（明治39年）に代理店契約を結び，1908年（明治41年）よりフランスのモルチェ社のブドウ酒を一手販売するようになっている。明治30年頃ジョンブラウン・スコッチウイスキーの特約店，明治41年以前にはビュカナン・スコッチウイスキーの代理店，オタールデピューブランデーの日本総代理店となっている。

これら一連の事業展開を見てくると，単なる事業展開の取り扱い製品の拡大

だけではなく，そこには常に極めて広範にわたる代理店契約や一手販売権への積極的な活動が顕著に見られるのである。すなわち，仕入面での強化を機軸に，国内販売網を構築していったのである。また，会社組織の基礎固めも，この頃に行われている。1903年（明治36年）合名会社に改組，1911年（明治44年）には株式会社明治屋を設立している。これは，2代目社長米井源次郎と3代目社長磯野長蔵との合名であったが，人，資金，そして組織をリンクし明治屋を確固たるものとするための方策であり，その主眼は磯野 計，そして米井源次郎と続いた人的ネットワークのさらなる拡大であったといえるだろう。

3　取引関係構築過程の考察

　これまでの創業期間にわたる明治屋の事業展開を見てくると，その特徴として磯野 計あるいは米井源次郎という個人の人的ネットワークが活用されているとともに，その方向性は代理店契約・一手販売権の獲得に向けられているといえるだろう。さらには，製造部門への積極的な関与も見られる。これは，いわゆるPB商品あるいは自社ブランド商品の開発に結び付き，明治屋による当該商品の特約販売がセットとなって組み込まれていた。

　これらを取引関係構築の手順として見てみると，以下のように考えることができるであろう。第1段階は，人的交流によるネットワーク作りである。磯野 計は，三菱会社の給費留学生としての経験から，多様な個人的人間関係を構築していった。創業の準備段階，創業段階，事業展開段階のそれぞれの時期に，この磯野個人の人的ネットワークを活用している。これは2代目社長の米井源次郎においても同様であり，組織対組織あるいは，組織対個人というよりも，個人対個人という関係が基盤として築かれてきている。

　次の第2段階は，卸売業者としての事業展開である。当時，多くの卸売業者（問屋）が特約契約を志向した。これは，封建体制下の江戸時代にも見られる市場確保のために採られた方策である。明治時代に入って近代資本主義体制に代わり，事業活動の基盤となる制度的経済条件が変質したのではあるが，それ

にもかかわらずやはり一手販売権・代理店契約を志向する属性が残存していたのである。

　そして第3段階は，市場開拓機能の担当である。明治屋は輸入商であり，外国の取引先である製造業者よりも国内市場情報をより把握していたのである。それにより，広告・宣伝への積極的関与は，後に言及するキリンビールとの取引関係において典型的に見られる。また，国内市場を熟知している立場から，PB商品製造への指導的関与を行っていたのである[5]。これら一連の行動は国産企業の育成機能（インキュベーション）として働いたともいえるだろうし，磯野　計や米井源次郎の強い国家意識からの企業行動にも符合する。

　さらに，これら特約契約志向と市場開拓機能という特性から見て，明治屋における取引関係構築のプロセスから，取引関係構築の初期条件がうかがえる。まず，輸入商から事業を始めているという点である。輸入商であるが故に，その取扱い商品は国内未開拓商品が中心となる。国内市場への商品導入に際して，他企業を排除した一手販売あるいは代理店化が有利になるのは明らかである。これは企業組織に固有の企業レベルでのミクロ的条件と考えられるだろう。そして，このことは顧客適応を絶対的な条件として求めることにならなかった。何故ならば，日本市場におけるまた地域市場における排他的な立場を与えられ，市場での競争から自由になることができたからである。

　次に，明治屋が創業した頃の国内殖産政策の影響が考えられる。当時は国内製造企業の育成・保護が，国家的な重要課題であった。また，当時の実業家たちも国家意識が高く，日本経済の発展ということが第一義的にあったのである。これらは，磯野　計が日本郵船への船舶納入権を諸外国の手から日本へ戻すという意識から，納入権の獲得を目指したことにも見られる。国内製造企業の育成・保護には，もちろん販路の確保と安定性が求められる。これを明治屋が担当したことになる。日本経済の全体的成長を求めたマクロ的な条件といってもよいだろう。

　以下では，マクロ条件よりはむしろミクロ的な条件である明治屋の企業行動つまり，明治屋が一手販売権を獲得し，取引関係を構築していく過程を，キリ

ンビールとの取引関係を題材にもう少し考察していくものとする。

3-1　キリンビールの一手販売権獲得の途

　まず，キリンビールの創業にあたるジャパン・ブルワリーの設立から見てみよう。1870年（明治3年）にノルウェー系アメリカ人ウィリアム・コープランドが，横浜山手町天沼にビール工場スプリング・ヴァレー・ブルワリーを創業した。横浜の在留外国人，近隣の日本人，そして外国船の船員にビールを提供していたのが始まりである。そして1885年（明治17年）7月に，横浜の英字新聞である「ジャパン・ガゼット」のオーナーであるタルボットと証券・金銀塊ブローカーであるアボットの2人の英国人が発起人となり，コープランドの工場を譲り受けて，英国法人（香港籍）ジャパン・ブルワリーが設立されることになる。当時のブルワリーの重役は，ドイツ人カール・ロデやグラバー等ほとんどが外国人により構成されていた。1899年（明治32年）には，形式上の会社組織の変更が行われ，ドル建てのジャパン・ブルワリーから円建てのザ・ジャパン・ブルワリー・カンパニー・リミテッドへ改称され，香港において登録されることになる。これに伴い，資本金の増資（60万円）が行われ，工場設備の増強工事も1900年（明治33年）に完成する。これにより，明治屋からの安定供給の要請に対応できるようになる。

　なお，明治屋との関係緊密化のために，親日家であるF.S.ジェームスを常勤の専務取締役に就任させ，バターフィールド・アンド・スワイヤー商会会長であるJ.ドッズとともに，明治屋と協力するための小委員会を設置している。そして，1907年（明治40年）に明治屋2代目社長である米井源次郎の主唱により日本法人麒麟麦酒株式会社が設立され，ザ・ジャパン・ブルワリーは同社に買収されることになる。

　それでは，明治屋はどのようにしてジャパン・ブルワリーの総代理店化を果たせたのであろうか。1886年（明治19年）11月，磯野 計はかねてより知り合いのW.H.タルボットに対して，ジャパン・ブルワリーの代理店を引き受けたい旨を申し入れる。その後，準備期間を経て，ジャパン・ブルワリーにおいて

は1888年（明治21年）2月に，ドイツから招いた醸造技師ヘルマン・ヘッケルトにより第1回の仕込みが行われる。同年4月には，初出荷を前にして代理店設置の必要性から，その選定にとりかかることになる。事前の根回しが功を奏し，同年5月には横浜山手住宅地および山下町の商館・ホテル等の地売りと輸出は直営販売で行われ，長崎は外国人業者を代理店に指定し，これらを除く日本全土の代理店は明治屋とすることが決定される。これは，外国人の会社であるジャパン・ブルワリーが日本人の代理店を必要としていたということもあるが，磯野 計とタルボットの間で内交渉が進み，かつグラバーの強力な推薦を受けることにより代理店指定を獲得できたものであった。そして契約書を締結し，それ以後1926年（大正15年）に一手販売契約を解除するまでの間，出荷から代金回収の全責任を負うことになる[6]。

なお，明治屋の総代理店化に際し，ブルワリーの外国人経営者が保証人を要求してくる。磯野 計は，ロンドン留学以来の良き後ろ盾である豊川良平（三菱会社）と鶴原定吉（天津・上海領事，大阪市長等を歴任）の個人保証を得て，これに対応し，総代理店契約が正式に締結されることになる。

3-2 取引の展開

当時のビール業界は大規模・中小規模の会社の競争が激化してきていたが，明治屋が行う一手販売によりブルワリーだけがマイペースで経営を展開することが可能であった。しかしながら，それは明治屋の対ブルワリーの発言力を強化させることになった。なお，ブルワリーと明治屋の両者間に対立が起こると，常にグラバーがブルワリー側代表として対応した。グラバーは磯野 計と個人的な関係にもあり，この人的関係の中で諸問題は無難に処理されていったのである。

1888年（明治21年），明治屋は横浜毎日新聞へ広告掲載を行い，主な販売所では生産会社の公表する価格，いわゆる建値での販売が行われた。大量の購入者に向けては，生産会社との間で定められた割引率の範囲内で割引が行われて，総代理店を通じて販売された。1890年（明治23年）には，ブルワリーの国内総

代理店である明治屋は，全国を60の地区に分割し，1つの地区に1店ないし2店程度の地区別代理店の設置計画を立て，販売網拡充に着手した。また，ブルワリーの株式額面100ドル（時価130ドル）が，明治屋の手を通じて明治屋関係先へ額面分譲された。横浜の西島屋と神戸の土谷商店にも割り当てられ，明治屋は神戸では土谷商店を特約店に委嘱することとした。

1892年（明治25年），大阪麦酒株式会社がアサヒビールを発売したのを契機に，ブルワリーは関西地区の市場への進出を決め，明治屋の提案に従って明治屋の東京店舗を支店に昇格させた。そして，大阪に支店を開設したのである。さらに両地区ではビールの無料配達を開始している。この大阪支店開設にあたり，ブルワリーから明治屋に対して当時の金額で3,000円が融資されている。さらに年額3,000円の広告・宣伝費を追加し，年額500円限りにおいて新聞広告の半額をブルワリーが負担することも決定されたのである。さらに，勘定締切後2ヵ月払いのビール代金支払期限を1ヵ月延長することにし，明治屋に対する優遇は極めて大きいものであった。

1897年（明治30年），明治屋が採用していた銘柄「キリンビール」および登録していた図柄をブルワリーが無償譲受することになる。しかし，同年12月には創業者磯野 計が急逝し，磯野 計という個人的色彩の強いブルワリーとの契約への影響が懸念されることになる。ところが，キリンビールの一手販売契約は依然として継続されることになった。これは，2代目社長米井源次郎を三菱会社の豊川良平が保証するという条件付で行われたものであった。その後，米井源次郎は1901年（明治34年）には販売契約の改定を行い，特別割戻金の支出をザ・ジャパン・ブルワリーに認めさせて，キリンビールの拡大販売による明治屋への収益向上に貢献している。翌年（明治35年）6月には販売代理店・特約店は全国で156店（海外地区2店舗を含む）になり，主要都市を中心にほぼ全国に販売網が組織されたことになる。

磯野 計および米井源次郎の二代にわたって，ブルワリーとの間の取引関係における明治屋のリーダーシップや積極性は顕著であった。さらに，1907年（明治40年）には米井源次郎が中心となり，日本法人「麒麟麦酒株式会社」が

設立されることになる[7]。まず，1906年（明治39年）に麒麟麦酒株式会社発起人名で，ザ・ジャパン・ブルワリーの全事業を操業したまま，1907年（明治40年）1月以降に買収したい旨の正式申し入れが行われた。1906年（明治39年）12月にザ・ジャパン・ブルワリーは臨時株主総会を召集し，売却が承認されることになった。翌年1月には，ザ・ジャパン・ブルワリー代表者と，新会社発起人である米井源次郎，日本郵船社長であった近藤廉平，元三菱合資営業部長である瓜生 震の3名との間に協定書が調印される。同年2月に，麒麟麦酒株式会社は創立総会を開催し，米井源次郎が専務取締役に就任する。当時は会長職と社長職はなく，米井は実質的な社長の立場にあった。ここでも，人的繋がりに基づく資金関係のネットワークが利用されている。つまり，資本と人材のリンクが実現したのである。なお，新会社はビール醸造専門であり，当然のことながら明治屋が一手販売を担当することになった。もちろん，実質的には米井源次郎が両社のトップを兼務しており，米井により，ある種の製配販統合が行われたことになる。明治屋にとっての販売制約は取引担保であったが，製配販一元化により無担保販売が可能となり，販売量の成長を実現できるようになったのである。

　また，キリンビールの広告・宣伝活動については，ブルワリーと明治屋で折半して負担するのが原則であり，毎年度の宣伝計画と予算を明治屋からブルワリーへ提案して決定されていた。明治40年の麒麟麦酒株式会社設立後も，1927年（昭和2年）の一手販売解消まで，新聞，博覧会，街頭宣伝等の費用はそのつど臨時費用として両者で協議して決定する約束であった。その他，明治屋の負担で自由な宣伝・広告を実行できたが，この額の方がかえって大きかったのである。製造業者ではなく，卸売業者が広告・宣伝活動の窓口となり，製造業者の販売代理人として小売業者とも契約交渉を行うというものであったのだ。

4　取引関係構築の歴史的初期条件

　明治屋の創業期における事業展開を概観してきたが，ここで素朴な疑問が生

じてくる。第1に，何故明治屋は常に一手販売権・代理店契約を獲得することを志向してきたのかということである。そして第2に，製造分野への進出の意味あるいは目的は，何なのかということである。明治屋にとって，本来は小売業者への販売が目的である。にもかかわらず，製造部門への関与が見られるのはどういう意味をもつのであろうか。この2つの素朴な疑問から出発すると，以下のように，明治屋の取引関係の特性を考えることができる。

　まず，第1の疑問についてである。明治屋は輸入商から創業している。したがって，輸入品を扱うことがその主たる業務である。それ故に，明治初期の日本国内においてははじめて市場に供給される商品，またはまだ十分に流通していない商品構成とならざるを得なかったのである。つまり，国内での未開拓分野である商品を扱うことになる。そこで販売戦略上は販売における自由度を確保すること，そして競争企業に対する時間的先行利得を確保することを目指すことになる。販売における自由度が高いということは，例えば広告・宣伝を自己の統制がきく範囲におけるということである。そのことにより，国内未開拓商品の販売促進戦略を部分的にあるいはすべてにわたって明治屋が実行できることになる。さらに，国内にまだ流通していない商品であるが故に，ライバル企業に対して先行することから得られる有利性を確保できるのである。もちろんそこには，取り扱いに伴うリスクも発生するが，この目標を最も効果的に実現できたのが一手販売方式であり，それ故に代理店・一手販売権獲得を目指すことになったのである。そして，これは明治屋がその後国内商品を扱う際にも踏襲される1つの傾向となった。したがって，明治屋においては輸入商から事業を興したという歴史的初期条件によって，創業期においては一手販売権獲得を目指した取引関係を形成していった，つまりそれは仕入適応型の連動取引関係から始まっていったということである。そしてこれらにより，その後の取引関係構築プロセスが規定されていたと考えてよいだろう。

　もちろん製造業者に対して相対的に大規模であるという意味での大手卸売業者が有する資金力と地方小売業者への安定的販路を背景にして，卸売業者が支配的立場をとり，かつ製造業者が弱小または下請け的である場合には，そのパ

ワー格差を利用して取引を拘束しようという卸売業者が一手販売権獲得を目指すのは当然の戦略であるともいえるだろう。しかし，創業期における明治屋の場合には両条件ともに不十分であり，パワー源泉にはならなかったのである。では，明治屋は何をもってその競争力・競争力源泉としたのであろうか。それは人的ネットワークの活用であったと考えられる。明治初期に創業した明治屋には，製造業者に対して特別な優位性の源泉があったわけではない。製造業者との関係において明確に有利な立場であったとはいえない。したがって代理店・特約店契約を志向することは，必ずしも合理的な選択ではなかった。にもかかわらず，一手販売権を獲得しようと試みることができた基盤は，磯野 計と米井源次郎という人的信用を資本としたものであったと考えられるだろう。人的関係を基盤にした組織間関係を構築していったのである。通常製造業者から見ると，商流，物流，情報流の拠点作りとして代理店・特約店が形成されていく。しかしながら，明治屋はこれら流通フローの拠点というよりも，むしろ自己の人的ネットワークという信用を背景に，対応してきたのである。日本的取引関係においては，取引関係が結ばれる場合に，取引条件だけではなく個人的信用もそこに含まれてくる。「信用」問題の必要性が生じてくるのである[8]。人的関係を不可欠とする日本的取引形態の源流が，明治屋のこの時期の取引関係構築にも見られるのである。

　そして，最後にPB商品製造への関与は，逆説的にいうならば卸売業を志向した結果の一手段であるといえるだろう。つまり，卸売業を志向するが故に製造業への関与へと進出していったのである。縦型特約店制や販売会社制が，建値維持のためにその手段として普遍性をもつ[9]，ということは製造業者の論理を前提にしたものである。しかし明治屋は，もっとしたたかであった。つまり流通業者の立場から，代理店・特約店制を積極的に進めていったのである。明治屋は製造業者にとっての単なる販路ではなく，マーケティング力を有していたのである。そして舶来の嗜好品や国内未発達品を扱い，製造業者よりも大きな市場情報を有していた。これらを源泉にして，明治屋は取引上の優位性を保っていた。そして，この優位性を背景に，製造業へ関与することになる。製造業

者が取引交渉上の強い立場にある時ではない。卸売業者が取引交渉において強い立場にある時に製造業務を志向し，その製造部門が軌道に乗ると製造部門から離脱し，当該商品の特約店契約を結んでいる。それは，結局のところ，卸売業強化のために川上である製造業へ進出していったということである。取引の連動性から見るならば，仕入適応型の連動である。日本市場に向けて，多様な品揃えを確保していくために代理店・特約店志向をとり，また製造業や生産活動にまで関与していったのである。

5 結びにかえて

　本章での考察は予備的なレベルにとどまっているため，多くの課題を残しているといえる。第1の課題は，歴史的初期条件がその後の取引関係構築プロセスに及ぼした影響の有無の確認である。創業期だけではなく，現代までの成長の過程にどのような規定関係が存在するのかを確認しなければならない。もちろん，そこには時間的に制度の変化をどう捉えるのかという問題も残ってくる。制度の変化は，組織と制度の相互作用の中で生まれてくる。明治屋に固有の制度変化とは何か，その識別が必要になってくる。

　また，この取引関係のダイナミズムを生み出す要因の抽出が必要とされる。取引主体要因，環境要因，触媒・促進要因への分類・整理がされねばならない。

　さらに，取引相手の置かれている制度的条件と行動様式の分析も課題として残されている。明治屋と製造業者，明治屋と他の卸売業者，そして明治屋と小売業者という取引関係構築のパターンごとに考察を加えることが重要である。

　最後に，この明治屋の事例は，国内品から出発したあるいは元は輸入商ではない卸売業者の事例とは異なるのかどうかを検証する必要がある。これは第1の課題とリンクしている問題であり，歴史的初期条件の組織間差異も検討すべき課題であるといえるだろう。これらのすべての課題に対応はできないが，その1つの対応として次の章において，さらに明治屋の取引関係の変化を追跡分析してみよう。創業期の明治屋は，製造業者との間で仕入適応型の取引連動を

志向したが，それがさらに時間経過とともに変化していく姿を次に考察しておこう。

(1) 同一の組織体において時間的に異なるケースを，個別の事例として考察することに対しては，考察対象としての有効性やその方法論としての妥当性について十分に検討すべき問題が存在する。しかし，本研究では極めて個別的な事例を考察対象とするものであり，創業期に焦点をあてて考察している。したがって，時間的に共有される前提条件と共有されない前提条件を明示的に区別することにより，これら同一組織の事例を異なるものとして扱うことにする。事例研究の方法論上の問題点については，以下の文献を参照されたい。

　　Robert K.Yin（1994），*Case Study Research 2/e*, Sage Publications Inc.（近藤公彦訳（1996）『ケース・スタディの方法』千倉書房）

　　沼上　幹（1995）「個別事例研究の妥当性について」『ビジネス・レビュー』Vol. 42 No. 3, pp. 55-70。

(2) 以下の文献を参照されたい。

　　青木昌彦（1995）『経済システムの進化と多元性』東洋経済新報社。

(3) 以下において明治屋の事業展開の歴史を検討していくが，明治屋企業行動等の記述については，すべて以下の文献によるものである。

　　㈱明治屋本社編（1958）『明治屋七十三年史』株式会社明治屋本社。

　　㈱明治屋創業百年史編纂委員会編（1987）『明治屋百年史』株式会社明治屋。

(4) 契約における取り決めは，以下のものである。厳密な事項設定に基づく組織対組織の関係というよりも，曖昧な部分を残した磯野　計とブラウンの個人的関係に依存する部分が大きいということが分かる。

　　⑴ブラウン・マックファーレン商会のパートナーとして東京に磯野商会，グラスゴーに H・ISONO&Co. をそれぞれ設置し，一体となって鉄鋼や機械などのハードグッズに主力を置いた製品を日本へ輸入すること。

　　⑵両者の間に交互計算方式の勘定を設け，利益は公正な程度と目される1割程度をかけて売った後，その利益は折半すること。

　　⑶磯野商会はブラウン氏の過去の経験と顔から機械関係のメーカー50社以上の会社の日本における輸入総代理店権取得すること。

　　詳しくは以下を参照されたい。

　　㈱明治屋創業百年史編纂委員会編（1987）『明治屋百年史』。

(5) 明治屋は輸入商であったが，当時輸入品だけではなく，国内取り扱い品も同様に拡大していったのである。例えば，以下のものが挙げられる。

　　　　1914年（大正3年）北海道天使園のグーダチーズ

　　　　1915年（大正4年）布包ボーンレスハム，明治屋牛肉大和煮

　　　 1917年（大正6年）MY印缶入りコーヒー，布引鉱泉所製のレモンシロップ，ストロベリーシロップ，末広ソーセージ缶詰
　　　 1918年（大正7年）明治屋特製コーヒーシロップ，缶詰汁粉，京都大原芝漬け
（6）契約書内容は以下のものであった。
　　①横浜および長崎を除いた日本の全地域の総代理店（Sole Agent）であること。
　　②総代理店は，その得意先が生産会社の公表する価格および割引（Discount）に従って販売することに同意すること。
　　③総代理店の手数料（Comission）は，容器代（瓶・箱代）を除いたビールの中身価格の5％とする。
　　④販売したビールの代金回収については，総代理店たる磯野が全責任を負うこと。
　　⑤宣伝広告費は，総代理店の販売業務が確立するまで，年ごとに総額を決定し，ジャパン・ブルワリーと磯野が折半負担する。
　　注目すべきは，明治屋というよりも磯野 計という個人名が明記されていることである。ここにも，組織と組織というよりは個人と個人という関係に強く根ざして取引が進められていることが見て取れだろう。
（7）日本法人「麒麟麦酒株式会社」設立の背景として，以下のものを挙げることができる。第1に，一手販売権をもつ明治屋の米井社長が，ザ・ジャパン・ブルワリーを日本人の手によって自主的に経営すべきであるという強い信念をもっていた。第2に，三菱の岩崎久彌男爵の援助により三菱系（三菱合資会社と日本郵船）の出資がまとまった。第3に，親日家のザ・ジャパン・ブルワリーのゼームス会長が引退時期にあり，同社の買収が比較的容易であった。ゼームスの信任を米井源次郎は得ていたということでもある。第4に，大日本麦酒の社長馬越恭平により，ヱビスの日本麦酒，サッポロの札幌麦酒，アサヒの大阪麦酒の三者合併というわが国ビール業界大合同が推進されていた時期である。つまり，ザ・ジャパン・ブルワリーの買収が内在的に計画されていたのである。そして，第5に，ザ・ジャパン・ブルワリーは治外法権の居留地から発展してきたため，条約改正，日英同盟，日露戦争勝利により日本の国際的地位が高まるにつれて，例えば麦芽の輸入上の不利益など外国法人としての将来性に不安がもたれたということである。
（8）一般的にも日本的商取引の基本的特質として，その発生および関係維持には「信用・信頼」が必要であることが指摘されてきている。詳しくは以下を参照されたい。
　　丸山雅祥（1992）『日本市場の競争構造―市場と取引―』創文社。
（9）以下の文献を参照されたい。
　　風呂 勉（1994）「戦前日本のメーカーの流通経路政策―「縦型特約店制」「販社制」の先駆的形態―」『大阪学院大学商学論集』第19巻第3・4号，pp. 31-46。

第10章　流通チャネル上の戦略展開と取引関係の動態
──キリンビールと明治屋の戦略の相互作用──

1　問題の所在

　長い歴史的視点からわが国における流通機構の発展を見る時，いくつかの産業においてはその発展が問屋または卸売商・卸売業者に大きく依存してきたことは共通の認識であるだろう。その一方で製造業者による流通経路の組織化が進行し，卸売業者はその管理対象へと変化し，また排除される等，製造企業の流通チャネルへの積極的関与が見られるようになってきた。さらに，急激に発展した大規模小売業者のバイイング・パワーによって川上への流通経路組織化が進展し，小売業者が卸売業者をさらには製造業者までをも管理する形態が生じてきている。これらの歴史的経緯に対して，従来のマーケティング研究が着目してきたのは，流通チャネルの選択問題についてである。流通チャネルを選択する場合，どのチャネルが効率的・効果的か，合理的か，低コストか，そして戦略目標を達成しやすいかといった観点から，チャネルを選択する理由付けがなされてきた。しかし，そもそもこのような流通チャネルはどのようにして構築されてきたのかについて言及されることは，どちらかといえば少なかった。

　本章では，前章に続きこの流通チャネルが構築されて行くプロセスに着目したい。すなわち，本章では明治屋とキリンビールとの間における代理店契約の成立と解除の過程を歴史的に追跡・考察することにより，流通における取引関係構築・維持のプロセスを抽出することを目的とする。特に，卸売業者の取引関係構築行動という観点から，卸売業者と製造業者との間の取引関係に焦点をあてて考察するものとする。戦前の製造業者は既存の有力な問屋・卸売商・卸売業者を流通経路上の販売担当者として利用することが多かった。いうまでもなく製造業者は専ら生産活動に従事し，その販売活動にまでは力を及ぼすこと

ができなかったのである。したがって，すでに確立されていた流通経路に位置する既存の卸売業者に販売を依存せざるを得なかったのである。ところが，この問屋依存型からの脱却を図ろうと製造業者は変質してくる。そこには，製造業者の新たなるチャネル政策展開の必要性があったからである。本章では，明治屋とキリンビールの間で起こった一手販売権の成立と崩壊のプロセスを考察することを通して，卸売業者と製造業者との間に起こるチャネルをめぐる取引上の相互行動を整理する。このような意図をもった上で，本章では仕入適応型の取引連動が維持されることなく変化していくプロセスを捉え，それをもってこれまであまり注目されてこなかったチャネル構築過程を分析するための端緒的試みとしたい。

2 明治屋のキリンビール代理店としての展開過程[1]

まずは，明治屋がキリンビールの一手販売権を獲得していった経緯から簡単に確認しておこう。詳細については前章に譲るとして，ここでは年表（以下の表10-1）に基づき確認しておこう。

明治屋は，創業当初よりキリンビールに対する一手販売権の取得を目指していた。創業後わずか1年足らずの1886（明治19）年11月に，明治屋創業者の磯野 計は，ジャパン・ブルワリー創設時の発起人の1人であるW.H.タルボットに，ジャパン・ブルワリーの代理店を引き受けたい旨を申し入れている。当時，外国企業は，日本国内市場では日本人による代理店を通じてのビール販売だけが可能であった。明治屋は1888年（明治21年）5月に，日本全土でのジャパン・ブルワリーの総代理店という資格を獲得することになる。明治屋とジャパン・ブルワリーとの間で交わされた代理店契約は，明治屋が出荷から代金回収までの全責任を負うものであり，さらに建値制を含んだものであった[2]。

生産会社の公表する価格（建値）に従って，大販売所と呼ばれる各地の大手小売商は販売を行う。なお，大量購入者には総代理店明治屋を通じて生産会社との間で定められた割引率内での割引が行われ，販売されていた。

2 明治屋のキリンビール代理店としての展開過程

このような契約下で，明治屋によって販路は拡大されていく。1890年（明治23年）には，国内総代理店である明治屋は全国を60の地区に分割し，地区別代理店の設置計画を立て，販売網の拡充に着手しだした。その際に，ジャパン・ブルワリーの株式（額面100ドル，時価130ドル）が，明治屋を通じて明治屋関係先へ額面譲渡されたのである。1891（明治24）年「ヱビス」の販売活動強化に対しブルワリーも東京進出を検討し，明治屋に出張所開設を求め，明治屋に対して3,000円の無利息融資を行っている。さらに翌年には大阪麦酒株式会社のアサヒビール発売に対し，ジャパン・ブルワリーは関西地区進出を決め，明治屋が大阪に支店を開設している。この明治屋大阪支店開設にあたり，ブルワリーからは明治屋に3,000円の融資が行われている。さらには，年額3,000円の広告宣伝費を追加し，また年額500円に限って新聞広告の半分の費用をブルワリーが負担することになった。さらに東京と大阪両方の明治屋支店までのビール輸送費はブルワリーの負担で行われていた。したがってキリンを扱う明治屋は，アサヒやヱビスと対抗して競争を行うことができたのである。1897年（明治30年）には，明治屋創業者の磯野 計が急逝するが，2代目社長米井源治郎を三菱の豊川良平が保証するという条件付きでジャパン・ブルワリーの総代理店契約は更新されることになる。1901年（明治34年）に米井源治郎は販売契約の改定を行い，特別割戻金の支出をジャパン・ブルワリーに認めさせて明治屋の収益の向上を実現している。翌年には販売代理店は全国で156店になり，主要都市を中心にほぼ全国的に販売網が組織されることになる。さらには明治屋の対ジャパン・ブルワリーとの取引関係における主体的立場は強化され[3]，1907年（明治40年）には米井源治郎が専務取締役として，日本法人「麒麟麦酒株式会社」が設立される。従来通り新会社はビールの醸造専門会社であり，明治屋が一手販売権を握ることになる。しかも米井源治郎という人的結節点により製配販統合が実現したのである。明治屋にとっては販売上の制約は取引担保の必要性であったが，製配販一元化により無担保取引が可能となり，それによってますます販売量の成長を見ることができるようになったのである。

244　第10章　流通チャネル上の戦略展開と取引関係の動態

表10-1　明治屋とジャパン・ブルワリー社の創業当時の関係

年　月	事　項
1886年（明治19年）	明治屋から，ジャパン・ブルワリー（キリンビール社の前身）の代理店引き受けの希望申し入れを行う。
1888年（明治21年）	明治屋が日本国内でのジャパン・ブルワリーの総代理店となる。
1890年（明治23年）	明治屋は全国を60地区に分割。1地区内に1ないし2以上の地区別代理店設置へ着手。
	ジャパン・ブルワリーの株式（額面100ドル，時価130ドル）が明治屋関連企業へ額面譲渡される。
1891年（明治24年）	ジャパン・ブルワリーは，明治屋に無利息融資を行い，東京出張所開設支援。
1892年（明治25年）	ジャパン・ブルワリーは，明治屋の大阪支店開設に融資の支援。明治屋は東京店舗を支店へ格上げ。
1897年（明治30年）	明治屋創業者の磯野　計が急逝。2代目社長米井源治郎の下で，ジャパン・ブルワリーの総代理店契約は更新される。
1901年（明治34年）	明治屋とジャパン・ブルワリーの間での販売契約改定。特別割戻金制定。
1902年（明治35年）	全国156店の販売代理店が整備され，販売代理店網が全国組織化。
1907年（明治40年）	米井源治郎を専務取締役として，日本法人麒麟麦酒株式会社設立。

出所：以下の資料に基づき，筆者が作成したものである。
　　　麒麟麦酒株式会社編（1957）『麒麟麦酒株式会社50年史』麒麟麦酒株式会社。
　　　（株）明治屋本社編（1958）『明治屋七十三年史』株式会社明治屋本社。
　　　（株）明治屋創業百年史編纂委員会編（1987）『明治屋100年史』株式会社明治屋。

3　明治屋の取引関係構築における歴史的特性

　明治屋がジャパン・ブルワリーとの間に取引関係を構築してきた中に，いくつかの特徴が見られる[4]。第1に，創業者磯野　計の人的ネットワークが活用されているということである。明治屋の代理店指定は，磯野　計とタルボットの間で内交渉を進め，ジャパン・ブルワリーの重役であったグラバーの強力な推薦により実現したものである。磯野　計は，タルボットそしてグラバーとの

人的な繋がりを活用したのである。さらに総代理店化への条件として，ジャパン・ブルワリーから保証人を要求された際にも，英国留学以来の後ろ盾であった三菱の豊川良平と天津・上海領事と大阪市長歴任の鶴原定吉の個人保証を得て契約を実現している。さらに，明治屋が一手販売を行うことによりジャパン・ブルワリーは安定的に経営展開をすることが可能となったが，それは他方で明治屋の対ブルワリーの発言力を強化させることになった。当然のことながら両者間に対立が生じることもあったが，明治屋の磯野 計とジャパン・ブルワリーのグラバーとの間で処理され，さほど大きな問題として顕在化することはなかった。つまり，個人的関係・属人的関係の中で処理されてきたのである。

第2に，代理店契約を志向する取引関係を常に結んできたということである。明治屋はその創業時には西洋酒類，食料品，食器等を扱い国内未開拓商品が中心であるため，日本における当該商品の（総）代理店となることによって，国内市場での優位性を確保してきた。ジャパン・ブルワリーと取引関係を結ぶ場合においても，同様の手法が取られた。その後国内商品を扱う場合にも，代理店契約を結ぶものが多く見られた。明治屋は旧来の大規模問屋のように豊富な資金力を有していたわけではない。つまり，いわゆる流通機能における金融機能を担当することは困難であった。それは，キリンビールの販売活動において，常にジャパン・ブルワリー等の資金援助を受けていることからも明らかである。むしろ明治屋は市場情報をもつ優位性により，代理店としての強みを増幅させてきたのである。創業期にあっては人的ネットワークを積極的に活用し，かつ国内未流通品を中心に船舶納入業者という特性を活用して取引関係を構築していったのである。

4　キリンビールの一手販売契約解除の論理

さて，それではこのようにして獲得したジャパン・ブルワリーとの間の一手販売権を明治屋が返還することになったのは，何故であろうか。1919年（大正8年）に2代目社長米井源次郎が死去し，取締役副社長磯野長蔵が社長の任に

就くことになる。そして，翌年にはこれまでの明治屋と麒麟麦酒株式会社との関係と同様に，礒野長蔵は麒麟麦酒株式会社の取締役にも就任することになる。1923年（大正12年）に，キリンビールの一手販売権は更新され，向こう6年間は有効とされた。そして1926年（大正15年）には，再度当該年度の販売条件について協議することになっていた。しかし，1926年（大正15年）になって麒麟麦酒株式会社側から新しい条件提示が行われた。それは，「同年度明治屋のビール取引数量4ダース入150万箱（25万6千石）と定め，もしこの予定箱数を消化しきれなかった場合には1箱当たり50銭の割り戻しを，逆に明治屋から『キリン』社へ支払う。」というものであった。麒麟麦酒株式会社側から，出荷箱数の50%増加が要求されてきたのである。当時の明治屋にとってはこの条件は極めて厳しいものであった。これを受けて明治屋側は，最終的に1927年（昭和2年）に麒麟麦酒株式会社との一手販売契約を解除することにした。そして，その後は一特約店となるのである。当時のビール業界は，第一次世界大戦による戦争景気の影響を受けて1916年（大正5年）頃から国内需要は激増し，対前年比36.0%の増加を達成した。国内販売価格も上昇し，ビールの建値は大正6年から9年にかけて倍以上に騰貴したのである[5]。市場における品不足が生じ，小売価格も上昇しだしていた。

　しかし，1920年（大正9年）の不況を契機として，ビールの価格は逆に下落しだしたのである。ビール税率の改訂により増税された部分は，価格に上乗せさせず生産会社が自己負担せざるを得なかった。それは，不況下での競争上，建値を引き上げることができなかったからである（表10-2を参照されたい）。とはいえ，実勢の販売価格は下落を続けた。生産量は増加しても販売価格は低下し，生産会社は厳しい経営状況に陥ったのである。さらに，1922年（大正11年）頃からは生産会社は拡販のため，特約店と呼ばれる代理店卸売商に対して，仕入れ高に応じて支払われる奨励金，景品付き販売，倉敷料支給，破損代償の支給，謝礼金，そして包み金支給等の名称でリベートを支払うようになった。それは業界の慣行になるほど横行し，値引き競争をさらに激化することになった。

4 キリンビールの一手販売契約解除の論理　247

表10-2　ビール生産高・建値の推移

	ビール生産高（石）	対前年比（％）	建値（円）（1本換算）
大正2年	217,218	——	——
3年	240,227	10.6	11（22銭9厘）
4年	245,380	2.1	——
5年	333,691	36.0	——
6年	412,033	23.5	13（27銭1厘）
7年	498,803	21.1	——
8年	648,607	30.0	17（35銭4厘）
9年	592,185	－8.7	23（47銭9厘）
10年	647,377	9.3	21（43銭8厘）
11年	765,032	18.2	——
12年	791,935	3.5	19（39銭6厘）
13年	915,072	15.5	——
14年	814,173	－11.0	——
昭和元年	813,640	－0.07	20（41銭7厘）

出所：次の資料より抽出して整理したものである。
　　　麒麟麦酒株式会社広報室編（1969）『麒麟麦酒の歴史—戦後編』麒麟麦酒株式会社。

　それでは，麒麟麦酒株式会社側は当時激しくなってきた乱売を回避したくはなかったのだろうか。乱売を回避したいのであるならばチャネル・コントロールを実施し，代理店と一手販売契約を結ぶはずである。しかしその逆の行動をとったのは，あるいはとらざるを得なかったのは何故だろうか。むしろ，麒麟麦酒株式会社は生産設備の増強により販路を拡張・確保する必要性があったのである。したがって，麒麟麦酒株式会社にとって明治屋という販路は，拡販していく上ではもはや魅力がなくなっていたと言える。何故ならば，当時の明治屋は麒麟麦酒株式会社側が主体的に示す販売方法をとらなかったし，麒麟麦酒株式会社の期待するだけの量を販売できていなかったからである。

　第一次世界大戦中の1918年（大正7年）に，麒麟麦酒株式会社は神崎工場（昭和24年には尼崎工場に改称）を建設・完成している。さらに1926年（大正15年）には，横浜に新工場を建設している。旧山手工場の簿価が130万円，生産能力が100万箱であったのに対して，新工場の簿価は数倍になり，一方生産能

力は50万箱であった。したがって製品原価の負担が高く，出荷高の増加による費用補塡が必要とされるほどであった[6]。第一次世界大戦後の好景気と関東大震災後の仮需要に刺激され，ビール各社の施設増強が行われ，その結果供給過剰が起こってきたのである。つまり，当時の麒麟麦酒株式会社にとっては資本設備が重荷になっていた。そして，その稼働率を上げるために出荷高を増大することを志向したのである。その結果，「少しくらい値を下げ，販売費を増やしても，設備を遊ばせない方が，生産会社にとっては有利であったのである。」[7] つまり，キリンのブランド同士での共食いが起ころうが，代金回収が滞ろうが構わず，とにかく売上高の増大を目指すとしたのである。これは「生産の論理・事情」である。代理店は生産企業の公表価格，いわゆる建値に従って小売店への販売を行う。そして，回収した代金をそのまま生産企業に納めることにより手数料を稼ぐことが本来の役割である。しかし，これは需給均衡が保たれているという前提条件の下ではじめて機能するものである[8]。供給過剰に陥ってしまった市場状況では，もはやこのような意味での代理店たる明治屋は，麒麟麦酒株式会社にとってその必要性を減少させてしまっていたのである[9]。他方で，麒麟麦酒株式会社は明治屋の負担していたリスクを負うことになる。このリスクを負担してでも，そして乱売を回避するよりもむしろ乱売を黙認してでも，販路を拡張して設備稼働率を上げることを望んだのである。だからこそ麒麟麦酒株式会社は，これまで安定的販売を行ってきて乱売を回避したい明治屋とは逆の方向を志向することになったのである。

さて，「生産の論理・事情」が存在する一方で，「卸売の論理・事情」も存在することになる。当時の社長礒野長蔵は，明治屋側の総代理店契約を解除する理由を以下のように挙げている。

> 「キリンビールの販売量をさらに伸ばし，業界における地位を確固たるものにするためには生産と販売を統一することもやむを得ない。当時ビール業界では，既に乱売の前哨戦が開始され「キリン」社とても一大難局を覚悟しなければならない時機にあり躊躇することは許されなかった。」

4 キリンビールの一手販売契約解除の論理 249

「明治屋と「キリン」社は異体同心であり、両者の利害を一致させるため、米井社長以来明治屋の資本金に匹敵する程度の投資をキリン株に対して行い、明治屋及び直系のキリンの持ち株はキリン総株数の25％に達し、さらにキリンビールの古い特約店にもキリン株を分譲して資本的に一体感を培うことに努めてきた。すなわちキリンビールは明治屋の生命であり、キリンの繁栄は明治屋の繁栄である。」

「関東大震災によって「キリン」社は旧山手工場を失い、横浜工場を建設したが、「キリン」社が大震災の影響を受けるのはこれからであって、生産と販売を一体化し、厳しい考え方で進まなければ激甚な競争に処することは不可能であった。」[10]

この際、「キリン」社との間では、三菱の提案により両社の共同出資による別組織を作り、両社から役員を派遣して販売を担当させることも検討されている。しかし、明治屋は根本的立場の相違を理由に不可能と判断している。それは明治屋にとっては、「キリン」社との取引関係は根本的変更を検討せざるを得ないものであると考えていたからである。他方で、明治屋にあってはキリンビールの取り扱いは依然として重要な位置を占めていた。売上高の推移を見ても、キリンビールの一手販売権を放棄することは大きな痛手となった[11]。

では、それほどまでに重要であったのに、何故明治屋は、「キリン」社との一手販売権契約解除を受け入れたのであろうか。これに対する答えとして、2つの考え方を挙げることができよう。第1に、すでに結ばれていた日本酒等他製品の一手販売契約をもって、キリンビールの代用をしようとしたということである。そして第2に、明治屋の志向した成長パターンと、「キリン」社のそれとの齟齬が大きくなってきたことが挙げられる。明治屋においては歴史的な取引展開の手順としてこれまで一手販売権を獲得・維持することが第一ステップであった。それに基づき、1915年（大正4年）に、特製月桂冠瓶詰めの一手販売契約を結んでいる。当時はビール部の片手間仕事であったが、その後月桂冠は単一商品としては大きな主力商品となりつつあったのである。この清酒部

門がビール部門を補うだけの成長を遂げつつあったからこそ，キリンビールの総代理店から単なる一代理店になることを受け入れることが可能であったのであろう。

そして次に，成長志向に基づき事業展開していく途の相違がある。生産者・製造業者と卸売商・卸売業者の間の取引関係において，卸売業者の立場がより強い場合には，一手販売契約を結ぶことの有効性も高かったが，パワー関係が逆転してしまうと，そのような取引相手である「キリン」社は明治屋にとっては魅力がある取引相手ではなく，むしろ余分な負荷を押し付ける取引相手となってしまったのである。安定的な販路を維持することを目指す明治屋と，弾力的に自社製品の販路拡張をめざす「キリン」社の方向性には決定的な齟齬が生じてきたのである。

さらに，自社製品の売上増大を求める「キリン」社に対して，明治屋は一製品・一ブランドに固執せず，多様な品揃え形成のための源泉を必要とする。当初は仕入適応型取引連動でスタートした明治屋も，卸売業者として一定の成長をしてくると，相対的に顧客適応型取引連動へシフトしていくプロセスの中で，総代理店としての一手販売権に固執する以上に品揃えの形成を求めていくことの必要性を意識せざるを得なかったのである。ここには，やはり「卸売の論理・事情」といえるものが存在したといえよう。

5　結びにかえて：流通チャネルにおける相互作用局面

明治屋と「キリン」社との間で展開された総代理店契約の締結とその解除の経緯を見てくると，製造業者が卸売業者へ依存していたチャネル戦略から，製造業者が自主的に流通チャネルに関わってくる戦略への転換の軌跡を確認することができる。

第1に，製造業者が卸売業者・問屋依存型から脱却する際のパターンである。卸売業者・問屋に依存していた製造業者が，卸売業者・問屋と異なる方向性で販路拡大を可能にしようとしたのである。もちろん，卸売業が担当していたリ

5 結びにかえて

スク負担を比較考量の上でのことである。「卸売業者に任せておくと乱売するから，チャネルをコントロールしたい。そして乱売を押さえたい。」というパターンと，「卸売業者は乱売を回避したい。一方で，製造業者は乱売を黙認してでも販路を拡張したい，また拡販したい。そのことによって卸売業者の存在が制約になってしまった。」というパターンとが存在することが，明治屋と「キリン」社との取引展開過程から浮かんでくる。製造業者が卸売業者依存から脱却する道において，異なる経路が存在したのである。これは成長経路の違いであると考えられる。伝統的には，比較的大規模な卸売業者がその市場情報力と既存の整備された流通チャネルを有しているということを強みにして，リスクを負担することができた。そして，販売市場における一手販売権を得ることができたのである。これが卸売業者依存を生み出した基盤である。明治屋においても，いわゆる「卸売の論理・事情」に従い，まず一手販売権を確保してから進めていくという仕入れ販路の固定化・安定化が先行した。つまり，相対的には閉じた専属的なチャネルの形成により製造業者も卸売業者も成長を図っていたのである。

また，工場を拡張して生産高そして販売高を高めようとしたのが，製造業者のチャネル政策である。「キリン」社は，成長への次のステップとして販路を固定化・安定化するよりも，大量に販売できる経路を重視した。つまり開放的チャネルを志向して，それによる成長を目指したのである。これは「生産の論理・事情」である。成長パターンという観点から見ると，製造業者においては卸売業者をより強固に管理することによって成長を図るパターンと，むしろ卸売業者を制約条件としてこれを排除して成長を図ろうとするパターンとが存在したのである。

第2に，卸売業者においては伝統的に資金力をもった有力企業がその資金力を背景にして，製造業者と排他的な取引契約を結ぶことによって成長していくパターンと，同じように専属的な関係を築くが，その基盤を市場・商品に関わる情報力，そして既存の流通チャネルの整備力において製造業者と一手販売契約を結んで成長を図ろうとするパターンが存在した。明治屋の事例では，創業

期からの歴史的初期条件により規定されて後者のパターンをとっていたと考えられる[12]。「キリン」社と明治屋の間では，これらパターンが錯綜的にとられたため成長の過程において両者がマッチングできず，総代理店契約は解消されることになったのである。

このような明治屋と「キリン」社との流通チャネル上の取引関係の変遷を，卸売取引の連動性という観点から見ると，仕入適応型の取引関係を志向していた明治屋が，製造業者との関係変化を契機に，仕入適応の困難性が高まり取引連動が阻害される状況の中で，取引連動を維持し，高めていくために顧客適応型取引連動へシフトしていく姿を読み取れよう。つまり，卸売業者の論理と製造業者の論理の対立が生まれてきた中で，卸売業者は仕入と販売の取引連動性を高めることにより，流通チャネル上のポジションを保持してきたのである。

最後に，残された課題を簡単に提示しておきたい。第1に，卸売業者と製造業者という相違に起因する部分と，明治屋と「キリン」社という企業組織の違いに依存する部分とをより明確に峻別して検討することが求められる。それは，企業組織が独自・固有に有する諸特徴は，必ずしも卸売業者や製造業者の一般的な特徴ではないからである。そのためには，さらに取扱品あるいは業種に基づく他の諸事例研究を行い，さらにそれらとの比較分析を行うことが必要である。これが第2の課題であるといえよう。

（1）ここにおける歴史的記述は次の文献によるものである。
　　明治屋本社編（1958）『明治屋七十三年史』株式会社明治屋本社。
　　明治屋創業百年史編纂委員会編（1987）『明治屋100年史』株式会社明治屋。
　　なお，明治屋の取引展開過程の詳細については以下を参照されたい。
　　西村順二（1996）「取引関係構築の歴史的展開過程―明治屋の創業期にみる取引関係構築の歴史的初期条件」『流通科学』13号，pp. 12-22。
（2）契約書の原本は存在しないが，契約書内容は以下のものであることが確認されている。詳細は，下記の資料を参照されたい。
　　①横浜及び長崎を除いた日本の全地域の総代理店（Sole Agent）であること。
　　②総代理店は，その得意先が生産会社の公表する価格及び割引（Discount）に従って販売することに同意すること。
　　③総代理店の手数料（Commission）は，容器代（瓶・箱代）を除いたビールの中身

注 253

価格の5％とすること。
　④販売したビールの代金回収については，総代理店たる磯野が全責任を負うこと。
　⑤宣伝広告費は，総代理店の販売業務が確立するまで年ごとに総額を決定し，ジャパン・ブルワリーと磯野が折半負担する。
　麒麟麦酒株式会社編（1957）『麒麟麦酒株式会社50年史』麒麟麦酒株式会社。
　麒麟麦酒株式会社広報室編（1969）『麒麟麦酒の歴史―戦後編』麒麟麦酒株式会社。
　麒麟麦酒株式会社社史編纂委員会編（1985）『麒麟麦酒の歴史―続戦後編』麒麟麦酒株式会社。
　㈱明治屋本社編（1958）『明治屋七十三年史』株式会社明治屋本社。
　㈱明治屋創業百年史編纂委員会編（1987）『明治屋100年史』株式会社明治屋。

（3）明治屋の総代理店としての契約が解除されるまでの39年間にわたって，明治屋は対ジャパン・ブルワリーとの関係においては，主体的に販売活動を行ってきている。以下を参照されたい。
　西村順二（1996）「取引関係構築の歴史的展開過程―明治屋の創業期にみる取引関係構築の歴史的初期条件」『流通科学』13号，pp. 12-22。

（4）創業期における明治屋の歴史的な取引関係構築上の特性について，詳細は以下を参照されたい。
　西村順二（1996）「取引関係構築の歴史的展開過程―明治屋の創業期にみる取引関係構築の歴史的初期条件」『流通科学』13号，pp. 12-22。

（5）全国のビール生産高は，大正3年の24万石から大正8年の64万石へと大幅な増加を見たのである。ビールの建値も上昇し，大正3年には大瓶4ダース入1箱11円（1本で約22銭9厘）から大正9年には同23円（1本で約47銭9厘）となった。これは戦前・戦後を通じた最高値であった。
　麒麟麦酒株式会社広報室編（1969）『麒麟麦酒の歴史―戦後編』麒麟麦酒株式会社，pp. 367-369。

（6）以下を参照されたい。
　㈱明治屋本社編（1958）『明治屋七十三年史』株式会社明治屋本社，pp. 59-61。
　㈱明治屋創業百年史編纂委員会編（1987）『明治屋100年史』株式会社明治屋，pp. 150-151。

（7）以下を参照されたい。
　麒麟麦酒株式会社広報室編（1969）『麒麟麦酒の歴史―戦後編』麒麟麦酒株式会社，pp. 372-373。

（8）以下を参照されたい。
　麒麟麦酒株式会社広報室編（1969）『麒麟麦酒の歴史―戦後編』麒麟麦酒株式会社，p. 369。
　明治屋創業百年史編纂委員会編（1987）『明治屋100年史』株式会社明治屋，pp. 151-152。

（9）1924（大正13）年の株主総会において，明治屋との総代理店契約の解除を求める声が

あがっている。リベートの負担が大きくなってきている一方で，すでにこの時期に麒麟麦酒株式会社にとっては販売拡張上明治屋が1つの制約となってきていたのである。つまり，代金回収を確実なものにするために安全な取引先としか販売を行わず，新たなる販売先を開拓することがなかったという明治屋の堅実的な販売方法の故に，明治屋は必ずしも麒麟麦酒株式会社の拡販政策には同調しなかったのである。一手販売権をもつことが，明治屋をして消極的な安全志向の経営を取らせてしまったのである。以下を参照されたい。

　麒麟麦酒株式会社編（1957）『麒麟麦酒株式会社50年史』麒麟麦酒株式会社。

　風呂　勉（1994）「戦前日本のメーカー流通経路政策―「縦型特約店」「販社制」の先駆形態―」『大阪学院大学商学論集』第19巻第3・4号，pp. 33-46。

　なお，麒麟麦酒株式会社にとっての価格拘束の面に，明治屋との一手販売権契約の解除の理由を求める研究も見られる。以下の文献を参照されたい。それは，製造業者のマーケティング展開における卸売業者との取引関係構築上の小売段階での値崩れへの対応である。しかしながら，本章ではむしろ製造業者の販路拡張面に注目し，それへの卸売業者たる明治屋の対応に考察の対象が置かれている。明治屋側の戦略のあり様との相互作用の中で，一手販売権の解約・返上が実現したと考えるものである。

　後藤一郎（2003）「卸売商業の凋落とマーケティング」『大経大論集』第54巻第1号，pp. 23-41。

(10) 以下を参照されたい。

　㈱明治屋創業百年史編纂委員会編（1987）『明治屋100年史』株式会社明治屋，pp. 151-152。

(11) 明治屋の売上高はキリンビールの総代理店から離れた後に大きく減少している。しかし，営業担当部門の人員が「キリン」社へ移籍し，整理されたためしばらくは利益に関しては急激には減少していない。以下の表10-3を参照されたい。

(12) この違いは以下のものに起因していると考えることもできよう。すなわち，卸売商は保守的であり，チャネル統制を志向し，暖簾重視の傾向が比較的高い。他方，製造業者は設備投資に積極的であり，成長志向が比較的強い。これは機能の違いではなく，企業文化・組織文化の対立と見ることができる。しかし，何をもって保守的であるとか，何をもって成長志向的であると見るのかについては多様な解釈が可能であり，さらなる詳細な考察が必要である。明治屋においては，従来の取引関係構築にあっては人的ネットワークに比較的依存してきたが，「キリン」社との間の総代理店契約の解消においては，取引関係構築の基盤が卸売商と製造業者のパワー関係にシフトしたといえるだろう。つまり取引関係の構築基盤が変化したのである。しかしながら，過渡期の対応つまり明治屋の営業部門がそのまま「キリン」社へ移籍していることを見ると，まだまだ歴史的初期条件に規定されている部分が残存していたといえるだろう。

表10-3 明治屋の業績推移

	売上高（円）	税引き前利益金（円）
大正13年	28,682,208	512,988
14年	25,702,857	442,808
15年	28,733,431	417,004
昭和2年	11,050,472	422,142
3年	11,212,887	427,298
4年	11,593,306	429,146
5年	10,670,272	342,479
6年	9,507,963	323,705

出所：以下の資料より作成したものである。
(株)明治屋創業百年史編纂委員会編（1987）『明治屋100年史』株式会社明治屋。

結章　卸売取引連動性の総括と展望

　本書では，一貫して取引関係に着目して卸売業者の取引行動や戦略展開等を考察してきた。本書をとじるにあたり，これまで本書において行われてきたいくつかの考察を，結論として簡単にまとめておきたい。そして，それとともに取引連動性概念の課題と展望を確認しておこう。

1　本書の基本的視点

　生産段階から消費段階に向けて財やサービスが流れるルート上に，いくつかの取引・取引関係が連鎖して，流通チャネルが形成されている。もちろん，この流通チャネルは単なる継起的な段階の連続ではない。取引当事者同士の相互作用によって，多様な態様を擁する動態的なものとして捉えられるべきものである。このチャネルにおいて，ある時には伝統的な卸売業者（問屋）がチャネル・リーダー（チャネル・キャプテン）として流通チャネルをコントロールし，ある時には寡占的メーカーが同様の役割を担当し，またある時は実態としての組織的大規模小売商がその役割を果たしてきた。そして，近年は資金力や取引交渉力などの経営資源上のパワーをもった流通業者や生産者が段階を超えて提携を結び，戦略的なグループとして流通チャネルをコントロールしている。それらが，伝統的流通経路，流通系列化，逆系列化（カウンターベーリング・パワー），垂直的統合，戦略的提携，製販統合，そして製配販統合などと呼ばれるある種の特定的な流通経路構造を表層的に呈してくるのである。しかしながら，これらは結局のところ流通チャネル上で展開されている取引関係の変動に，その源の1つを尋ねることができると考えられる。したがって，まず本書における考察の対象は，この取引・取引関係の連鎖とそこでの主体間の相互作用により引き起こされる動態であったことを確認しておきたい。

次に，本書ではこの流通チャネルの変化そのものが議論の対象となったのである。流通チャネルは必ずしも一定の構造を有してとどまることなく，歴史的に様々な態様を擁していく。当然ながら，それは流通チャネルを構成する取引・取引関係の変動を見ることによって確認できる。したがって，本書における考察においてはこの取引・取引関係の変化に焦点があてられたのである。取引・取引関係の変化は，1つには外生的環境により，そして2つには内生的なルールの変動により引き起こされる。恒常的・安定的な取引・取引関係が，何らかの外生的な刺激を受けることによって変化を生み出す場合，それはいわゆるマクロ環境による影響である。経済成長の停滞や減退，IT技術や物流技術の革新，生産段階の競争構造の変化，消費段階の消費・購買行動の変化，そして政府・行政の政策等が考えられる。また，内生的な要因の変動により取引の構造が変化することもある。それは，取引当事者間のパワー関係の変化であったり，製造業者のマーケティング戦略・チャネル戦略の変更などが考えられる。

本書では，この取引・取引関係の変化をもたらすすべての要因と取引・取引関係変化の因果関係に言及することを試みたものではない。すなわち，これらの要因をすべて包摂するようなモデル構築を目指すものではなかった。変化のプロセス自体を考察することによって，そのダイナミズムを記述することを試みたものである。そして，そのことにより，取引関係の変化およびチャネル構造の変化に対するある種のパターンを確認することを目指したのである。

そして，直接的にはこの取引・取引関係の変化が考察されるが，それを取引の連動性という考え方から見ていくものであった。変化のプロセスを，取引の連動性によって記述しようとするものであった。取引の連動性については，仕入取引と販売取引が独立して変化するのではなく，何らかの連動関係をもって変化すると見るものである。そして連動がスムーズに起こってこない場合には，連動を阻害する要因が存在すると見る。また，仕入取引と販売取引に着目する本書のスタンスから，この両方の取引を本来的に有している中間商人，つまり卸売業者の取引を考察の対象として設定してきた。

2　本書の総括

　卸売業者を介した仕入取引と販売取引の連動性の考察を通して，本書は以下の諸点から出発している。第1に，仕入・販売の両取引の独立性の保証が確認される必要があるということである。この取引の両面に関して，多くの場合はそれぞれ独立に取引関係が結ばれている。それは，仕入条件面での交渉が当該取引当事者間で行われ，別途販売条件面での交渉が別の当該取引当事者間で行われるということである。したがって，取引関係を結ぶに際して，仕入取引と販売取引の間に何らかの影響関係が生じることはないということになる。つまり，これらの2種類の取引・取引関係が本来的には連動するものではなく，それぞれが別個のものであるという独立性が両取引に対して保証されているということである。

　しかしながら，当然のことではあるが仕入活動を行う経済主体（個人・組織）はそれをもって経済行動を完結するのではなく，販売活動を行ってはじめて自己完結することになる。売れ行きを考慮して，売れ筋商品を取り揃えるために仕入活動を行うことは当然のことであり，逆に仕入の可能性等を考慮した上で販売活動を行うことは当然起こり得る[1]。つまり，前述の両取引の独立性が原理的には確認されていたとしても，現実的には両者は何らかの潜在的な連動関係にあることは回避できないことである。したがって，言い換えるならば本書は本来的に独立関係ではあるが，内在的に連動関係の中に置かれている仕入取引と販売取引の連動性を明示的に取り扱う試みであるといえよう。

　そして，第2に，取引の連動性については仕入取引と販売取引が独立して変化するのではなく，何らかの連動関係をもって変化すると見る。したがって変化することが前提であり，変化した上ではじめて連動性の有無が見えてくる，つまりポジティブな変化の連動性である。この取引の連動性については以下の図結-1に示されているように考えられる。つまり両取引ともに変化する場合には，取引の連動性が存在すると考える。また，一方の取引は変化し，かつ他

方の取引は変化しないという場合には，これら両取引には連動性が存在しないとする。

さらに，仕入取引が変化せずにまた販売取引が変化しない場合，逆に販売取引が変化せずにまた仕入取引が変化しない場合が想定される。この取引関係には，もちろん取引の連動性が存在する可能性が考えられる。つまり，この関係においては両取引が互いに関連しており，その上で互いに変化しないという場合である。「一方が変化しないから，他方も変化しない。」という意味での連動性の存在である。しかしながら，上記のようにここでは取引の変化に着目し，それを考察しようというのが意図である。したがって本書においては，変化をしない取引については連動性が存在しないとすることになる。まさしく変化を伴うポジティブな連動性が考察の対象となったのである。

第3に，「取引変化」の意味する内容への言及である。取引が変化する・取引関係が変化するといった場合に，取引の何が変化しているのかということである。それは結局のところ，取引の何をもって取引を捉えようとしているのか，

図結-1　仕入取引と販売取引の連動関係

	仕入取引 変化せず	仕入取引 変化する
販売取引 変化せず	独立	連動
販売取引 変化する	独立	独立

取引の諸側面の選択に関わる問題である。取引の何が変化したのかという点から見るならば，全体としての取引先数，全体としての取引高，取引先ごとの取引高分布，取引条件，そして取引相手の空間的分布などが取引の変化を表す内容として挙げられた。しかし，本書では，これら取引あるいは取引変化の具体的な内容を網羅的に取り上げて考察を行うことは目指さなかった。もちろん，想定され得る企業の取引および取引変化の内容を考察することは必要ではある。しかしながら，特に変化を把握する上で最もダイナミックに変化を示すものは，取引相手そして取引先数の変化である。1対1の取引関係において，取引関係をもつ・もたないはゼロ・サム・ゲームの状態であり，その意味で最も取引変化をつかまえやすいものであるだろう。したがって，「取引変化」とは「取引先・取引相手の変化」として考察されたのである。

さらには，重要な取引連動の内容として品揃えに着目した。取引相手の変化は，結局のところ品揃えのマッチングへ還元される。仕入取引により形成された品揃えと，販売取引を行う際に提供する品揃えがバランスを取れていないと取引は完結しない。この品揃えは，一般的には取引相手により異なった体を有することになる。したがって，品揃えのマッチングを通して，取引適応を実現することになるのである。

そして第4に，取引の連動のタイム・ラグを想定したことである。仕入取引と販売取引の変化が連動して起こってくるとしても，必ずしも同時期にまた瞬時に変化するとは限らない。時間的なズレがあり，その上で起こってくるものもある。否，その方が通常の様態であるといえるだろう。このタイム・ラグの存在は，すでに見てきたように連動を阻害する要因と関連している。一般的には，取引当事者の許容範囲内で仕入取引と販売取引はスムーズに結び付けられ，実行されている。しかし一方の取引に変化が生じた場合，その阻害要因が顕在化するが故に，もう一方の取引との結び付きが遅れたり，停止させられたりするのである。

以上のような，取引連動性に関する諸点に注意し，本書では次のように考察が進められた。まず，卸売業者・卸売業固有の理論的説明視点を導出すること，

そしてそれには卸売業者および卸売業の動態に関する視点が必要であるということ，特に卸売業段階の内的構造変化への言及への可能性を求めたということ，そして卸売取引の考察からスタートし，分析の集計水準を上げた流通チャネルや卸売流通機構への説明拡張の試みと卸売取引に源泉を見出した卸売業態の変化への説明が目指された。そして，第2章および第3章でも示したように，そのための分析道具としての卸売取引の連動性という概念装置を設定した。それは，卸売業者・卸売段階において仕入取引と販売取引のバランスがとられ，それが品揃えの編集として現れてくるというものである。

この品揃えの編集は，1つには仕入取引先と販売取引先の変化により捉えるとともに，さらには取引適応度でもって取引連動として考察されるものである。取引先の変化という点では，第3章において英国卸売企業のデータに基づき，販売取引先の変化により仕入取引先の変化がもたらされた連動性が示された。さらには，第4章において日本の流通機構におけるマクロデータに基づき，英国卸売企業とは異なる傾向であるとはいえ，仕入取引先と販売取引先の連動が確認された。ここでは，仕入取引局面での大規模集約化の動きと販売取引局面での取引先選別の動向が確認されるとともに，3章と4章を通して，仕入取引と販売取引の連動性における非対称性の存在も確認されたのである。

取引先の変化は流通チャネル形成の基盤である。卸売業者の規模により，流通経路上での取引先選別は異なる。取引関係の認識とその連動から，小規模卸売業者は仕入先の多様性を求めると同時に，販売先の規模の経済効果を求めて取引相手を選ぶ。また大規模卸売業者においても，販売取引におけるさらなる規模経済効果を求めた取引先選別が起こっていると同時に，大規模小売業者特に百貨店との連携への障害など流通チャネル上の戦略提携へは否定的な一面が確認された。

もう1つ，取引適応の観点から見た品揃えに基づく取引連動性も指摘された。これは，まず第6章において予備的な考察として，卸売業態の根源を需要と供給のマッチングとし，そのマッチングを品揃え次元と流通機能次元から整理することが試みられた。特に，業態卸などの新たな業態の1つの方向性として品

揃え次元の全体対応が確認されている。これは，仕入取引と販売取引の連動性を高めていくことで実現できるといえよう。さらに，取引相手属性の相違を前提としたいくつかの卸売業態において，仕入取引と販売取引の連動に相違があることが明らかとなった。取引連動性は，流通段階上の位置付けよりは，取引相手によってより影響を受けやすいということである。卸売業態の展開に対する，1つの有効な視点が導出されたといえよう。そして，消費財と産業財の区分なく，産業財取引においても販売先行すなわち顧客適応型取引連動により，取引適応を図ることが可能であることも確認された。さらには，これら取引適応度を高めていく品揃え形成によりもたらされる取引連動性は，長い歴史的な時間経過の中でも仕入適応型から顧客適応型へのシフトを自ら進め，長く卸売業者としての存在を維持してきたことが，事例として捕捉できたのである。

3 若干の試論

　さて，上記の取引連動性について，試論的に1つの整理を試みておきたい。その視点は，仕入取引と販売取引を行う卸売業者にとって，その全体取引費用の節約が求められて両取引が連動して実施されると見るものである[2]。つまり，卸売業者は取引費用の節約上その最適化を目指して，両取引を連動に向かわせると考える。その連動のプロセスは暫時的であり，取引の連動性の程度の大小により以下の図結-2の曲線上を移動する。ここで取引費用を削減するための連動が想定されているが，その取引費用は仕入取引に関わる費用と販売取引に関わる費用から構成される。この取引費用は，取引費用アプローチが想定している外部取引によって取引費用の節約がもたらされる場合には，外部市場の成立つまり取引の成立が保証され，内部取引の方が外部取引よりもコスト上有利である場合には取引の内部化が保証されるという意味でのものではなく，仕入取引と販売取引がスムーズにリンクするという意味での取引費用であり，取引変化への対応費用である。

　また，ここでは従来のような仕入取引や販売取引のいずれかまたは両方が，

その取引先という点で固定化されるという意味での取引関係の固定化また内部化というよりは，仕入取引と販売取引がセットで変化する関係への固定化が想定されている。いわゆる，戦略的提携，製配販統合やパートナーシップという取引連鎖形態は，図結-2の上弦の経路を経由して変化していくと考えられる。また，垂直的統合や流通系列化と呼ばれる取引連鎖形態は，図結-2の下弦の経路を経由して変化していくものである。当然のことであるが，上弦の経路は上記の取引費用上節約効果は初期段階ではより高く，下弦は初期段階ではより低いものとなる。多くの取引連鎖形態は，個々の取引の連動性がどのような取引費用の節約効果を生み出すかにより，上弦・下弦の違いがあるが，いずれにせよこれら経路を経由して取引関係の変化を蓄積して，流通経路構造を構成していくのである。

本来卸売業者は，その在庫機能や品揃え機能を遂行することにより，流通チャネル上の供給サイドと需要サイドをマッチングさせるべく流通チャネル上に存在している。それは仕入取引と販売取引の連動性なくして実現しにくい。こう考えると，取引費用の節約は取引に関わるリスクの分散ともいえる。販売先の変化はより多様で大きな販売量を目指し，また最終消費者の嗜好の変化への適応を行うためのものであり，それに伴い既存の仕入先では対応不可能であれば，仕入先の変化を求めることになるだろう。また，仕入先の変化もやはり多

図結-2　取引連動性と取引変化対応費用

縦軸：取引変化対応費用（仕入取引＋販売取引）　小〜大
横軸：取引連動性　低〜高

様で大きな仕入れ量を目指し，また新たなる製品・サービスの開拓を目指してのものであれば，それにあわせてその販売を担当し得る販売先へと変化が生じてくるだろう。もちろん，これらの状況下で既存仕入先，既存販売先が対応・適応できるのであれば，それぞれを変更する必要はない。しかし，現実的には既存取引先関係においては，一方の取引変化への対応を他方の取引を固定化したまま行うことは困難であろう。以上のような面をもつ取引連動性は，仕入取引と販売取引のそれぞれ取引先の変化はもちろんのこと，変化の可能性という意味を含むことになるのである。

4 展望と課題

　最後に，本書における理論的インプリケーションと実務的インプリケーションに言及して本書を終えたい。理論的インプリケーションは，以下のように挙げることができるであろう。まず卸売業・卸売業者固有の説明枠組みを提示できたことである。これまでの卸売領域に関する諸研究では，固有の理論的説明枠組みを提示できていなかったといえる。それは，卸売業や卸売業者，さらには卸売流通機構という実態の複雑さによるものである。個別事象的な研究の蓄積は行われているし，小売業者や卸売業者との関係枠組みの中での考察も進められてきている。しかしながら，それらは卸売領域に固有の説明ではなかったと考えられる。そのような意味で，本書における取引連動性に基づく卸売研究は，卸売領域に固有の研究アプローチの1つを提示できたということができるであろう。

　第2に，卸売業・卸売流通の動態性を捕捉する視点が含まれていることである。これまでの卸売業・卸売流通に関する諸研究では，静態的な分析が多数見られた。しかしある一時点での卸売業を記述・説明できても，その変化についての言及は不十分であった。取引連動性概念は，動態的な取引の連続の中での考察である。したがって，取引の連続的変化の中に，卸売業の動態を確認することができるだろう。

　そして，第3に分析集計水準の適応性である。本書においては，個別の卸売

企業の行動分析，それらの集計された大量データの分析，そして二次データに基づく流通構造分析が試みられている。すなわち，個別の卸売業者の取引行動から，それらの集計された流通チャネル，そして卸売流通機構という高次水準まで，取引連動性概念は適応可能であるということである。そして，今後の概念精緻化や理論の洗練化によって，ミクロの研究視点からマクロの研究視点への接合の可能性があるということもできるであろう。

実務的インプリケーションについては，以下の2つを挙げることができるであろう。第1に，卸売業者の業態展開に対する示唆である。本書の調査・分析を通して卸売業者が業態開発を行っていく上で，最も基本的なことは仕入取引と販売取引の連動性を高めることであることが確認された。卸売業態は，その果たす流通機能次元とそれが提供する品揃えの形成次元から考えることができる。これまで，流通機能次元での研究成果の蓄積は多数見られ，実務的な示唆は提示されてきている。しかしながら，品揃え形成次元での示唆はさほど見られなかったといえよう。本書では，発見物として品揃えベースの取引連動性の高度化が業態展開へ繋がることが示されている。卸売流通業者が置かれている流通段階に依存するのではなく，また取り扱い製品の属性に依存するのではなく，それぞれにおいて連動性を高める仕組みが肝要であるということである。この示唆の下に卸売業態展開を考えていくと，新たな展開が期待できるといえよう。

第2に，取引連動性のパターンの存在である。すなわち，本書の分析を通じて，仕入適応型連動を図るよりは顧客適応型連動を図る方が，連動性をより高めやすい様相が提示されている。すでに述べたように，取引は仕入取引だけでは完結しない。販売取引が実現できてはじめて，卸売業者におけるまた卸売業における取引は完結したことになる。この連動性において，仕入取引と販売取引の連動において非対称性があることが明示されたのである。しかも，それは仕入適応型連動よりは，顧客適応型連動の方が，相対的により志向されているということであった。昨今の流通段階を取り巻く環境変化や競争の激化は想像を超えるものがあり，またその速度は速い。適切かつ迅速に連動を実現できな

4　展望と課題　267

ければ，どのような卸売業者であっても市場からの退場を余儀なくされてしまう。そういう意味では，現代の成熟した経済社会にあっていわゆる賢い消費者を最終消費者として連ねる流通チャネルにおいては，1つの指針として顧客適応型の取引連動が有効であることはいうまでもないことである。

　さて，最後に残されたいくつかの課題について言及しておこう。残された課題は多いが，ここでは概念枠組みに関わるものに限定し，またその中でも基本的な問題について触れておきたい。まずは，取引連動をどのように捉えるのか，その取引内容の特定化，そして操作変数としての精緻化である。本書では，直接的には取引先の変化と品揃えの形成とその適応化でもって取引変化をつかもうとしてきた。取引要素次元として多様な変数候補を提示したが，結局のところ相対的な捕捉容易性の故に取引先と品揃え形成に焦点をあてて，考察が加えられてきた。品揃え形成については，取引適応化へ代置して考察は加えられているが，まだまだ概念変数のレベルにとどまっているといわざるを得ない。他の取引要素次元からも考察を加え，厚みのある概念として再整理する必要はあるだろう。

　さらに，仕入適応型連動と顧客適応型連動のそれぞれを表すさらなる多様な事例の考察が重要である。本書の冒頭において，卸売業・卸売業者への研究の少なさの理由にその実態の多様性や複雑性等を指摘した。卸売業者に多様性が存在するなら，当然ながら取引の連動性にもいくつかのパターンが存在するだろう。取引連動の実態を説明する理論枠組みの精緻化に向けて，まずは取り扱い業種または卸売業態ごとに限定的に事例を積み上げていくことが重要であろう。

　そして，それらを通じて制度的な要因と取引連動性との関係分析も必要である。本書においては，一部英国卸売企業のアンケート調査データを活用したが，基本的には日本市場における日本の卸売業者を考察対象とし，その取引関係を分析してきた。しかしながら，周知のように取引慣行をはじめ，取引および取引関係は制度的要因と結び付く傾向が強い。また，業種によっても多様な取引慣行が存在する。ある特定の文脈に依存して，取引関係が構築されるというこ

とである。取引一般の考察と同時に，このような文脈ごとにタイプ分けされた取引において，その取引関係と取引の連動性を考察していくことは必要なことである。

(1) もちろん，仕入取引と販売取引が潜在的に関連があっても，両者が全く一対でありコインの裏表関係にある，すなわち同等の関係にあるということは現実的にはあり得ない。販売取引において仕入取引が考慮に入れられる程度よりは，仕入取引において販売取引が考慮に入れられる程度の方が，より大きいと考えられる。それは商業そして流通という経済行為が有する必然のことである。製造業者と消費者の間に介在し，製品・サービスの流れを円滑的に行うが故に，商業や流通は社会的に存在し得るのであって，もしもこの流れを円滑に行えないのならその社会的存在意義は失われてしまう。この場合仕入と販売が両者ともに実現されてはじめて，その経済主体のパフォーマンスも上がってくるのである。つまり販売取引が実現してはじめて，取引当事者の経済行為は完結する。したがって，販売が仕入より優先されるのは本来的なことであるともいえるのである。
(2) 取引費用の議論については以下を参照されたい。ここでは，あくまでも取引に関わる費用の全体を想定している。

　　Williamson, O.E. (1991), "Comparative Economic Organization: The Analysis of Discrete Structural Alternatives", *Administrative Science Quarterly*, Vol. 36, pp. 269-296.

《参考文献》

青木昌彦（1995）『経済システムの進化と多元性』東洋経済新報社。
青木昌彦・奥野正寛編著（1996）『経済システムの比較制度分析』東京大学出版会。
荒川祐吉（1960）『現代配給理論』千倉書房。
荒川祐吉・山中均之・風呂　勉・村田昭治（1967）『マーケティング経営論』日本経営出版会。
荒川祐吉（1978）『マーケティングサイエンスの系譜』千倉書房。
荒川祐吉（1983）『商学原理』中央経済社。
荒川祐吉（1986）「流通研究の新視点」『季刊 消費と流通』Vol. 10　No. 4, pp. 12-20。
荒川祐吉（1990）『卸売商業構造論』千倉書房。
荒川祐吉（1997）「繊維・衣料卸売流通の変貌と卸売流通機能強化の方向―中小卸売業の機能と存立基盤―」『調査時報』(中小企業金融公庫) 第19巻　第1号, pp. 1-22。
石井淳蔵（1983）『流通におけるパワーと対立』千倉書房。
石井淳蔵・小川　進（1996）「対話型マーケティング体制に向けて―アパレル産業のビジネス・システムの発展」石原武政・石井淳蔵編著『製販統合―変わる日本の商システム』日本経済新聞社, pp. 105-138。
石井淳蔵（1999）「マクロ・マーケティング論と「可能性のマーケティング」」『季刊 マーケティングジャーナル』第75号 (Vol. 19 No. 3), pp. 2-3。
石井寛治（2003）『日本流通史』有斐閣。
石原武政（1982）『マーケティング競争の構造』千倉書房。
石原武政（1999）「小売業における業種と業態」『流通研究』第2巻第2号, pp. 1-14。
石原武政（2000）「売買集中化の原理」『中小企業季報』No. 3, pp. 9-15。
石原武政（2000）『商業組織の内部編成』千倉書房。
糸園辰雄（1988）「わが国における卸売研究ノート」『西南学院大学 商学論集』第35巻第1号, pp. 147-175。
井上達彦（2001）「スピードアップとアンチ・スピードアップの戦略的統合に向けて―㈱ワールドにおける情報化と製品開発システムの革新―」『国民経済雑誌』第184巻第1号, pp. 35-52。
今村辰生（1979）「戦後わが国卸売流通における変化（1）」『修道商学』第19巻第2号, pp. 1-22。
今村辰生（1981）「わが国卸売流通における流通迂回率について」『修道商学』第21巻第3号, pp. 149-173。
上原征彦（1982）「卸売商店数の変化に関する一試論―小売商店数の変化との関係において―」『季刊　消費と流通』Vol. 6 No. 1, pp. 98-105。
上原征彦（1997）「製販同盟と流通機構の変化―チャネルパワー理論の再構築に向けて―」

《参考文献》

『経済研究』（明治学院大学）No. 108, 1997年3月, pp. 9-27。
江尻　弘（1980）「わが国の流通経路は本当に長いか（上）」『季刊 消費と流通』第4巻第3号, pp. 60-70。
及川亘弘・渋谷智之（2002）「卸売業の新時代」『生活起点』2002, July, pp. 16-25。
大河内暁男・武田晴人編（1993）『企業者活動と企業システム』東京大学出版会。
大阪商工会議所調査部（1975）『繊維卸売商の経営効率化の方向—繊維卸売商の機能分析調査結果報告書—』大阪商工会議所。
岡崎哲二（1996）「歴史制度分析：経済史の新しい流れ」『経済セミナー』No. 494, 日本評論社, pp. 13-17。
岡崎哲二（1999）『江戸の市場経済』講談社。
岡崎哲二（2002）『経済史の教訓』ダイヤモンド社。
小川　進（1993）「小売商業形態変化研究の現状と課題」『研究年報』39号, pp. 219-241。
小川　進（2000）『ディマンド・チェーン経営—流通業の新ビジネスモデル—』日本経済新聞社。
小川　進（2003）『稼ぐ仕組み』日本経済新聞社。
尾崎久仁博（1998）『流通パートナーシップ論』中央経済社。
落合仁司（1992）「ロナルド・コースの可能と現実」『経済セミナー』No. 444, 日本評論社, pp. 56-59。
懸田　豊（2002）「流通環境の変化と卸売機能」『商工金融』2002年10月号（第52巻第10号）, pp. 7-13。
加護野忠男編（2005）『Kobe Hall of Fame in Management—神戸経営の殿堂— 株式会社ワールド畑崎廣敏氏』21世紀COEプログラム, 先端ビジネス・システムの研究開発教育拠点, 神戸大学大学院経営学研究科。
加藤　司（1991）「品揃え形成の現代的性格」石原武政・小西一彦編著『現代流通の動態分析』千倉書房, pp. 141-161。
加藤　司（1998）「アパレル産業における「製販統合」の理念と現実」『季刊 経済研究』Vol. 21 No. 2, pp. 97-117。
加藤　司（2000）「ＳＣＭの阻害要因としての日本型商慣行」『経営研究』Vol. 51 No. 2, pp. 1-17。
加藤　司（2006）『日本的流通システムの動態』千倉書房。
上瀬昭司（1994）「わが国卸売企業の現代的問題—加工食品・日用品雑貨の場合—」『商大論集』第45巻　第6号, pp. 35-57。
金　雲鎬（2004）「大規模卸売企業の戦略的行動に基づく流通短縮化の考察」『流通研究』第7巻第2号, pp. 75-89。
金　雲鎬（2008）「日本の卸売商業研究の現状に関する考察」『現代ビジネス研究』第1号, pp. 85-97。
金　顕哲（2006）「ビジネスケース ワールド 新業態ブランド HusHusH の誕生」『一橋ビジネスレビュー』54巻1号, pp. 112-127。

《参考文献》

金 成洙 (2005)『日・韓卸売構造の変化に関する研究』専修大学出版局。
麒麟麦酒株式会社編 (1957)『麒麟麦酒株式会社50年史』麒麟麦酒株式会社。
麒麟麦酒株式会社広報室編 (1969)『麒麟麦酒の歴史―戦後編』麒麟麦酒株式会社。
麒麟麦酒株式会社社史編纂委員会編 (1985)『麒麟麦酒の歴史―続戦後編』麒麟麦酒株式会社。
久保村隆祐・荒川祐吉 (1974)『商業学』有斐閣。
楠木 建・山中章司 (2003)「ビジネスケース ワールド UNTITLEDのビジネス・モデル」『一橋ビジネスレビュー』51巻3号, pp. 134-153。
黄 磷 (2002)「ネットワーク編成の卸売企業―ビジネス・システムの商業フォーマット―」『国民経済雑誌』第186巻第2号, pp. 43-57。
後藤一郎 (1991)『アメリカ卸売商業の展開』千倉書房。
後藤一郎 (2003)「卸売商業の凋落とマーケティング」『大経大論集』第54巻第1号, pp. 23-41。
小西一彦 (1974)「卸売業の構造変化について―統計の分析を中心に―」『神戸商科大学創立50周年記念論集』pp. 295-310。
小西一彦 (1975)「現代卸売商業の構造分析序説」『商大論集』第27巻第3・4号, pp. 206-224。
小西一彦・現代卸売業研究会編 (2004)『第3回卸売業経営実態調査 (速報版)』兵庫県立大学経済経営研究所。
米谷雅之 (1975)「卸売・小売販売額比率の分析」『山口経済学雑誌』第25巻第3・4号, pp. 120-141。
米谷雅之 (1982)「地域卸売構造の特質と変化」『山口経済学雑誌』第31巻第5・6号, pp. 189-209。
小山周三 (1979)「小売構造の変化から見た卸売業」『季刊 消費と流通』第3巻第3号, pp. 28-35。
坂川雄司 (1998)「企業間異質性を起点とした業態革新」『商学討究』pp. 201-225。
榊原健郎 (1991)「卸売チャネル政策の展望―チャネルパワー構造からの考察―」『季刊 マーケティングジャーナル』第41号 (Vol. 11 No. 1), pp. 36-49。
佐藤 肇 (1974)『日本の流通機構』有斐閣。
嶋口充輝 (1984)『戦略的マーケティングの論理』誠文堂新光社。
下村博史 (2005)『中間流通の協創戦略』白桃書房。
正田 彬 (1984)『卸売業を巡る競争と法』㈱リブロポート。
杉本宏幸・中西正雄 (2002)「卸売企業によるリテール・サポートとその意義」『流通研究』第5巻第2号, pp. 17-34。
杉本宏幸 (2007)「卸売研究の戦略的視点」『季刊 マーケティングジャーナル』第104号 (Vol. 26 No. 4), pp. 90-98。
鈴木安昭 (1975)「商業統計表を中心としたわが国卸売商業構造変動の分析」『調査月報』(国民金融公庫調査部) No. 171, pp. 10-11。

《参考文献》

鈴木安昭（1980）「小売業の経営技術の移転」『季刊 消費と流通』第4巻第1号, pp. 11-16。
鈴木安昭・田村正紀（1980）『商業論』有斐閣。
鈴木安昭（2001）『日本の商業問題』有斐閣。
鈴木保良（1951）『卸売』国元書房。
住谷　宏（1991）「成果を高める量販店政策に関する経験的研究」『季刊 マーケティングジャーナル』第42号（Vol. 11 No. 2）, pp. 16-25。
住谷　宏（1992）「高集中度販路におけるチャネル戦略」『季刊 マーケティングジャーナル』第43号（Vol. 11 No. 3）, pp. 82-89。
高嶋克義（1989）「流通チャネルにおける延期と投機」『商経学叢』第36巻第2号, pp. 55-68。
高嶋克義（1997）「生業志向のマーケティング行動―資源ベース視点による考察―」『国民経済雑誌』第176巻第1号, pp. 47-60。
高嶋克義（2002）『現代商業学』有斐閣。
高嶋克義（2003）「小売業態革新の分析枠組み」『国民経済雑誌』第187巻第2号, pp. 69-83。
高宮城朝則編著（1997）『卸売企業の経営と戦略』同文舘。
竹下公視（1994）「経済体制論と「制度の経済学」」『経済論集』第44巻第2号, pp. 39-63。
田島義博・宮下正房編（1985）『流通の国際比較』有斐閣。
田中正郎・中田善啓・西村順二編（2004）『マーケティング理論の深化』千倉書房。
玉城芳治編著（1988）『卸売業マーケティング』中央経済社。
田村正紀（1973）「流通システム論の課題」京都ワークショップ著『マーケティング理論の現状と課題』白桃書房, pp. 45-67。
田村正紀（1976）『現代の流通システムと消費者行動』日本経済新聞社。
田村正紀（1986）『日本型流通システム』千倉書房。
田村正紀（1986）「日本型取引の参入障壁効果」『季刊 消費と流通』Vol. 10 No. 2, pp. 93-104。
田村正紀・石原武政（1989）『日本の組織 ［第八巻］ 流通と販売の組織』第一法規出版株式会社。
田村正紀（1991）「流通のパワーシフト―独禁法規制強化・大店法改正のインパクト」日経流通新聞編『これからどうなる商慣行』日本経済新聞社, pp. 191-223。
田村正紀（1995）「卸売統合」『国民経済雑誌』第172巻第6号, pp. 1-15。
田村正紀（1996）『マーケティング力―大量集中から機動集中へ―』千倉書房。
田村正紀（2001）『流通原理』千倉書房。
田村正紀（2006）『リサーチ・デザイン―経営知識創造の基本技術』白桃書房。
チャネルマネジメント研究会編（1992）『大転換期のチャネル戦略』同文舘。
通商産業省企業局編（1971）『取引条件の実体（1）―卸売業をめぐる取引慣行の実態―』大蔵省印刷局。
通商産業省企業局編（1971）『取引条件の実体（2）―卸売業をめぐる取引慣行の実態―』大蔵省印刷局。

通商産業大臣官房調査統計部編（1990）『昭和63年 商業統計表 業態別統計編』（社）通産統計協会，平成2年
通商産業大臣官房調査統計部編（2000）『平成11年 商業統計表 業態別統計編（小売業）』（社）通産統計協会，平成12年。
成生達彦（1994）『流通の経済理論』名古屋大学出版会。
西村清彦・三輪芳朗編（1991）『日本の流通』東京大学出版会。
西村順二（1985）「マーケティング論形成期におけるマーケティング機能論の一考察」『六甲台論集』第32巻第2号，pp. 230-241。
西村順二（1988）「卸売流通構造研究序説」『六甲台論集』第34巻第2号，pp. 82-95。
西村順二（1996）「取引関係構築の歴史的展開過程―明治屋の創業時にみる取引関係構築の歴史的初期条件―」『流通科学』第13号，pp. 12-22。
西村順二（1997）「ダイナミック・チャネル・インタラクション―キリンビールと明治屋の戦略」『季刊 マーケティングジャーナル』第65号（Vol. 17 No. 1），pp. 16-24。
西村順二（1998）「卸売取引の関係変化を捉えるための概念装置―「取引の連動性」概念への予備的試論―」『流通科学』第26号，pp. 64-76。
西村順二（2001）「我が国流通機構の卸売段階における仕入れ取引と販売取引の変化」『中小企業季報』No. 2, pp. 9-18。
西村順二（2001）「卸売取引関係の変化様式における連動性概念―英国の事例に基づいて―」『甲南経営研究』第41巻第3／4号，pp. 189-207。
西村順二（2002）「卸売業者の取引選別と流通チャネル変化」『流通情報』No.402, pp. 4-12。
西村順二（2003）「卸売業における「業態」概念と業態変化」『季刊 マーケティングジャーナル』第89号（Vol. 23 No. 2），pp. 34-47。
西村順二（2004）「卸売取引の連動性からみた取引関係の変化経路」中田善啓・田中正郎・西村順二編著『マーケティングサイエンスの回顧と展望』千倉書房，pp. 177-192。
西村順二（2009）「製造卸による小売業展開における競争構造の変化：SPAの源流」石原武政・石井淳蔵編（2009）『体系 変革期にある流通 第1巻 小売業イノベーションと業態開発』中央経済社。
日経流通新聞編（1993）『流通現代史』日本経済新聞社。
日経流通新聞編（1976～2000）『流通経済の手引き1977年版～2001年版』日本経済新聞社。
日経MJ（流通新聞）編（2001～2007）『流通経済の手引き2002年版～2008年版』日本経済新聞社。
沼上 幹（1995）「個別事例研究の妥当性について」『ビジネス・レビュー』Vol. 42 No. 3, pp. 55-70。
E. バッツアー・鈴木 武編（1985）『流通構造と流通政策―日本と西ドイツの比較』東洋経済新報社。
濱田徳太郎（1936）『大日本麦酒株式會社三十年史』大日本麦酒株式会社。
林 周二（1977）「卸商業政策のあり方をめぐって 産構審流通部会第十二回報告―「卸売活動の現状と展望」にちなんで―」『季刊 消費と流通』Vol. 1 No. 1, pp. 57-64。

《参考文献》

原田英生（1985）「卸売業におけるデータベース」『季刊 消費と流通』Vol. 9 No. 4, pp. 33-39。
原田英生・向山雅夫・渡辺達朗（2002）『ベーシック 流通と商業』有斐閣。
廣田　正（2002）「21世紀の食品卸売業の課題：菱食のめざすもの」『生活起点』2002. 7 No. 50, pp. 4-15。
藤田　健・石井淳蔵（2000）「ワールドにおける生産と販売の革新」『国民経済雑誌』第182巻第1号, pp. 49-67。
藤田貞一郎・宮本又郎・長谷川　章（1978）『日本商業史』有斐閣。
藤村修三（2000）『半導体立国ふたたび』日刊工業新聞社。
風呂　勉（1968）『マーケティング・チャネル行動論』千倉書房。
風呂　勉（1972）「流通迂回分析の課題」『商大論集』第24巻第4号, pp. 23-43。
風呂　勉（1978）「卸商存立根拠論」『季刊 消費と流通』Vol. 2 No. 1, pp. 86-91。
風呂　勉（1994）「戦前日本のメーカー流通経路政策―「縦型特約店」「版社制」の先駆形態―」『大阪学院大学商学論集』第19巻第3・4号, pp. 31-46。
松岡真宏（2001）『問屋と商社が復活する日』日本経済新聞社。
丸山雅祥（1988）『流通の経済分析』創文社。
丸山雅祥・酒井亨平・外川洋子・坂本信雄・山下道子・荒川正治・井場浩之（1991）「日本の流通システム：理論と実証」『経済分析』第123号, pp. 1-115。
丸山雅祥（1992）『日本市場の競争構造―市場と取引―』創文社。
三浦　功（2003）「中間流通機能と卸流通の再編成」木綿良行・三村由美子編著『日本的流通の再生』中央経済社, pp. 121-140。
三上富三郎（1961）『卸売業経営』同文舘。
三村優美子（2002）「小売業を支援する卸売業―小売業と卸売業の機能連携の可能性―」『商工金融』2002年11月号（第52巻第11号）, pp. 15-22。
宮下正房（1996）『現代の流通戦略』中央経済社。
宮下正房監修, 関口壽一・三上慎太郎・寺嶋正尚著（2008）『流通の新たな機能を狙え！ 卸売が先進企業になる法』日刊工業新聞社。
宮本又次（1938）『株仲間の研究』有斐閣。
宮本又次（1954）『日本商業史概論』世界思想社。
三輪芳朗（1991）『日本の取引慣行―流通と消費者の利益』有斐閣。
村上剛人（1995）「現代卸売企業の役割と機能―卸売企業の存在根拠を確認するために」『福岡大学商学論叢』第40巻第1号, pp. 151-183。
㈱明治屋本社編（1958）『明治屋七十三年史』株式会社明治屋本社。
㈱明治屋創業百年史編纂委員会編（1987）『明治屋100年史』株式会社明治屋。
森下二次也（1960）『現代商業経済論』有斐閣。
矢作敏行・小川孔輔・吉田健二（1993）『生・販統合マーケティング・システム』白桃書房。
矢作敏行（1996）『現代流通 理論とケースで学ぶ』有斐閣。
矢作敏行（1994）『コンビニエンス・ストア・システムの革新性』日本経済新聞社。

《参考文献》 275

矢作敏行（1997）『小売イノベーションの源泉』日本経済新聞社。
矢作敏行・法政大学産業情報センター編（1997）『流通規制緩和で変わる日本』東洋経済新報社。
渡辺達朗（1996）「製販統合の進展と卸売商の戦略課題」石原武政・石井淳蔵編著『製販統合——変わる日本の商システム』日本経済新聞社，pp. 173-204。
渡辺達朗（1997）『流通チャネル関係の動態分析』千倉書房。
渡辺達朗（1999）『現代流通政策』中央経済社。
渡辺達朗（2002）「メーカーと卸売業との関係の変化——いわゆる直接取引問題に関連して——」『商工金融』2002年11月号（第52巻第11号），pp. 7-14。
Alderson. W., (1957), *Marketing Behavior and Executive Action-A Functional Approach to Marketing Theory*, Richard D. Irwin, Inc. （石原武政他訳『マーケティング行動と経営者行為』千倉書房，1984年）
Barney, J.B. (1986), "Strategic Factor Markets: Expectations, Luck, and Business Strategy", *Management Science*, Vol. 32 No. 10, pp. 1231-1241.
Barney, J.B. (1986), "Types of Competition and the Theory of Strategy: Toward an Integrative Framework", *Academy of Management Review*, Vol. 11 No. 4, pp. 791-800.
Bartels, R. (1976), *The History of Marketing Thought* 2nd ed., Grid Publishing, Inc. （山中豊国訳『マーケティング理論の発展』ミネルヴァ書房，1979年）
Beckman, T.N. and N.H. Engle (1951), *Wholesaling: Principles and Practice,* Ronald Press.
Beckman,T.N. (1949), "A Critical Appraisal of Current Wholesalinhg", *Journal of Marketing*, Vol. 14 No. 2, pp. 307-316.
Besanko, D.D. Dranove and M. Shankley (1996), *The Economics of Strategy*, 2nd ed., John and Wiley and Sons Inc., pp. 535-573.
Breyer, R.F. (1934), *The Marketing Institution*, McGraw-Hill book co., Inc.
Brouthers, K.D., L.E. Brouthers, and S. Werner (2003), "Transaction Cost-enhanced Entry Mode Choices and Firm Performance", *Strategic Management Journal*, Vol. 24 No. 12, pp. 1239-1248.
Brown, S. (1987), "Institutional Change in Retailing: A Review and Synthesis," *European Journal of Marketing,* Vol. 21 No. 6, pp. 3-36.
────── (1990a), "Innovation and Evolution in UK Retailing: The Retail Warehouse", *European Journal of Marketing,* Vol. 24 No. 9, pp. 39-54.
────── (1990b), "The Wheel of Retailing: Past and Future", *Journal of Retailing*, Vol. 66 No. 2, pp. 143-149.
Bucklin, L.P. (1966), *A Theory of Distribution Channel Structure*,IBER. （田村正紀訳『流通経路構造論』千倉書房，1977年）
Buzzell, R.D. and G. Ortmeyer (1995), "Channel Partnerships Streamline Distribution", *Sloan Management Review*, Vol. 36 No. 3 (Spring), pp. 85-96.

Cannon, J.P. and C. Humburg (2001), "Buyer-Supplier Relationships and Customer Firm Costs", *Journal of Marketing*, Vol. 65 No. 1, pp. 29-43.
Chandler, Jr., A.D. (1977), *The Visible Hand : The Managerial Revolution in American Business*, Harvard University Press.
Clark, F.E. (1922), *Principles of Marketing*, The Macmillan Company.
Coase, R.H. (1988), *The firm, the market, and the law*, The University of Chicago Press.
Copeland, M.T. (1927), *Principles of Merchandising*, A.W.Shaw Company.
Cunningham, W.H. and Green, R.T. (1984), "From the editor", *Journal of Marketing*, Vol. 48 No. 1, Winter, pp. 9-10.
Dawson, J.A. and Shaw, S.A. (1989), "Horizontal competition in retailing and the structure of manufacturer-retailer relationships", L. Pellegrini and S. K. Reddy (eds.), *Retail and Marketing Channels—Economic and Marketing Perspectives on Producer-Distributor Relationships—*, Roultledge, pp. 49-72.
Dreesmann, A.C.R. (1968), "Patterns of Evolution in Retailing", *Journal of Retailing*, Vol. 44 No. 1, pp. 64-81.
Erdman, E.H. (1940), "Marketing Through Food Broker", *Journal of Marketing*, Vol. 5 No. 2, pp. 187-188.
Fisk. G. (1974), *Marketing Systems : An Introductory Analysis*, A Harper International Edition.
Frank, J. (1963), "Cencus Distortions of Food Broker Sales", *Journal of Marketing*, Vol. 27 No. 3, pp. 67-69.
Frazizer, G.L. (1983), "Interorganizational exchange behavior in marketing channel : a broadened perspective", *Journal of Marketing*, Vol. 47 No. 4, Winter, pp. 68-78.
Grant, R.M. (1991), "The Resource-Based Theory of Competitive Advantage : Implications for Strategy Formulation", *California Management Review*, Vol. 33 No. 3, pp. 114-135.
Hall, M. (1948), *Distributive Trading An Economic Analysis*, Hutchinson's University Library. (片岡一郎訳『商業の経済理論—商業の経済学的分析—』東洋経済新報社，1957年)
Haris, J., Hunter, J., and Lewis, C.M. (eds.), *The New Institutional Economics and Third World Development*, Routledge.
Hill, R.M. (1963), *Wholesaling and Management : text and cases*, Richard D. Irwin, Inc.
Holander, S.C. (1966), "Notes on the Retailing Accordion", *Journal of Retailing*, Vol. 42 No. 2, pp. 24-40.
Homburg, C. and B. Rudolph (2001), "Customer Satisfaction in Industrial Markets : Dimensional and Multiple Role Issues", *Journal of Business Research*, 52, pp. 15-22.
Institute for Retail Studies (1996), *Distributive Trades Profile 1996*, A Statistical Digest, Adelina broadbridge.

Ivey, P.W. (1921), *Principles of Marketing*, Ronald Press Co.

Izraeli, D. (1973), "A Refined Approach to the Wheel of Retailing", *European Journal of Marketing*, Vol. 7 No. 3, pp. 70-74.

Jap, S.D., C. Manolis,and B.A. Weitz (1999), "Relationship Quality and Buyer-Seller Interactions in Channels of Distribution", *Journal of Business Research,* 46, pp. 219-233.

Kale, S.H. (1989), "Impact of market characteristics on producer-distributor relationships," L.Pellegrini and S.K.Reddy (eds.), *Retail and Marketing Channels—Economic and Marketing Perspectives on Producer-Distributor Relationships*, Roultledge, pp. 100-114.

Kaynak, E. (1986), *Marketing and Economic Development*, Praeger. (阿部真也・白石善章訳『マーケティングと経済発展』ミネルヴァ書房, 1993年)

Lacho, K.J. (1969), *An Empirical Analysis of the Product Addition Decision Process in the Food Broker using the Cyert-March Theory of Organization Decision Making*, (Dissertation : Washington University) Saint Louis, Missouri.

Lopata, R.S. (1969), "Faster Pace in Wholesaling", *Harvard Business Review*, Vol. 47 No. 4, pp. 130-143.

May, E.G. (1989), "A Retail Odyssey", *Journal of Retailing*, Vol. 65 No. 3, pp. 356-367.

McNair, M.P. and E.G. May (1976), *The Evolution of Retail Institutions in the United States,* Marketing Science Institute.

Mowen, J.C., J.E. Keith, S.W. Brown, and D.W. Jackson, Jr. (1985), "Utilizing Effort and Task Difficulty Information in Evaluating Salespeople", *Journal of Marketing Research*, Vol. 22 May, pp. 185-191.

Nielsen, O. (1966), "Development in Retailing", in M. Kjaer-Hansen (ed.), *Retailing in Danish Theory of Marketing*, North Holland, pp. 101-115.

Noordewier, T.G., G. John, and J.R. Nevin (1990), "Performance Outcomes of Purchasing Arrangements in Industrial Buyer-Vendor Relationships", *Journal of Marketing*, Vol. 54 No. 4, pp. 80-93.

North, D.C. and Robert P.T. (1973), *The Rise of the Western World*, Cambridge University Press. (速見　融・穐本洋哉訳『西欧世界の勃興』増補版, ミネルヴァ書房, 1994年)

North, D.C. (1982), 浜野　潔訳「経済史の課題―構造と成果―」『季刊 現代経済』第47号, 日本経済社, pp. 136-150。

North, D.C. (1990), *Institutions Institutional Change and Economic Performance*, Cambridge University Press. (竹下公視訳『制度・制度変化・経済成果』晃洋書房, 1994年)

Porter, G. and H.C. Liversry (1971), *Merchants and Manufacturers-Studies in the Changing Structure of Nineteenth-Century Marketing-*, The Johns Hopkins University

Press. (G.ポーター/H.リヴセイ著, 山中豊国・中野　安・光澤滋朗訳『経営革新と流通支配―生成期マーケティングの研究―』ミネルヴァ書房, 1983年)

Regan, W.J. (1949), "The Wholesaler-An Economic Necessity", *Journal of Marketing*, Vol 14 No. 2, pp. 285-292.

Revzan, D.A. (1961), *Wholesaling in marketing organization*, John Wiley and sons, Inc.

Revzan, D.A. (1965), *The Marketing Significance of Geographical in Wholesale/Retail Sales Ratios*, Institute of Business and Economic Research, University of California Berkley.

Rosenbloom, B. (1989), "The wholesalers' role in performing marketing functions: wholesaler versus manufacturer perceptions", L. Pellegrini and Reddy, S.K., *Retail and Marketing Channels—Economic and Marketing Perspectives on Producer-Distributor Relationships—*, Routledge, pp. 117-137.

Samuels, W.J. (1995), "The present state of institutional economics", *Cambridge Journal of Economics*, Vol. 19 No. 4, pp. 569-590.

Shaw, S.A. J.A. Dawson, and L.M.A. Blair (1991), "The Sourcing of Retailer Brand Food Products," Working Paper Series No. 91/17, The University of Edinburgh.

Shelanski, H.A. and Klein, P.G. (1995), "Empirical Research on Transaction Cost Economics: A Review and Assessment", *Journal of Law, Economics and Organization*, Vol. 11 No. 2, pp. 335-361.

Stern, L.W. and T. Reve (1980), "Distribution Channels as Political Economics: A Framework for Comparative Analysis", *Journal of Marketing*, Vol. 44 No. 3 Summer, pp. 52-64.

Stern, L.W. and A.I. El-Ansary (1982), *Marketing Channels* 2nd ed., Prentice-Hall Inc.

Tiz, B. (1949), "Recent Changes Made By The Wholesalers Of Consumer Goods", *Journal of Marketing*, Vol. 14 No. 2, pp. 275-284.

Va'zquez, R., V. Iglesias, and L.I. A'lvarez-Gonza'lez (2005), "Distribution Channel Relationships: The Conditions and Strategic Outcomes of Cooperation between Manufacturer and Distributor", *International Journal of Retail, Distribution and Consumer Research*, Vol. 15 No. 2, pp. 125-150.

Williamson, O.E. (1991), "Comparative Economic Organization: The Analysis of Discrete Structural Alternatives", *Administrative Science Quarterly*, Vol. 36, pp. 269-296.

Yin, R.K. (1994), *Case Study Research* 2nd ed, Sage Publications Inc. (近藤公彦訳『ケース・スタディの方法』千倉書房, 1996年)

Yoshino, M.Y. (1976), *The Japanese Marketing System: Adaptations and Innovations*, The MIT Press, pp. 1-9, pp. 183-197.

《参考資料》

「INDB CD-ROM 商業統計表 Version 2.2 平成 9 年 第 3 版」1999年，㈱アイ・エヌ情報センター。

『大阪読売』1999年 8 月21日。

『週刊 ダイヤモンド』1999年 2 月20日，2000年 4 月22日。

『日経産業新聞』1992年 8 月29日，2000年 7 月 5 日，2000年12月21日，2001年12月 4 日。

『日本繊維新聞』2006年 1 月 1 日，2007年 7 月23日。

『日経情報ストラテジー』2002年 3 月24日。

『日経ビジネス』1996年 6 月 3 日，1998年 8 月24日，1999年 5 月10日，2001年 7 月16日。

『日経ビズテック』2005年 9 月26日。

『日経MJ（流通新聞）』2001年 8 月 2 日，2002年 8 月 6 日，8 月13日，8 月20日，8 月22日。2004年 3 月30日，2004年 6 月 8 日。

『日経流通新聞』1993年 4 月15日，9 月30日，1997年 5 月27日，12月16日，1998年10月20日，1999年 6 月 8 日，2001年10月 4 日，2006年11月24日。

㈱ワールド，プレスリリース 2003年 5 月 8 日。

人名索引

【A】

Alderson, W. ············45, 64-65, 96
荒川祐吉 ············10, 30, 32, 36, 63

【B】

Barney, J. B. ······················65
Bartels, R. ······················30-31
Beckman, T. N. ············9, 14, 33
Besanko, D. D ······················66
Breyer, R. F. ······················32
Brown, S. ······················200, 221
Bucklin, L. P. ······················37
Buzzel, R. D. ······················37, 66

【C】

Chandler, Jr., A. D. ···············34
Clerk, F. E. ······················32
Coase, R. H. ······················37
Copeland, M. T. ···················32

【D】

Dawson, J. A. ······················97
Dranove, D. ······················66

【E】

El-Ansary, A. I. ············15, 33, 37
Engle, N. H. ······················9, 33
Erdman, E. H. ······················63

【F】

Fisk, G. ······················95
Frank, J. ······················63
風呂　勉 ······20, 36, 64, 199, 239, 254

【G】

Grant, R. M ······················65

【H】

Hall, M. ············21-22, 31, 36, 96
畑崎廣敏 ············138, 139, 142
Hill, R. M. ······················14, 33
Holander, S. C. ······················171

【I】

今村辰生 ······················35
石井淳蔵 ············37, 95, 149
石原武政 ······64, 66, 149, 154-155, 171, 200
磯野長蔵 ············229, 248-249
磯野　計 ······224-225, 229-230, 242
糸園辰雄 ······················9, 30
Izraeli, D. ······················171

【K】

Kale, S. H. ······················97
Klein, P. G. ······················199

【L】

Lacho, K. J. ······················63
Liversry, H. C. ······················31
Lopata, R. S. ······················34

【M】

May, E. G. ······················171
McNair, M. P. ······················171
森下二次也 ······················8, 37

【N】

Nielsen, O. ······················171

North, D. C. ……………96-97

【O】

岡崎哲二……………………31
Ortmeyer, G. ……………37, 66

【P】

Porter, G. …………………31

【R】

Reagan, W. J. …………15-16, 33
Reve, T. …………………37
Revzan, D. A. …9, 13-14, 30, 33, 35
Rosenbloom, B. ……………34, 96

【S】

佐藤　肇 ……………37-38, 171
Shankley, M. ………………66
Shaw, S. A. ………………97
Shelanski, H. A. ……………199
Stern, L. W. …………15, 33, 37

鈴木安昭………8, 15, 31, 33, 38, 153, 171, 199-200

【T】

田村正紀……8, 15, 31, 33-35, 38, 65, 66, 95-96, 149
寺井秀蔵 ……………140-142, 146
Tiz, B. ……………………16, 33

【U】

上原征彦……………………36

【W】

Williamson, O. E. ……………268

【Y】

矢作敏行………33-34, 36-37, 171-172, 201
米井源次郎…227, 229, 233-234, 243, 249
Yoshino, M. Y. ………………38

事項索引

【A-Z】

GNX …………………………………175
NB ……………………… 87-89, 91, 176
PB ……… 85, 87-91, 227, 229, 236
SPA ……………………………………134
SPARCS ………………………………136
WP2 ……………………………………137

【あ】

委託仕入…………………………………56
委託販売…………………………………56
一手販売権 …229, 242-243, 245-250
売り手・買い手関係……………………42
エリア連動……………………50-53, 62
延期と投機………………………………25
卸売
　────業 …………………………1, 5
　────業者 ……1, 2, 5, 17, 99-101
　────業態…1, 2, 6, 119, 151, 177,
　　180-184, 200
　────の論理・事情 ……248, 251
　────商 …………………………………3
　────商業……………………………3, 26
　────段階の競争構造 …203-204
　────取引……40, 42-43, 69, 262
　────取引の要素次元……70-75,
　　118
　────流通……………………1, 3, 41
　────流通機能 …………5, 15-17
　────流通機能ミックス ……156
卸売・小売販売額比率
　（W/R 比率）…………18-20, 35

【か】

カルフール ……………………174-176
環境論 …………………………………182
完全買取………………………………56, 144
完全仕入………………………………………56
危機・変革モデル ……………………221
期待 ……………………………………44-48
　仕入先────────────44
　販売先────────────44
機能特化…………………………………………1
機能分担化………………………………………1
機能連動……………………………50-53, 62
供給・需要刺激 ……………………158-160
業態 …………………………………151-153
業態卸 …151, 160, 170-172, 182-184
業態化 …………………………160, 168-172
業態変化…………………………………………6
麒麟麦酒・キリンビール
　　……………………………231-234, 239
グローバル小売業者 ……173-177
経営資源 …………………………59, 65, 148
経営資源の不分割……………………………59
系列卸……………………………………………3
小売アコーディオン理論 ………221
小売業態 ……152-157, 182-183, 200
小売の論理・事情…………………………46
小売の輪仮説 ……………………………221
小売ミックス ……………153, 155-157
小売ライフサイクル論 ……………221
顧客適応型連動性 ………………………5
顧客適応型の取引連動…56-61, 146,
　219, 250
顧客適応志向……………………………57
コンフリクト論 ……………182, 184

284　事項索引

【さ】

最終卸‥‥‥‥106, 119, 133, 181, 185, 193-195, 197, 201
産業財卸売業者 ‥‥‥‥‥‥4, 207
仕入先期待‥‥‥‥‥‥‥‥‥‥46
仕入先数 ‥‥‥‥107-114, 121-124
仕入先行型 ‥‥‥‥‥‥‥219-220
仕入先行連動 ‥‥‥‥‥‥‥‥‥6
仕入適応型（取引）連動性‥‥‥5, 6, 56-61, 250
仕入適応型の取引連動‥‥56-61, 110, 146, 235, 252
仕入適応志向‥‥‥‥‥‥‥‥‥57
仕入取引重視 ‥‥‥‥157-158, 169
仕入取引と販売取引 ‥‥4, 29, 39, 40, 48, 53, 92, 93, 114-115, 131, 177-181, 258, 259, 261-263
　　──の収斂 ‥‥‥‥‥60-61
　　──の適合 ‥‥‥‥‥‥158
　　──のバランス ‥‥‥‥160
　　──のマッチング‥‥46-47, 57
　　──の両面性 ‥‥‥‥‥‥2
　　──の連動性‥‥‥3, 101, 259, 260-263
仕入代理業務 ‥‥‥‥‥‥100-101
実均衡点 ‥‥‥‥‥‥‥‥‥56-61
品揃え形成 ‥‥‥‥‥‥‥42-43, 64
品揃え適合 ‥‥‥‥‥‥‥‥‥4
品揃えに対する期待 ‥‥‥‥47-48
品揃えの質的側面 ‥‥‥‥‥49-50
品揃えのバランス‥‥‥‥46-47, 56
品揃えのマッチング ‥‥40, 49-50, 261-262
品揃えの量的側面 ‥‥‥‥‥44-49
品揃え連動 ‥‥‥‥44, 49-53, 62
ジャパン・ブルワリー‥‥‥226, 231-234, 242-250
需給マッチング ‥‥‥‥‥‥‥158

循環論 ‥‥‥‥‥‥‥‥‥182, 184
消化仕入‥‥‥‥‥‥‥‥‥‥56, 73
真均衡点 ‥‥‥‥‥‥‥‥‥56-61
真空地帯論 ‥‥‥‥‥‥‥‥‥221
生産の論理・事情‥‥‥‥‥46, 248
阻害要因 ‥‥‥‥‥‥‥179-180, 261

【た】

タイム・ラグ‥‥‥‥6, 62, 178, 261
代理店契約 ‥‥‥‥228-229, 242-246
建値 ‥‥‥‥‥‥‥‥‥‥245-250
チップワンストップ（C1S）
　　‥‥‥‥‥‥‥‥207-211, 222
中間卸 ‥‥‥‥‥119, 133, 185, 201
中間商人 ‥‥‥‥‥‥‥‥‥75-78
中間流通 ‥‥‥‥‥‥‥‥‥2, 3, 5
直取引卸‥‥4, 106, 119, 132, 181, 185, 188-191, 197, 201
統合卸 ‥‥‥‥‥‥‥‥‥‥‥‥3
特約店契約 ‥‥‥‥‥‥‥‥‥237
取引関係‥‥‥‥‥‥‥‥‥‥‥39
取引関係構築 ‥‥223-224, 230, 241
取引先 ‥‥‥‥‥‥‥‥‥‥44-53
取引先数変化‥‥‥‥‥‥‥‥3, 48
取引主体‥‥‥‥‥‥‥‥‥‥‥74
取引条件‥‥‥‥‥‥‥‥‥‥‥72
取引認知 ‥‥‥‥‥‥‥‥124-125
取引
　　──（の）バランス‥‥‥‥44
　　──（の）リンケージ‥177, 178
　　──（の）連動性‥‥5, 29, 39, 44-45, 49-50, 53, 61-62, 64, 94, 97, 99-101, 178-179, 198-199, 205-207, 216-217, 257-258
取引費用 ‥‥‥‥‥‥‥174, 263-265
取引変化認知 ‥‥‥‥‥‥‥‥124
取引要素次元 ‥‥‥‥‥4, 74-75, 118
取引連動性の阻害要因 ‥‥‥177-180
取引連動の多次元性 ‥‥‥‥‥53-56

取引連動ミックス･･････････52, 53, 62
問屋････････････････3, 99-101, 250

【な】

仲継ぎ卸売商業資本･･････････････3
日本型流通････････････････18-20, 173
日本的取引慣行･･････････････173, 223

【は】

パルタック････････････････171-172
販売先期待･･････････････････････46
販売先数･･･････････107-114, 121-124
販売先行型････････････････217-220
販売先行連動･････････････････････6
販売代理業務･･･････････････････100
販売取引重視･･･････････････････169
フォード仮説･･･････････････････221
フードブローカー････････････････40
弁証法的仮説･･･････････････････221

ポジティブな連動性･･･････････260

【ま】

マーケティング機能･･････････11, 13-14
マーケティング・システム･･･････75
明治屋･･････224-229, 231-233, 238, 242-245
元卸･･････3, 106, 119, 132, 181, 185, 190-193, 197, 201

【ら】

ラックジョバー･･････････････････40
乱売････････････････････････245-249
流通迂回性････････････････18, 35-36
流通課業･････････････････････････2
流通機能･･･････････15-17, 160, 183, 245
流通機能分担･････････････････････3
歴史的初期条件･･････････223, 234-237

執筆者紹介

《略　歴》

- 1982年　神戸大学経営学部卒業
- 1985年　神戸大学大学院経営学研究科博士前期課程修了
- 1987年　福山大学経済学部助手
- 1988年　神戸大学大学院博士後期課程単位取得満期退学後、
　　　　　福山大学経済学部専任講師、甲南大学経営学部助教授、
　　　　　University of Edinburgh 客員研究員を経て
- 現　在　甲南大学経営学部教授　博士（商学）（神戸大学）

《主要業績》

『マーケティング理論の深化』（共編著）千倉書房、2004年

"The Linkage of Trades in terms of Wholesale Business Formats in Japanese Distribution System," *Journal of Global Marketing*, Vol. 18 No. 1, 2004.

『マーケティングの革新的展開』（共編著）同文舘、2007年

『小売業革新』（共編著）千倉書房、2010年

JCOPY　〈(一社)出版者著作権管理機構　委託出版物〉

本書の無断複写は著作権法上での例外を除き禁じられています。また、本書を代行業者等の第三者に依頼してスキャンやデジタル化することは、たとえ個人や家庭内での利用であっても著作権法上認められません。複写される場合は、そのつど事前に、(一社)出版者著作権管理機構（電話 03-5244-5088、FAX 03-5244-5089、e-mail: info@jcopy.or.jp）の許諾を得てください。

Marketing & Distribution シリーズ

卸売流通動態論
―― 中間流通における仕入と販売の取引連動性 ――

2009年5月15日　初　版
2025年3月24日　第10刷

　　　　著　者　西　村　順　二
　　　　発行者　千　倉　成　示

発行所　㈱千倉書房
　　　　〒104-0031東京都中央区京橋3-7-1
　　　　電話・03（3528）6901㈹
　　　　https://www.chikura.co.jp/

©2009西村順二、Printed in Japan
印刷・シナノ／製本・井上製本所
ISBN978-4-8051-0928-1